数字出版
项目策划和开发

Digital Publishing:
Project Planning and Implementation

唐圣平 ◎ 著

群言出版社
QUNYAN PRESS
·北京·

图书在版编目（CIP）数据

数字出版项目策划和开发 / 唐圣平著 .— 北京 :
群言出版社，2015.4
ISBN 978-7-80256-722-1

Ⅰ. ①数… Ⅱ. ①唐… Ⅲ. ①电子出版物－出版工作
－研究 Ⅳ. ① G237.6

中国版本图书馆 CIP 数据核字（2015）第 061569 号

策划编辑：杨　青
责任编辑：张津津
封面设计：美信书籍设计工作室

出版发行：群言出版社
社　　址：北京市东城区东厂胡同北巷 1 号（100006）
网　　址：www.qypublish.com
自营网店：http://qycbs.shop.kongfz.com（孔夫子旧书网）
http://www.qypublish.com（官方网店）
电子信箱：qunyancbs@126.com
总 编 室：010-65265404　65267783
编 辑 部：010-65138815　65262436　65276609
发 行 部：010-65263345　65263836
市 场 部：010-65220236　65265832（读者服务）
经　　销：全国新华书店
法律顾问：北京市君泰律师事务所

印　　刷：北京鑫瑞兴印刷有限公司
版　　次：2015 年 4 月第 1 版　2015 年 4 月第 1 次印刷
开　　本：880mm × 1230mm　1/32
印　　张：12
字　　数：245 千字
书　　号：ISBN 978-7-80256-722-1
定　　价：39.80 元

前言

传统出版业向数字出版的转型升级是一个复杂的话题，涉及出版业的方方面面；同时，又是一个技术性很强的难题，需要面对不断发展的网络技术、数字技术和移动技术。值得高兴的是，国家近年来大力扶持文化产业，对于出版业的转型升级给予了重点支持，鼓励出版业积极探索和实践数字出版。

中国人力资源和社会保障出版集团（下文统称“人保集团”）高度重视数字出版工作，加大数字出版基础设施和平台投入，积极设立数字出版项目，探索传统出版业务向数字出版转型的业务模式、运营模式和盈利模式。在参与数字出版项目策划和开发的过程中，作者积累了多个项目策划和开发的第一手资料。经过对这些资料进行整理、总结，形成了本书的内容：

第一章定位于数字出版的发展现状和发展路径调研。通过对5家机构的数字出版工作进行案例研究，分析了当前数字出版的发展模式。结合人保集团数字出版的现状和特点，分析了存在的问题并提出了针对性的建议。

第二章着眼于盈利模式最成熟的数据库产品开发。专业出版企业都有自己优势的专业领域，长期专注于专业领域的出版，积累了优质的资源。这些资源需要和知识体系进行关联，并通过内容管理系统进行集中管理。数字化的资源可以转换和开发成为数据库产品，更好地满足专业领域人员的需求。

第三章致力于延伸传统出版业务，开展与出版业务相关的在线培训业务。在线培训取代实体培训，为有资源优势、专业优势的出版企业开展培训业务提供了可行的途径。

第四章聚焦于数字教材的开发。教材是传统出版的主阵地，也是出版企业利润的主要来源。适应数字化教育的需要，提供数字化资源、数字化课程、数字化教材已经是教材开发的必然趋势。APP形式的数字教材有着传统教材无法比拟的优势和交互性，建立数字教材开发和使用的新模式是必然趋势。

第五章探讨了多种形态数字产品的策划方案。例如，手机视频网站项目、少儿互动电子书项目、培训数字化资源包项目、Windows 平台应用开发项目。

第六章介绍了职业培训数字化资源库项目的策划方案。

第七章则围绕职业培训数字化资源库项目的实施，介绍项目实施方案的制定、网络平台（包括资源中心、课程中心、数字化教育平台）开发、数字产品的运营和推广。

第八章介绍了全流程数字出版项目的策划方案。全流程数字出版涉及出版企业向数字出版转型的各个业务环节，利用网络技术和数字技术，全面重构出版流程，建设符合数字出版需要的信息化基础设施平台，建立数字化出版的业务流程、资源管理、协同编纂、数字化发布平台等，从而实现传统出版向数字出版的跃迁。

第九章从数字出版项目总结和论文撰写的角度探讨数字出版中

的相关问题。

数字出版的探索和研究，离不开出版企业的支持。正是人保集团对于数字出版工作的高度重视和大力支持，使我有机会投身于数字出版的项目策划和开发。在数字出版的实践工作中发现问题，查找资料、了解技术，逐步深入地研究问题，通过自己的思考和实践，最终解决问题。正是坚持“发现问题、研究问题、解决问题”的方法论、“以做学问的态度”做编辑，使得我能够在数字出版工作中积累材料、总结经验，从而实现了从传统图书编辑向数字出版编辑的转型。

希望本书提供的材料和经验，能够对年轻编辑从事数字出版工作有所帮助。

唐圣平

2015 年 2 月

目录

第一章
数字出版发展现状和发展模式调研

第一节　调研的背景①

为了研究人保集团数字出版的战略部署，理清传统出版与新兴出版融合发展的路径，围绕目前数字产品开发模式、运营管理模式、盈利模式等，分析集团数字出版的现状和问题，有针对性地提出解决措施和建议，人保集团组织了数字出版专题调研。

一、国外情况

根据 BookStats 发布的美国出版业年度报告，美国纸质书的营业收入从 2010 年的 121 亿美元下降至 2011 年的 111 亿美元。根据英国出版商协会公布的数字，2012 年上半年，纸质书的销售量同比下降 5%。

与传统纸质书销售下滑相比，数字出版却呈现出蒸蒸日上的态

① 本次调研由中国劳动和社会保障出版社梁江航副社长组织安排，音像电子和数字出版部杨宇红等同志共同参加。感谢各调研单位的支持，尤其是人卫社石雄、教科社权胜、同方知网徐林林、博奥教育刘洋、智启蓝墨王爱国等提供的信息和资料。

势。美国出版商协会公布的数据表明，2012 年美国电子书收入已经占美国本土出版总收入的 20%。

在大众出版领域，爱思唯尔 2012 年度销售收入为 61.16 亿英镑，其中大约 70% 来自于数字出版。威科集团 2013 年上半年销售收入为 17.42 亿欧元，其中 54% 来自于数字出版及相关服务。兰登书屋 2012 年上半年在美国的数字出版占总收入的比例上涨至 27%。

在教育出版领域，培生集团在 1999 年就成立了世界上最大的技术出版公司——培生技术集团，并通过并购获得技术平台。2000 年，培生集团购买了教育考试公司美国全国计算机系统 NCS；2003 年，培生收购了著名的教育理论和教学技能研究公司 Lesson Lab；2006 年，兼并了职业测试公司 Promisor，使培生进入美国职业考试市场；2007 年，收购了远程在线学习服务商 eCollege 公司，增强了培生在在线教育和远程教育方面的实力；2011 年收购连接教育，使培生在虚拟教育市场迅速获得领先地位；2012 年，培生收购了美国在线教育服务商 Embanet Compass。培生集团的教育数字产品和服务主要有：基于传统教材衍生的数字教材；在线辅导和家庭作业管理助手；互动虚拟学习系统；在线资源库；个性化学习解决方案等。截至 2011 年，在美国已经有超过 670 万大学生至少参加了一门培训的在线课程。2012 年培生集团数字出版销售额已经超过了销售总额的 50%，成为集团发展的中流砥柱。培生集团准备在 2014 年投资 10 亿英镑以促进公司进一步向内容服务和个性化解决方案提供商转型。

圣智学习集团的数字化转型，主要有三种方式：一是依托原有的内容优势，进行二次开发，创造衍生的数字产品；二是通过收购或兼并技术公司和产品成本，完成技术支持，如收购教育技术公司 Aplia；三是与其他公司或平台合作，共享资源与用户，如与 Desire2Learn 公司合作。2012 年，约有 340 万学生使用圣智学习集团的数字化家庭作业解决方案；用户在线学习的次数达到 9480 万次。圣智学习集团 2012 年的数字产品收入占总收入的 37.5%。

国外情况表明，数字出版已经形成盈利模式，并在出版业中占据越来越大的比例。知名出版公司，越来越重视和发展数字出版，实现传统出版业务的数字化转型。通过数字化产品开发和相关服务的提供，不断替代传统的纸质出版，提升数字出版的比例。国外出版商的数字出版战略，值得我们学习和借鉴。

二、国家政策

作为新兴业态，数字出版业是政府扶持发展文化产业的重要组成部分，代表着先进的文化传播趋势和方向，代表着出版业转型与升级的方向和未来。近年来，为了支持我国数字出版产业的发展，国家相关部门陆续出台了一系列政策，给数字出版产业的发展增添了巨大动力。

（一）关于加快我国数字出版产业发展的若干意见

《意见》指出，要构建要素完整、结构合理、水平先进、效益良好、多方共赢的数字出版产业发展新格局，把数字出版产业打造成出版业的支柱产业。

（二）国家“十二五”时期文化改革发展规划纲要

《纲要》指出，出版业要推动产业结构调整和升级，加快从主要依赖传统纸介质出版物向多种介质形态出版物的数字出版产业转型。

（三）新闻出版业“十二五”时期发展规划

《规划》指出，顺应数字化、信息化、网络化趋势，推进新闻出版业转型和升级。以业态创新和服务创新为重点，加快新技术应用，大力发展数字出版等战略性新兴出版产业。加快国家数字出版重大工程建设和国家数字出版基地建设。

到“十二五”期末，新闻出版业发展方式转变基本到位，新兴业态蓬勃发展，数字出版等战略性新兴产业领域的发展达到世界先进水平；力争实现数字出版总产值达到新闻出版产业总产值的25%，整体规模居于世界领先水平。

（四）关于推动新闻出版业数字化转型升级的指导意见

《意见》指出，通过三年时间，支持一批新闻出版企业、实施一批转型升级项目，带动和加快新闻出版业整体转型升级步伐。

（五）关于推动传统媒体和新兴媒体融合发展的指导意见

《意见》强调，推动媒体融合发展，要将技术建设和内容建设摆在同等重要的位置。要顺应互联网传播移动化、社交化、视频化的趋势，积极运用大数据、云计算等新技术，发展移动客户端、手机网站等新应用新业态，不断提高技术研发水平，以新技术引领媒体融合发展、驱动媒体转型升级。同时，要适应新兴媒体传播特点，加强内容建设，创新采编流程，优化信息服务，以内容优势赢得发展优势。

在政策扶持的同时，相关主管部门还出台了文化产业发展资金、国有资本经营预算支出项目、新闻出版改革发展项目库、数字化转型升级项目等一系列措施，在资金方面给予传统出版单位以强有力的支持，促进我国数字出版业尽快实现规模化和产业化。

三、调研对象

从数字出版角度看，人保集团出版业务可以划分为两大领域：一是专业出版领域，包括人力资源和社会保障、专业技术人员和公务员业务、职业安全等；二是教育出版领域，包括职业教育、技能培训、职业资格鉴定等。这两大领域数字出版的服务对象不同，服务目的不同，因此数字产品和服务的开发和运营模式都不同。

在选择调研对象时，我们针对性地选择了两类机构，一类是主要从事专业领域数字出版的机构，如人民卫生出版社、同方知网公司。一类是主要从事教育领域数字出版的机构，如教育科学出版社、博奥教育公司。考虑到教育数字出版有着更强的技术背景，还调研了一家专门服务于教育数字出版的技术公司——蓝墨公司。

本次调研的对象，既包括传统出版机构，如人卫社、教科社；也包括新兴的数字业务公司，如同方知网、博奥教育、蓝墨公司。

第二节　数字出版案例研究

一、人民卫生出版社

调研时间：2014 年 7 月 29 日

数字出版业务领域：医学专业出版、数字教育

主要情况：人卫社将音像电子和数字出版中心的业务独立出来，设立了全资子公司，开展数字出版业务。公司现有员工近百人，其中营销人员十余人。

（一）业务模式

信息化系统管理和维护。为了使独立的子公司专注于数字出版，人卫社将这部分职能从子公司剥离，子公司不再承担人卫社的信息系统管理和维护、计算机维修等业务。

传统音像电子业务。人卫社所有的立体化业务，统一由子公司承接。人卫社和子公司根据立体化业务承接情况，进行结算。

新型数字化业务。人卫社所有数字化项目，均由子公司承接和实施，包括人卫社申报的财政项目等。项目经费全额投入子公司。

经过近几年的持续投入和开发，人卫社形成了围绕自身品牌的

系列数字化产品。主要产品形态有：考试、数据库、教育、健康、百科、数字教材。这些数字产品，通过统一的网站“人卫医学网”对外宣传和开展服务。

1. 考试服务。考试服务以在线培训课程为主，包括两大业务板块：医师、护师两大系列在线培训课程。服务对象为医师、护师专业人群。其中，医师系列包括临床执业医师、临床助理医师；护师系统包括护士、护师、主管护师。针对每一职业、每一等级开发在线培训服务，包括视频课程、考试答疑、考试论坛、资讯服务等。学员可以通过在线学习，也可以下载并安装移动客户端进行学习。

2. 数据库服务。通过加工、处理人卫社的优质出版资源，构建了西医图书数据库。数据库中包括：3447 本图书，46900 个临床病例讨论，各科权威诊疗指南，17 万条临床用药物信息，70 万个图表和视频，参考书等。

与其他出版企业不同的是，人卫社新书出版后，立即收入西医图书数据库，包括人卫社的核心优质资源的新版和再版，从而提升数据库的价值。西医图书数据库的服务对象为公众图书馆、专业院校图书馆。

除了上述服务于专业人群的西医图书数据库外，人卫社还结合北京市出版工程项目，开发了人卫医学百科数据库。这是利用人卫社优质内容资源和权威的医学健康领域专家资源搭建的医学百科网站。内容涵盖临床医学、预防医学、药学、中国医学等领域，包括疾病百科、症状体征百科、手术操作百科、实验室检查百科和药物百科等，用规范的语言和丰富的图表予以阐述，满足用户对权威、可信度高的医学健康内容的需求。

医学百科数据库的服务对象是普通大众，根据大众对健康的关注提供权威的医学健康内容。

3. 教育服务。除了传统的教材配套产品、立体化开发外，还基于网络提供增值服务，包括医学教学素材库、视听教材等。服务对象为高等院校和职业院校。

人卫社还启动了数字教材的开发，纳入国家医学数字教材、“十二五”规划数字教材开发计划。

4. 健康服务。主要是通过网络提供大众图书、科普图书、健康和科普讲座、保健、慢性病防治、健康数据库等方面的服务。

服务对象是普通大众。通过普通大众对健康的关注，带动其他数字产品的销售。

（二）开发模式

外包开发和内部开发相结合，以外包开发为主。数字产品项目在设立后，由外部技术公司承接开发；内部人员参与相关工作，为后续补充开发和运营维护做好准备。

（三）运营模式

数字业务由子公司独立运营。运营费用支出包括稿费、技术类费用（主要用于开发）、人工费用、营销费用。

费用审批和管理模式完全公司化，不同于传统的选题开发管理。

（四）盈利模式和考核模式

子公司的盈利模式包括以下几个方面：在线培训、数据库、人卫社申报的项目承接开发、立体化和数字教材开发承接等。经过人卫社多年的投入和持续运营，在线培训业务目前已经形成收益，数据库产品进入销售，加上传统的立体化业务，子公司年销售收入在

1000 万元左右。

人卫社对子公司采取宽松的考核模式，在数字业务发展的初期，以促进产品开发、业务形成运营模式为主要考核目标。

（五）特点

一是集中优势资源，在优势领域开展数字出版业务。

二是整合数字出版业务，统一由子公司承担。

三是公司化运作，与传统出版业务完全剥离，便于公司化管理，根据数字出版的特点和需求，进行灵活管理。

四是扶持公司发展，加大投入，宽松考核，力求通过公司化形成全新的数字出版板块，做大做强。

二、教育科学出版社

调研时间：2014 年 10 月 13 日

数字出版业务领域：教育出版

主要情况：教育科学出版社隶属于教育科学研究院，出版物品种主要包括教育理论图书、教师教育用书、职业教育与成人教育用书、中小学教材、幼儿教育用书和旨在全面提高中小学学生素质的助学读物以及相关的电子音像产品等。

为了探索数字出版，教育科学出版社从幼儿教育板块着手，尝试数字化产品的开发和运营。其他业务板块暂未开展数字化出版业务。

（一）业务模式

2009 年起，各地相继规定幼儿园不得使用教材。但是幼儿园教师仍然需要使用教学资源来开展教学。教育科学出版社多年来，积累了大量的幼儿教育资源，如何将这些资源提供给幼儿园教师，是该社探索幼儿教育板块数字出版的重要原因。

1. 公司化运作

考虑到传统出版社在数字出版技术上的欠缺，教育科学出版社整合外部技术公司和相关资源，共同开展数字出版业务。新星出版社曾经引进了德国幼儿教育资源，两家出版社联合江苏一家技术公司，于2012年共同成立了新的公司，共同开展幼儿教育数字出版业务。三方共投资1000万元，其中，教育科学出版社占40%，新星出版社占25%，技术公司占35%。

2. 产品形态

基于教育科学出版社和新星出版社的内容资源，开发多媒体资源，以Flash动画为主。产品以服务于幼儿园教育的内容资源库为主，集成在定制生产的存储硬件设备中，可以通过电视、电脑等终端进行播放和控制。

服务对象，以幼儿园教师为主，为幼儿教学提供方便。家长也可以使用，但由于价格因素，普通家庭难以形成购买意愿。

基于网络发布，以及平板设备播放的数字产品，目前仍在开发过程中。

（二）运营模式

新的公司独立运营，目前有20多人的团队，主要是技术研发人员。

教育科学出版社派人参与公司管理。此外，还派幼儿教育方面的编辑1人，担任内容总监；市场营销方面的人员1人，指导新公司的营销业务拓展。

教育科学出版社幼儿教育板块新出版的图书资源，都可以无偿提供新公司使用，用于数字产品开发。

（三）盈利模式和考核模式

新公司目前还在产品开发和定型阶段，尚未形成明确的盈利模式。

对于新公司的考核，目前还处于投入阶段，以产品开发考核为主。

（四）特点

一是选取一个板块进行尝试和探索，有效控制风险，没有全面铺开。

二是从一开始就进行公司化运作，整合各方面资源，出版社只负责提供内容资源，产品开发交由技术人员承担。

三是公司独立运营，与出版社主业不交叉，不影响传统出版业务的开展。

三、同方知网公司

调研时间：2014 年 9 月 12 日

数字出版业务领域：专业出版

主要情况：同方知网公司拥有期刊论文、学位论文、会议论文、报纸、年鉴、百科等多种文献类型的数据库，所有数据库基于中国知网知识服务平台，向不同用户提供知识服务。

（一）业务模式

知网数据库收集的资源包括：中国期刊全文、中国博士学位论文、中国优秀硕士学位论文、中国重要报纸全文、中国重要会议论文等，还收集中国年鉴、中国经济社会发展统计、中国经济信息文献、中国法律知识、中国科技项目创新成果鉴定意见等。

中国知网是国内最大的数字图书馆，设有专科专业图书馆、专题数字图书馆、个人或机构数字图书馆，为各类人群提供服务。

1. 检索服务

知网为用户提供的最重要服务，是知识检索。知网提供9种检索方式：标准检索、专业检索、引文检索、学者检索、科研基金检索、句子检索、文献出版来源检索、知网节检索。

2. 期刊服务

为期刊提供论文优先数字出版服务，论文审核通过后，在纸质期刊印制、发行前就在知网上发布。

为期刊提供论文查重服务，期刊在决定刊发一篇论文前，可以使用该服务查看该论文的独创性，从而避免抄袭论文得以发表。

3. 数字出版服务

知网有自己的技术开发团队，不仅为内部产品开发服务，也面向出版机构提供数字出版技术解决方案和开发服务。通过产品开发合作、提供技术支持，获取优质内容资源，不断扩充和丰富知网知识总库的内容。

（二）开发模式

1. 资源获取

设立多个业务板块，负责各领域数据库产品的开发。主要通过合作、购买授权的方式，获取传统出版社的优质资源。

根据产品开发计划，有针对性地补充各行各业知识库中的内容，从而向相应的资源单位购买或获取资源使用授权。

产品开发既有独立的子数据库产品，也纳入知识总库中进行管理。不断向各行业各专业拓展，不断扩充知识总量，通过积累性的产品开发形式，从而形成中国最大的知识数据库。

2. 资源加工

同方知网拥有自己的资源加工业务，并公司化独立运营。一方面完成内部产品开发时的资源加工任务；一方面对外承接资源加工业务。

3. 技术支持

同方知网拥有自己的开发团队，有专门的技术序列、专用数据库，一方面支持 CNKI 知识库、镜像数据库的运营；一方面支持年度计划的产品开发，协助各业务板块开发新产品。

在产品开发过程中，资源授权同时的合作开发，由知网自己的开发团队承接。

（三）销售模式

1. 针对不同用户，采用不同的销售策略

将用户分为个人用户、包库用户、镜像站点用户、机构年卡用户。

个人用户按全文下载收费，每页 0.5 元。包库用户可以使用固定 IP 地址登录，限制用户总数量。镜像站点用户，其订购的数据库安装在机构用户内网，在限定 IP 地址范围内，不限次使用。机构年卡用户，由机构购买后，为机构内的员工开设多个子账户，供员工使用。

2. 销售组织形式

建立省、市（县）多级销售机构，各机构负责本地区知网数据库的销售。主要客户包括：公共图书馆、大学图书馆、职业院校图书馆、军队、企业等。

定期分区域组织数据库产品宣传推广会议，邀请当地客户或潜在客户参加，吸引客户购买相关数据库产品。

在数据库产品销售时，也会搭售多个相关数据库，一是增加产品的附加值，二是吸引和培育客户的消费需求。

（四）特点

一是形成了固定的业务模式，从资源获取、资源加工、产品开发、技术支持，到最终的销售，形成了一条龙，建立了成功的运营模式和盈利模式。

二是通过长期的积累性开发、功能性产品的开发，知识总库的价值越来越高。业务具有很强的可持续性，事业具有正效应，影响力越来越大。

三是通过合作的模式，根据知识库完善和补充的需要，有针对性地获取资源的使用权，避免了资源投入的风险。只针对有价值的资源进行投资。

四、博奥教育公司

调研时间：2014 年 9 月 19 日

数字出版业务领域：数字教育

主要情况：作为一家民营的教育服务公司，在数字教育领域不断拓展业务，与多家部委、公司合作，开展在线教育业务、继续教育服务、企业培训服务、院校管理服务，快速发展并不断成长。

（一）业务模式

1. 教育服务

承接教育部（主要是国家开放大学）部分专业的实训和毕业设计课程的在线培训和管理。这些实训以虚拟实验室的形式提供，例如，物流专业的在线电子商务实训平台。承担多个专业的在线实训，年用户数量近百万人。按用户数收费，人均每课程收费在百元左右。

2. 院校鉴定管理

承接人力资源和社会保障部职业指导中心院校鉴定系统的开发和维护。由相关部门发文，在全国多个省市推广和应用。

除了系统开发费用外，可以根据参加鉴定的人数收费。根据与地方管理部门的沟通，每人次收费标准在十几元至数十元。

3. 企业培训

与多家企业开展内训平台和课程的开发，提供在线培训平台、视频课程内容。例如，国家电网、中外运、长江航运、长城资产公司等。低附加值的视频课程内容，大多外包开发。

4. 职业资格考试和人员管理服务

与部委、行业协会等职业资格中心联合开展职业资格考试服务，以及在职人员继续教育、注册、管理等服务。

例如，与全国道路运输中心联合开展驾驶员培训；与环保部联合开发环境影响评价培训系统；与安监局联合开发安全评价师继续教育系统、安全评价师在线注册和管理系统；与住建部联合开展消防员培训，等等。

（二）开发模式

1. 项目开发

通过项目来开展数字教育。基于在线培训、继续教育，开发具有通用性的在线培训平台、继续教育平台，以及服务于继续教育、职业资格鉴定的管理平台。在现有平台的基础上，结合每一个项目的特点进行适当调整，形成合作模式、运营模式和盈利模式。

2. 技术团队

公司有一支小规模的自主开发团队，维持项目的日常开发和技术维护。

同时，公司注资一家大型软件开发企业，占有一定股份。在重大技术开发上，可以得到该大型软件开发企业的支持，从而既在技术上得到保障和支撑，又不需要投入过多的人力资源成本来聘用高技术人员。

3. 盈利模式先于产品开发

作为一家民营企业，博奥教育公司重视项目的盈利能力。项目开发之前，都需要有明确的盈利模式，确保项目开发后，在一定的时期内形成盈利。

（三）运营模式

1. 与主管机构合作，共同盈利

在开展数字教育业务时，博奥教育公司均会选择相关的直接主管部门进行沟通和协商。与主管部门就数字教育和培训达成合作协定，明确项目中的双方分工，以及利益分配模式。有些项目，主管机构看重的不是利益，而是工作更方便快捷的开展，获得工作成果。

在项目合作过程中，作为民营企业，为合作方提供力所能及的方便和支持，保证项目的成功。

2. 适当外包

对于项目合作中公司内部不擅长或专长的部分，如视频课程制作、动画制作等，一般采取外包的形式。避免投入过多人力资源成本和管理成本。

3. 客户优先，定制服务

在项目设计和开展过程中，结合行业用户特点，为客户提供定制服务。

(四）特点

一是专注。近年来，专注于技能培训、继续教育培训、职业资格培训、院校鉴定管理等。稳扎稳打，一个一个项目落实和推广，不断扩大公司在数字教育领域的业务。

二是市场化。项目的设立满足了主管机构和客户的双重需要，不仅为主管机构服务，也为客户提供增值服务。项目的盈利模式基于市场的真实需求，从而使得项目能够持续运营。

三是把握机会，做好准备。项目的设立，不追求短期成效，往往经过长期关注、跟踪、服务，经过与主管机构的充分沟通，进行充分论证，有了明确的盈利模式以后才启动。在条件不成熟的情况下，继续保持沟通和协商。有时一个项目要与主管机构沟通三五年才正式设立，启动开发。

五、蓝墨科技公司

调研时间：2014 年 10 月 10 日

数字出版业务领域：数字教育中的数字教材

主要情况：作为一家近百人的创业型新技术公司，抓住教育数字化的趋势，基于自主的数字化教材开发技术和团队，通过收费提供数字教材开发服务，并免费提供数字教材发布平台开展数字化教育。专注于移动交互式电子书制作，以此进入数字化教育服务领域。

（一）业务模式

1. 移动交互式电子书制作

基于通用格式制作移动交互式电子书。电子书的制作工具为通用的 HTML 编辑工具，格式为 HTML5，可以在网页上发布，具有良好的跨平台性、移植性和复用性。

与基于版式制作的互动式电子书相比，HTML5 格式的电子书具有很强的灵活性。文档的修改方便易行，重新设计、排版、制作方便，而基于版式制作的互动式电子书改版难度大。

缺点是互动性较为单一，与其他工具提供的多样化的互动方式有一定差距。但作为教育用书而言，不同于童书等，对复杂多样的交互性需求不高。如果确有需求，通过编程开发也可以实现。

公司提供自主产权的交互电子书阅读器。制作的通用格式的电子书，经过打包后，只能在该阅读器中打开，并能够实现权限控制、版权保护。

公司直接联系院校的教师，结合教师申报的教材数字化、数字化资源开发、教研课改等项目，帮助教师开发数字化教材。在教材中增加视频、图片、动画，满足教材数字化的要求。由于数字教材形式新颖，有丰富的多媒体内容，集成了一定的互动性，因此，成为教师教学成果的一部分，深受教师的欢迎。目前，每年承接数百种数字教材的开发，每种数字教材的承接开发费用在 5 ~ 8 万元。

2. 数字出版云平台租用和定制开发

公司建立了数字出版云平台，用于发布数字教材。教师或出版社委托制作的数字教材，可以发布在公司的数字出版云平台上，供教师开展教学、学生学习使用。云平台上还相应地提供学习服务，如学习记录、书签、笔记等。还将资源库和数字教材结合起来，教师可以在教学过程不断添加数字资源到云平台上，用于课堂教学。

对于大型出版机构或院校，提供数字出版云平台定制开发方案和服务。这样，完成制作的数字教材就可以在机构或院校自己的云平台上发布，开展数字教育服务。

目前，已经与多家出版机构合作，批量、按专业开发数字教材。

（二）开发模式

公司拥有自主的技术开发团队，为数字教育云平台、数字教材开发提供研发的技术支撑。

公司拥有一支专业化的移动交互式电子书制作团队。在数字教材制作过程中，注重将相应功能的制作方法进行工具化，使一次技术开发，可以为非技术人员运用于其他电子书的开发过程，提高开发效率。

（三）特点

一是抓住数字化教育的大趋势，从数字教材入手，提供服务，显著提升教材品质和教学效果，从而吸引客户。

二是有自主的核心技术，并且有一定技术特点，与市场同类产品相比，具有一定优势。

三是将教材与教学过程结合起来，为教材的使用提供了方便，为教师提供方便。

四是入门条件较低。一般情况下，如果教师选择使用该公司的数字出版云平台发布数字教材，都是免费提供。收费项目仅是数字教材的开发制作费用，低于十万元，属于教研项目可以接受的范围，为教师申报教学成果提供了极大的便利。

六、人保集团

数字出版业务领域：专业出版（知识体系建设、主题数据库、专业领域的网络服务）、教育出版（在线培训、职业资格培训、继续教育、数字教材、数字化资源、数字课堂）

（一）业务模式

近年来，集团通过积极申报新闻出版改革发展项目、财政部文化资产管理办公室项目、中央文化企业国有资本经营预算支出项目，多个数字出版项目获批，推动了集团数字出版工作的进展。

1. 专业出版领域

人保集团的专业出版领域涵盖人力资源和社会保障业务领域、科技和职业安全业务领域。在人力资源和社会保障业务领域，人力资源和社会保障法律法规数据库建设和应用项目已经成功入库，正在启动开发。科技和职业安全业务领域，工伤保险和预防项目正在申报。

知识体系建设。为了建设符合专业领域各群体人员需求的知识库，有必要围绕人力资源和社会保障法律法规数据库，以此为核心，构建人力资源和社会保障专业领域知识体系。该知识体系力求涵盖人力资源和社会保障部所属主要业务职能，能够为专业岗位的工作人员提供业务咨询和指导，提供最完备的知识服务、继续教育；并能够为相关延伸业务，例如劳动权益维护的律师等，提供知识支持。

主题数据库。除了建设法律法规数据库外，还围绕各类专业人员的需求，定制各种类型的主题数据库。

专业领域的网络服务。除了知识服务外，还为各专业人员提供网络服务。例如，在线答疑服务，由专家在线为专业人员提供指导和答疑；沟通和交流服务，为各专业人员建立群组，提供论坛、QQ、微信等即时交流工具；在线培训或继续教育服务；专业知识书籍在线阅读；论文发表等。

2. 教育出版领域

人保集团作为职业教育和培训教材的重要出版基地，在数字出版中将教育培训数字化作为优先发展的主阵地。已经立项并在开发的数字出版项目有职业培训数字化资源库项目、一体化教材开发项目、专业技术人员在线培训项目等。

在线培训和职业资格培训。围绕职称外语、经济师等专业技术人员培训，以及物流师、人力资源管理师等职业资格培训，开发在线培训平台，开展针对性的在线视频课程培训，并提供相关在线答疑、在线模拟考试等服务，为学员通过考试提供支持和服务。

继续教育。围绕专业技术人员、已经取得职业资格的人员，开展继续教育服务，例如，证书登记、培训登记、学分累积、论文发表等。为专业技术人员、职业资格人员的注册和管理提供支持。

数字教材。一种是对传统纸质教材进行数字化，在数字教材中适当增加多媒体内容，如视频、动画、图片、音频，并运用平板电脑的交互特性，为其设计一定的交互，从而构成比纸质教材更丰富、生动的数字教材。

一种是脱离纸质教材，重新组织教师和专家，根据专业教学和培训的特点，设计专业教学计划和大纲，确定课程设置。对课程进行分析，将课程教学目标分解为知识点和技能点，围绕知识点和技能点设置微课。根据微课的要求和特点，开展教学设计，组织开发教学方案和教学资源，包括多媒体资源。在资源开发的基础上，结合数字教材的呈现特点设计交互，将教学内容和多媒体资源以生动、活泼、动态、交互的形式结合起来，形成数字教材。

数字化资源。一是将传统的立体化开发选题积累的多媒体资源进行拆分，构建多媒体资源库；二是将数字教材开发过程中建设的数字化资源集中管理起来，加入多媒体资源库。

将这些多媒体资源统一管理后，根据职业教育和培训院校、师资的不同需求，开展针对性的资源服务。例如，教学资源服务，用户可以购买单个资源；主题数据库服务，将某类资源根据一定的知识体系打包，形成主题数据库，提供给教师或院校；课程中心服务，根据课程设置，围绕课程来集中和打包资源，提供给开设课程的教师或院校；等等。

除了集团自有资源的发布和销售，还为用户提供资源交流的平台，通过建立积分机制，鼓励用户上传优质资源并进行分享。以此方式，一方面可以积累一定的优质、公开资源；一方面可以了解用户的资源需求，为下一步的资源开发提供参考和依据。

数字课堂。通过搭建基本的硬件环境（服务器和无线网络等），基于数字教材提供数字化的课堂教学环境，让教师可以使用平板电脑开展互动教学，学生使用平板电脑开展学习。学习活动可以记录，实时了解学生学习效果。

（二）开发模式

1. 技术开发以外包为主

作为一家传统出版集团，技术人员的储备相对不足。数字出版工作是一项高度依赖技术的工作，技术在不断变化和升级过程中，不同的技术应用，需要专业技术人员。例如，云平台和虚拟化技术、网络应用开发技术、移动网络技术、APP应用开发技术等。

以外包开发为主，对集团而言有一定的灵活性，可以在市场上自主灵活选择相关技术支持公司，利用外脑来进行开发。

2. 资源开发以内部为主

借鉴传统纸质教材的开发，数字化资源的开发仍然采用策划编辑组织、院校教师和专家参与的开发方式。

由于集团音像电子部有相应的视频、动画、图片开发、制作团队，相应的资源开发，可以由内部完成，满足数字化教材、数字化资源库开发的需要。

（三）运营模式和盈利模式

1. 以部门为单位，独立运营

目前，集团内部的数字出版项目，一般由信息中心完成公共性的基础设施和平台开发；由申报的编辑部门完成数字化产品和资源开发，并承担运营。由于编辑部门的考核目标主要在于纸质图书的出版，因此，由编辑部门来运营数字化项目，有着诸多不利因素。

同时，由于平台开发和数字化产品开发脱节，项目开发过程中存在一定的沟通和衔接难题。

2. 盈利模式

除在线培训由集团子公司独立专业化运营外，其他项目都需要编辑部门投入精力进行运营，与传统纸质图书开发存在一定的冲突。

主题数据库，如职业标准库已经形成营销模式，并能够盈利。其他专业资源库、课程资源库的授权、销售、管理等，还未探索出可行的销售模式。

数字教材的销售，目前受制于技术公司的平台开发，还没有形成稳定的销售和使用模式。

（四）特点

一是通过项目带动数字出版，多部门共同参与，以攻坚克难的方式，在短期内取得了一定的进展。

二是一定程度内的分工合作，由信息中心完成基础设施和公共平台开发，有利于发挥各方的优势。

第三节　数字出版发展模式分析

一、数字出版的业务模式和盈利模式

（一）专业知识数据库是当前最成熟的数字出版盈利模式

人卫社通过多年的建设和完善，成功上线了西医图书数据库、医学百科数据库。数据库主要通过网络以在线方式发布，也为机构用户如公共图书馆、医学院校提供数据库镜像服务，实现局域网内的本地化知识服务。

同方知网是国内最大的数字图书馆，设有专科专业图书馆、专题数字图书馆、个人或机构数字图书馆，为各类人群提供服务。由于基于知网的数据库技术成熟、业务模式稳定，经过多年的积累，同方知网公司在专业知识服务领域的优势越来越大。

专业领域的知识数据库与在线服务相配合，已经形成了成熟的数字产品模式和盈利模式。人保集团在人力资源和社会保障领域、科技和安全生产领域，可以借鉴这种模式，打造权威的知识数据库，服务专业人员，形成长期、稳定的运营模式和盈利模式。

要建设专业知识数据库，就要围绕专业领域的知识体系，收集和开发优质资源，及时更新和补充最新资源，保持专业知识数据库的生命力和吸引力。资源的集中度、相关性、数据量是数据库成功的基础。作为数据库产品，必须涵盖专业领域全部的优质资源，形成服务特色。

（二）教育数字化为数字出版提供了重大机遇

信息化技术、网络技术、移动计算技术正在深刻影响着教育领域，微课、慕课、数字教材和数字课堂正在职业院校、高等院校、培训机构推广和应用。

博奥教育公司抓住教育数字化，提供专业化的培训产品和服务。一是围绕院校实训课程，提供在线模拟实训平台，记录学生在线学习时间和结果，为院校提供技术支持和服务。二是围绕行业、专业人员，提供鉴定考试、继续教育服务，不仅提供在线教育平台，还提供视频课程等内容资源。三是结合培训，提供人员管理平台，例如，人社系统的院校鉴定管理平台、行业协会或组织机构的专业人员管理系统和服务等。通过上述三项数字化产品和服务，博奥教育公司成功地建立了数字化教育的业务模式和盈利模式。

蓝墨公司作为一家专注于数字教材开发和应用的小公司，与多个院校的教师合作，联合开发数字教材，并为数字教材提供免费的公共运营云平台，方便教师和学生运用。目前，该公司组建了 5 个专业化的数字教材开发团队，直接为教师提供专业化的数字教材制作服务。年开发数字教材 500 多种，建立了合理的盈利模式。

人卫社建设并运营的卫人网为医师、护士人员的职业资格考试提供在线培训和考试服务。考试服务以在线培训课程为主，包括两大业务板块：医师、护师两大系列在线培训课程，服务对象为医师、护师专业人群。通过多年的运营，目前卫人网的在线培训业务已经实现盈利。

无论是数字教材开发，还是在线培训平台、专业人员继续教育管理和管理平台，以及数字课堂，都为数字出版提供了广阔的发展空间。人保集团作为职业教育教材出版的重要基地，为进入数字教育领域探索数字教材开发、提供数字化教育服务打下了良好的基础。

二、数字出版的开发模式和运营模式

（一）集中优势资源，重点做好数字出版的探索

数字出版投入大，各出版社的个性化较强，初期盈利模式并不明确。需要通过不断的试错来探索一条合理可行、适合各出版社特点的数字化出版之路。

人卫社先是成立了音像电子中心，全面负责社内的数字出版工作。传统的立体化配套工作，统一由音像电子中心承接；出版社申请的数字出版项目统一由音像电子中心承接，获批的财政资金交由该中心使用。在资源数字化、卫人网建设、专业知识数据库建设上给予支持。通过多年的持续投入，探索了基本可行数字出版模式。在此基础上，人卫社成立了数字出版公司，独立于人卫社自主运行。目前，在人卫社的全面支持下，公司能够维持持续运营，并投入新产品开发。

教科社从幼儿教育板块着手，尝试数字化产品的开发和运营。其他业务板块暂未开展数字化出版业务。

博奥教育公司的数字教育业务，首先从院校实训平台开始，取得成功并盈利后，才继续向院校鉴定管理、企业继续教育和培训、职业资格鉴定、专业人员继续教育和管理拓展。

（二）建设一支规模合理的技术团队是数字出版的基本要求

人卫社初期主要依赖外部技术公司开发，投入较多，以开发基础平台。目前，除关键和基础技术外包外，已经培养了一支内部开发的技术团队。内部技术团队主要负责产品策划、二次开发和运营维护。

教科社在成立公司时，就吸收了一家技术公司参与，技术方是公司数字产品开发、运营、推广和销售的主要承担方。

知网有自己的技术开发团队，不仅为内部产品开发服务，也面向出版机构提供数字出版技术解决方案和开发服务。

博奥教育公司一方面保有内部必要的技术团队，满足日常开发的需要；一方面参股大型软件公司，获得技术保障和重要技术研发的支持。

从调研情况来看，由于数字出版是一项技术性很强的业务，在技术上完全依赖外包，或者完全依赖内部人员，在当前阶段都是不可取的。出版企业内部保持一支一定规模的开发技术人员是必要的，在关键技术应用上，还要依赖于外部公司。

（三）数字化服务是数字产品的重要组成部分

传统出版在纸质图书销售后，所需要的后续服务较少。而数字出版则不同，数字产品的开发只是业务模式的一部分，还需要通过不断的服务和更新，使得业务模式成为完整一个闭环。

例如，专业出版领域的知识服务，无论是在线查询，还是数据库镜像服务，都需要为用户提供周到的服务，还需要根据用户的反馈进行及时的更新和升级。

教育出版领域的在线培训、在线测试、教学资源库、课程中心、数字教材、数字课堂等，产品开发只是服务的起始，在用户使用数字产品的过程中，还要提供答疑、论坛、在线交流、资源更新等服务。同时，系统还要记录用户的学习行为，从而根据用户的学习行为和学习成绩，提供个性化的定制服务。

例如，博奥教育公司在开发数字教育服务时，不仅提供培训资源和平台，还配合组织管理方开展各项必要的服务工作，如派员工长期在组织管理方协助手续办理、给机构用户提供培训、线上或线下实时解决用户使用中出现的问题，甚至协助组织管理方举办相关活动等。

由于数字化服务的重要性，有必要围绕数字产品组建一支运营团队，为数字产品提供周到的服务。

（四）数字出版需要专业化的营销团队

传统出版业务模式相对单一、固定，通过开发图书产品，由经销商通过固定的几个渠道发行。数字出版的业务模式并不统一，各类产品和服务需要以多样化的形式提供，因此，要通过不同的渠道，采用不同的营销方式。例如，在线培训和知识服务，就是完全不同的业务模式，就要采用完全不同的渠道和营销方式。

调研中，不同的调研对象都在探索建立适合自己的主要业务模式和营销方式。例如，同方知网公司就是通过在各地建立分销机构，针对不同的客户招聘针对性的营销人员，从而建立了遍布全国的营销网络，对高等教育、职业教育、公共图书馆、军队、企业等，开展针对性的营销。

三、数字出版的管理模式和考核模式

（一）公司化运作有利于数字出版的探索

人卫社成立了独立的全资子公司来承担该社的数字出版业务，

数字出版的开展与传统出版完全分离，独立核算，独立运营。它的好处是，完全按照数字出版业务开展的需要，来进行产品开发、运营、推广和销售。

教科社尽管只是在幼儿教育上进行数字出版的尝试，但完全按照公司化的方式来投入、运营。

同方知网和博奥教育本身就是公司，数字化产品的开发和运营完全按照公司化来运作。

从调研情况来看，由于数字出版与传统出版有着较大的差异。因此，将数字出版业务独立出来，采取公司化运作，是解决相关管理、运营难题的有效办法。

（二）把数字出版的产品开发和持续运营作为考核的第一目标

人卫社对于数字出版采取长期投入和扶持政策。实践证明，数字出版目前能够在一些项目上获得盈利，但远不足以养活自己或向母公司贡献利润。目前人卫社的数字出版公司收入的主要来源，还是人卫社的数字业务扶持、财政项目，以及部分数据库产品盈利。公司的收入，主要用于数字产品开发的再投入和市场运营，以占领市场、拓展市场，培养数字产品消费客户和消费模式。

教科社的幼儿教育数字出版公司成立两年来，一直未能形成销售模式和盈利模式，但合作的三方还在继续投入，维持公司的数字产品开发和持续运营。

同方知网鉴于已经成熟的数据库服务模式，对各业务部有着明确的产品开发指标和利润考核指标。但在考核时，适当考虑资源积累的贡献率、产品开发完成率，不仅仅考核当前数字产品的利润指标。

第四节　人保集团数字出版相关问题分析

面对数字出版，出版业乃至技术公司都在按照自己的理解和自身拥有的技术资源进行探索，探索的方式也不尽相同。从人保集团近几年的具体实践来看，走过了一条从最初的密切关注、分析研究，到统一认识并很快进入实践领域的摸索之路。基本形成了具有专业出版集团自身特色的数字化出版模式和思路，包括集团数字出版的战略目标、任务分工、重点产品、配套制度政策以及保障措施等。

特别是这两年通过申报财政项目，以项目为引领和推动，人保集团数字出版工作获得了长足的进展。多个项目启动开发，正在实施过程中；部分项目完成了初期开发，已经或即将进入运营。在项目开发的同时，人保集团信息化基础设施建设得到加强，建立了基本满足数字出版业务发展需求的云平台。数字化资源开发和服务也列入了实施日程，集团基本形成了编辑室、音像电子和数字出版部、信息中心相对较为固定的开发运营模式。

一、数字出版的现状和特点

从国外出版业数字出版的发展历程来看，数字出版一般经历三个阶段。第一个阶段是尝试阶段。数字出版在某一个领域进行初步尝试，以期取得初步经验。第二个阶段是集中发展阶段，成立专门的数字部门，协助编辑部门做好数字出版，推动数字出版业务的开展。在这一阶段做大做强数字出版业务，探索并建立数字出版的业务流程，培养数字出版人才队伍，形成有自主特色的运营模式和盈利模式。第三个阶段是全面融合发展阶段，由编辑部门实现出版业务的全面数字化，即纸书出版和数字出版全面融合，做到纸书出版和数字出版并重。这一阶段将启动出版业务的全面数字化转型。出版企业除保留共性的技术支持部门外，数字出版人员应配置在编辑部门，从事数字产品和纸质产品的同步开发。

出版企业所处的数字出版阶段不同，其组织结构和运行模式有所不同。根据出版企业数字出版的进程，来相应地调整数字出版的组织结构，是做好数字出版工作的重要基础。

通过分析人保集团当前数字出版的现状，并与调研对象进行分析对比，我们可以看到，人保集团数字出版形成了自我发展特色，已经走出了第一阶段即数字出版的探索阶段，甚至已经部分地跨入了第三阶段，即各编辑部门在传统出版的同时，从事数字出版。具体体现在：一是通过项目带动数字出版，多部门共同参与，以攻坚克难的方式，在数字产品开发上取得突破。二是一定程度内分工合作，由信息中心完成基础设施和公共平台开发，由编辑部门主导产品策划和开发，由音像电子部门提供资源开发支持，共同协作，有利于发挥各方的优势。三是产品开发上取得成功，部分产品形成盈利模式。

二、数字出版发展需要探讨的问题

在分析集团数字出版现状和特点的同时，我们也应该看到，集团数字出版其实是没有经过第二阶段的，即数字出版的做大做强阶段。因而，自然也不可避免地存在一些不足和欠缺。

通过调研分析，我们也感觉到，尽管人保集团数字出版工作取得了一定的进展，但该项工作在集团内毕竟还是全新的业务模式，走向融合发展之路还有一个相当长的过程，特别是顶层设计、资源整合、开发效率、运营盈利以及风险防控等方面，确实还有一些问题需要认真进行研究和解决。人保集团媒资系统尚未全面投入使用，尚未引入协同编纂系统，内容资源的数字化管理和应用等数字出版的基础性工作还比较薄弱；数字出版的人才队伍建设尚不能满足业务开展的需要；数字出版的业务环节不完整，成熟的管理模式还未建立。当前的数字出版盈利模式还不稳定，产品开发和运营模式在离开财政项目支持后，还难以持续发展。主要有以下几个方面值得探讨。

（一）全流程数字出版模式尚未建立

集团虽然启动了多个数字出版项目，但仍旧按照传统出版流程来运行，全流程数字出版尚未实现。

数字出版的一项基础工作，是围绕内容管理系统（人保集团所指的媒资系统），构建全流程数字出版的工作环境，即将传统出版各个流程的资源，实时对接并存储到内容管理系统中，为未来的数字出版做好准备。

目前，内容管理系统没有真正运用；传统出版各个流程没有与内容管理系统对接。在数字出版项目开发时，只能另起炉造，重新选择资源，进行数字化。

作为人保集团未来信息化的重要内容，有必要实现出版环节的数字化，尽快启用内容管理系统，使之在数字出版中发挥作用。在内容管理系统中，构建专业出版的知识体系、教育出版的知识体系和技能体系；构建专业特色、职业教育特色的标引体系。通过内容管理系统，将传统出版过程中生产的全部资源实现数字化，并统一、集中、有序管理。

（二）沿用传统出版的模式来管理数字出版

财务制度、在线支付等与数字出版业务的开展不匹配。目前，集团虽然在选题管理的基础上，增加了项目管理的通道，力图能够给数字出版方面的选题和项目一条可行的管理路径，但是在实际运行时，数字出版的具体情况较复杂，难以用一个模式进行框定和管理。实际运作中，仍然是一事一议，造成了相关工作的不可持续。

例如，网上业务的开展，需要在线支付账号。如果沿用传统的管理模式，则每一笔订单都需要与发行系统进行对接。网上资源的销售，难以做到将每一个资源都申报成为选题，使之具有唯一的产品代码。网上业务还需要不同类型的发票，往往根据客户的需要，来对接不同的部门开具发票，如财务处、发行部、读者服务部或相关子公司。

（三）考核机制和激励机制不健全

数字产品的开发周期较传统纸书更长，投入更大，选题设立的难度更大。目前的考核制度下，部门对数字化产品和项目的积极性不大。除了已经申报并获得支持的数字化项目外，部门难以真正从数字出版业务发展的角度来开发数字化选题和项目。

（四）数字出版内部技术人员不足

虽然部分策划编辑已经通过实践数字出版项目，尝试向数字出版转型，但集团内部相应的技术力量不足，一定程度上影响了数字出版项目的开发和实施。数字出版项目主要依赖外包，在外包过程中，内部技术人员的沟通和衔接、管理和控制，对于产品的成功十分重要。缺失了这个内部人员充分参与的环节，往往导致产品开发完全纳入承包方的套路，不能主导产品的方向。产品开发完成后，难以在适应市场需求。由于缺乏内部技术人员的二次开发，也难以根据市场实际情况，进行针对性的灵活调整。

（五）项目的周期性和长期运营的矛盾

目前，各项目组都在认真实施承担的项目，但项目是有一定周期的。项目组承担项目，是在规定的时间内完成项目开发，达到预期的目标。但是，数字出版项目开发后的持续运营，需要组建相应的团队，进行持续开发和维护。当前的项目组成员大都来自于编辑部门，还承担着传统图书选题开发的重要任务。项目推动与长期运营存在矛盾。

三、对数字出版的建议

今后几年是数字出版发展的重要战略机遇期，传统出版与新兴出版融合发展已经成为出版业的大势，人保集团必须加快向数字出版转型的步伐，要用集中发展数字出版的思维，在数字出版的组织结构上做好顶层设计，在基础硬件设施、必要的数字化工作环境和流程上巩固完善，在产品开发进一步做大做强数字出版。

具体建议如下：

（一）坚持专业出版数字化，走融合发展道路，为专业人员提供知识服务、个性化服务，扩大专业出版的权威性

集团在人力资源和社会保障、科技和职业安全两大专业领域经营多年，积累了大量的优质出版资源，拥有一大批忠实的客户。这些优势，都可以用来结合用户需求，开展数字出版业务。

在专业出版领域，可以将传统出版和数字出版结合起来，走融合发展道路，做到资源的“一次开发多个产品，一个产品多种形态”。专业出版领域服务的对象，包括人力资源和社会保障领域的公务员、专业技术人员、研究人员、法律工作人员、人力资源管理人员以及劳动保障、社会保险、劳动合同、劳动监察、权益维护、争议仲裁等方面的从业人员，还包括科技和职业安全领域的安全评价、安全技术、工伤预防、劳动保护等方面的从业人员。

这些专业人员在工作中，不仅需要一本本专业领域的图书，还希望了解更多的、更全面的内容，因此，有必要按照专业人员知识体系，围绕专业人员工作、职业发展、继续教育等方面，构建专业人员知识库，从而为专业人员提供更好、更全面的知识服务。与此同时，专业人员的在线培训、继续教育、职业资格、论文发表等，都可以通过新媒体、通过融合发展，来满足专业人员的知识性服务的需求。

对于人力资源和社会保障专业领域，可以结合人力资源和社会保障法律法规数据库的建设契机，梳理专业人员的知识体系，打好知识服务的体系架构，为后续的资源开发和服务提供奠定基础。

对于科技和职业安全专业领域，可以结合安全生产百科全书开发的契机，启动数字化出版项目，构建科技和职业安全的知识体系，为该领域的传统出版和数字出版的融合发展奠定基础。

（二）专注职业教育数字化，从教材出版向数字化教育延伸，巩固和拓展职业教育和职业培训主阵地

教育现代化和数字化是目前教育发展的主题。人保集团作为职业教育和培训教材的重要出版基础，有必要抓住教育数字化的契机，推动教育出版数字化，为职业教育和培训提供更多更好的数字化服务。

教育出版数字化不仅仅意味着数字化教材的出版和提供，还意味着出版企业进一步进入教育产业，与教育产业融合，提供原来出版企业不能够提供、而在数字化技术的支撑下能够结合数字教材提供的更周到的教育服务。

例如，在线学习平台，通过在线上提供数字化的教材，供职业院校和培训机构开展在线教育。平台不仅具有教材发布和使用的功能，还为教学提供了方便。方便教师备课、记录学生学习进度和学习效果、提供在线测试、沟通和交流、作业布置和管理等。通过数字化技术，出版企业借助教材一方面实现了出版业务的延伸；另一方面，实现了与用户真正的直接接触，能够直接了解用户对数字教材和服务的反馈。

为了方便教师的教学，吸引教师使用数字教材，人保集团可以开发数字化课程资源包，将教学方案、数字化资源、数字教材等，打包起来，一并提供给教师，为教师开展教学提供方便。

考虑到越来越多的学生拥有智能手机和平板电脑，能够开展移动学习，人保集团还要提供移动学习客户端，方便学生通过移动设备开展学习。

（三）引进和培养数字出版技术人才，引导策划编辑向数字出版转型，在一定时期内坚持数字出版的集中化和独立性

适应数字出版项目开发、数字化资源开发的需求，人保集团有必要引进和培训一批数字出版技术人才。一是了解网络技术、移动计算的专业技术人才；二是了解数字媒体写作、制作，多媒体拍摄、加工、制作、开发的人才；三是基于技术的数字出版营销和推广人员。只有建立一支专业化的数字出版人才队伍，才能够适应数字出版的需要，真正做好数字出版业务的开发，实现盈利和持续运营。

传统图书的策划编辑有必要向数字出版转型，在传统图书策划过程中，注重数字化资源的开发，结合数字出版的需要，策划符合数字出版需要的资源开发选题。

数字出版是一项专业性、技术性很强的工作。策划编辑需要和技术人员结合起来，共同开发、持续运营和推广，才能够起到实效。因此，在数字出版集团数字出版发展的过程中，一定时期内有必要坚持数字出版的集中开发，即做大做强数字出版、取得重点突破，而不要求全部的编辑部门投入数字出版工作。

目前，虽然数字出版已经有了成功的盈利模式，但是传统出版仍是出版集团的主要盈利途径。让编辑部门普遍性地投入到数字出版中，而忽视原已竞争激烈的传统出版市场，显然是得不偿失。

在集团数字出版发展的一定时期内，建议集团仍由数字出版部门集中开展数字出版业务，而由编辑部门进行配合。从融合的思路出发，推动数字出版与传统出版并行、融合发展，但在短期内，由编辑部门直接进行数字出版存在一定的困难和不利。当前项目制的由部门承担的数字出版尝试也是不可持续的。

（四）对数字出版选题和项目采用项目制管理，自主开发和联合开发并行，适当引入外部技术力量，组建合资公司，对成熟项目进行公司化运作

目前，集团已经对数字出版项目实施项目化管理，虽然在技术开发上实行了外包，但项目的运营、推广等都在人保集团内部。由于集团长期专注于传统出版，对于数字出版业务的运营、推广，存在一定的欠缺和困难。数字出版项目难以持续运营和带来盈利。建议成熟的项目在开发完成后，或者后续设立项目时，可以联合外部力量成立合资公司，联合进行公司化运营。

公司化运营的优势是，围绕核心业务配置专业人员和技术力量，组建符合项目需求的运营、推广团队，针对性地开展销售，从而更好地以盈利为目标来运营项目。

第二章
数据库项目策划和开发

第一节　数字化资源管理系统与内容开发平台的整合建设与应用

数字出版时代，出版商更加重视内容的开发和管理。一方面，传统出版企业在过去积累了大量的内容资源，迫切需要将其转换为数字化的、可方便检索和利用的、集中存储和管理的数据，从而适应未来网络和数字出版的需要，做好向数字出版转型的准备。在这种情况下，资源管理系统建设的需求被提到了应用层面。

另一方面，出版企业在图书和数字产品开发过程中，必将产生大量的多媒体资源。这些资源必须实时予以加工、处理和存储，与资源库实现对接，以避免使其成为新的待处理的存量资源。为了实现这一目标，出版企业需要建设内容开发平台，实现协同编纂和协同开发，从而将生产流程中产生的资源直接存储进入资源库。

目前，一些重要出版企业已经根据资源数字化管理的要求，建设了资源管理系统，对传统资源进行碎片化处理、加工、标引和存储，形成了资源库，进而对存储的资源加以利用。而有些出版企业已经引入或正在考虑引入协同编纂系统，实现内容开发过程的数字化。由于资源管理系统和内容开发平台在内容管理上的共性特征和在资源应用上的密切关联性，如果在信息化建设中考虑两个系统的共同需求，甚至整合建设资源库和内容开发平台，可以起到事半功倍的效果。

一、资源管理系统的建设需求

资源管理系统是对出版企业的多种媒体资源进行管理的信息系统。这里的多种媒体资源，包括出版企业图书生产中的电子化书稿、图片文件，电子出版中的音频、视频、动画、图片文件，以及与出版企业生产和经营相关的电子文档。

一般来说，出版企业长期积累的媒体资源包括以下几部分：

已出版的本版图书。一般以实物方式储存在样书库中。由于长期出版的积累，数量巨大，无法长期保存。借阅和再利用非常不便。

书稿档案。已经出版的图书，其书稿档案需要保存相当长的一段时间。

图书排版文件。以光盘的形式存储。由于排版文件大多为方正书版小样文件，因此使用不便，不能适时转换为其他格式。

音像电子出版物和电子书。出版企业制作的电子出版物和电子书，大多以光盘形式存放。

插图和封面。封面和插图的电子文件，部分已经随图书排版文件存在光盘中，但也有部分由策划编辑或美术编辑分散保存，流失严重。

办公文档和活动文档。出版企业的日常办公文档，会议和重大活动方面的文档以及相关视频文件。

除了已经积累的资源，出版企业的资源还在随着出版活动的进行而快速增多。

资源管理系统建设的一个主要目的，就是将当前出版企业积累的大量图书资源，以及其他相关的多媒体资源，通过分类、转换、拆分、标引等手段，存储到专门设计的数据库系统中，从而方便检索和利用，服务于出版企业的基于现有内容的再开发任务、数字化内容提供、按需网络发布等服务。围绕这一目的，资源管理系统的核心功能是资源采集、资源拆分、资源标引、资源存储。

（一）资源处理需求

1. 资源采集。资源采集是指将分散于出版企业各处的各种媒体资源，采集到计算机系统中，分门别类地存放在相应的文件夹中。有些资源还需要进行格式转换，从不便于利用的格式或不通用的格式，转换成为通用的可供进一步进行处理的格式。例如，方正书版的排版文件，不能直接为其他软件所使用，因此需要利用一定的工具软件对其进行转换。方正公司提供专业的书版转换软件，可对书版排版的资源进行打包处理，具有很强的针对性，为进一步的处理提供了方便。对于特殊格式排版文档，如 Indesign 排版的文档，则转换为 PDF 文件后再处理。

2. 资源拆分。采集到计算机系统中的媒体资源，主要是原始文档，它们可以直接存储在原始文档数据库中。但为了便于资源的利用和重新组合，还要对资源进行碎片化加工，即根据使用目的对资源进行拆分。

例如，一本图书的全部内容被采集到计算机系统中，首先是将定稿的排版长文档拆分成为篇章节目，有特殊需要的还需要进一步拆分。关于拆分的层级，即细分的程度，不同类型图书可能有不同的要求。一般图书既要求有粗略的拆分，即拆分到章；也要求有细致的拆分，即拆分到节。其中的图和表要单独拆出，以便分别存入相应的数据库。而一些特定的图书，可能要求拆分到目次或条目，例如，法律、案例等，这样就要求对不同图书能够提供定制拆分的功能。

音像电子出版物在拆分时的要求与图书不同。对于视频和音频文件，需要根据未来的应用，拆分为不同的子文件。

3. 资源标引。拆分后的资源，虽然已经碎片化，还还没有成为有效的元数据。为了便于检索和利用，需要对其进行关键词等多方面的属性标引等，使之成为元数据，这样才能与特定的数据库对接。数据标引的目的，是实现知识存储，为未来的知识挖掘、出版再利用做准备，适应传统出版和数字出版的资源需求。

结合出版企业的实际，标引数据项既要有标准化的要求，也要有个性化的要求。对于共性部分，需要予以标准化，使数据形成一定的关联关系和逻辑结构。共性部分需要有哪些标引项，自动标引信息包括哪些内容，都要有明确的规定。个性化的标引项有哪些，应该有哪些限制，也需要明确。

资源的标引还要根据未来的使用目标来决定，适当考虑标引的可扩充性，即未来可以对其做进一步标引，以便引入新的应用。标引应尽量全面而细致，设计合理，涵盖当前可以考虑到的应用目标。

方正公司提供书版的自动标引工具，可对一般图书进行共性的基础标引，从而大大减少手工标引的工作量。在自动标引的基础上，可根据实际需要，再进行手工标引。

4. 资源存储。资源存储是数据采集和标引的延续，资源的存储方式在很大程度上决定了未来资源的可用性以及资源应用的方式。在数据库建设时需要兼顾各种资源之间的关系，不同数据表之间的逻辑关联。首先要围绕出版企业的专业特点，构建合理和完整的知识体系，例如，学科、专业、职业、方向、领域等。其次，要分门别地针对资源特点，构建各种资源数据库。例如，书稿库、期刊库；图片库、视频库（讲课视频、演示操作视频）、动画库（3D动画、Flash动画；场景动画、示意动画）、试题库、条目知识库（法律条目、百科全书、词条释义）等。

（二）管理功能需求

上述四项核心功能完成了出版企业积累的媒体资源的采集和存储工作。要管理和使用这些资源，资源管理系统还要提供其他管理功能，例如，用户管理、资源管理、检索和导航等。

1. 用户管理。目前，出版企业已经建立了自己的编务管理系统，并且已经成熟运行，为编辑和管理人员所熟悉。这样，可以在编务管理系统中为资源管理系统添加一个入口，从而实现统一管理。

用户管理包括用户角色管理、权限管理、在线用户监控、日志管理等。例如，为了了解每一用户在内容管理系统中所做的具体操作，控制内容的下载，避免资源的流失，有必要在内容管理系统中实施严格的日志管理，即在数据库中记录每一个用户的登录时间、登出时间、在系统中所做的全部操作（包括浏览、检索、上载资料、下载资料、删除、移动、复制文件等）。

用户管理可以有不同的层次。例如，系统管理由综合管理部门专人负责，其管理内容包括内部人员的角色定义和权限管理。

2. 资源管理。资源管理系统要为各类资源的存储提供与数据库对接的接口，不仅支持单条元数据的存储和导入，还支持元数据的批量导入。对于数据管理，提供人性化的操作管理界面，方便元数据的录入、修改、删除、更新属性、增加标引项、关联知识体系等操作。

有些资源可以根据保密程度设定相应的浏览权限；有些资源具有一定的有效期，过期了则需要转入历史档案库中；有些资源的浏览或下载需要授权。这些都需要通过资源管理系统中的管理工具来实现。

3. 检索和导航。使用内容管理系统对资源进行管理的目的，是方便利用。这就需要提供方便的检索和导航服务。

导航是指用户按照系统提供的知识体系，或者资源分类体系等，逐级深入，从而寻找和发现所需要的某一类资源或单个资源。导航往往具有出版企业的特色，反映了其专业出版领域的特点。

检索手段则是方便用户进行检索，快捷、准确地找到自己想要的资源。针对不同的媒体资源，提供不同的检索途径。例如，视频检索、图片检索、文档检索、图书检索等。全文检索的高级功能要全面，提供全方位的检索服务，如专业检索、图书检索、不同版本检索、资源检索、关键字检索、图片检索等，可以实现检索的定制和优化。

二、内容开发平台的建设需求

目前，大多数出版企业考虑的资源管理系统建设，只是从既有的资源转换后存储到数据库中这一角度进行的。实际上，未来的主要工作方式不是现有资源的转换，而是图书和数字产品开发过程中产生的各种信息和资源的即时存储。这需要转变资源采集和存储的方式，从原来的先生产后存储转变为边生产边存储。

为了实现出版过程中的资源边生产边存储的目标，出版企业有必要实现图书和项目开发方式的转变，建立内容开发平台，将与图书开发和项目开发有关的生产活动转移到内容开发平台上来。

内容开发平台是一个实时在线的、基于网络应用的信息管理系统，它同时也是一个内容管理系统，控制和管理出版过程中的所有资源和信息。平台的使用者，既有传统出版过程的参与人员，包括出版企业的内部用户，如编辑、校对、出版、印制、质量检查人员等，外部用户，如作者、读者；又有新型数字产品开发过程中的所有参与人员，如脚本撰写人员、图片拍摄和加工处理人员、视频拍摄和加工人员、动画角色设计和制作人员、数字产品技术支持和开发人员等。

建立一个功能完善、以在线内容管理系统为基础的综合性内容开发平台，其目的是使出版企业的传统图书选题开发和出版流程、数字产品项目的开发和发布流程，实现协同编纂和协同开发，实现出版活动全流程的数字化，从而对出版活动产生的内容资源进行数字化存储和管理，为出版企业面向未来的数字出版做好准备。

（一）协同编纂和团队合作

协同编纂是内容开发平台的核心功能。协同编纂不仅可以应用于传统图书开发项目，也可以应用于数字出版项目。它将项目开发过程中涉及的全部人员联系起来，提供一个网络和数字技术支持下的随时可以沟通、交流、协调的环境，使团队成员共同参与、密切合作。

项目开发中的所有参与人员，如项目经理、编辑、作者、专家、技术开发人员，实现移动办公和远程办公；同时能够让各个工作流程，如设计、开发、策划、沟通、时间控制和产品的质量控制，能够在合作的方式下高效率和有效地开展。

1. 应用于传统图书产品开发。每一个确立的选题，在内容开发平台中对应于一个图书开发模块。出版企业内部不同角色的人员，以及出版企业外部的作者、专家、审稿人员，对图书开发模块拥有不同的权限，可以对模块进行不同的操作。不同使用者在内容开发平台中执行的任务不同。

编辑：同步开发多个选题。以每一选题为核心，将与该选题相关的所有内容整合和组织在一起。编辑策划每一个模块的开发，制定出每一模块的编写要求、进度表、相关资料和研究结果。同时，下发公告和通知，对作者和专家分配任务，约定交稿期限。在开发过程中，编辑可以通过开发平台，与作者和专家讨论提交的书稿文档，并进行审阅。编辑还可以对书稿的不同版本进行控制，并对每一版本进行记录。

作者：在规定的期限内完成编辑下达的任务，向开发平台上载编写完成的书稿。作者阅读讨论板中的讨论内容，针对编辑和专家的反馈意见，修改书稿。

专家：阅读相关的书稿和资料，通过讨论板对书稿提出自己的意见。

管理人员：核查图书的开发过程，对编辑提出意见，或进行指导。对开发进度进行控制，实施时间管理。在书稿完成后，整合最终版本进行出版。

上述各角色人员在内容开发平台中上载的资源，以及其在系统中所做的所有操作，都会被记录在后台的数据库系统中。

2. 应用于数字产品和项目开发。数字产品和项目开发过程中参与的人员更多，如脚本编写人员、视频拍摄和编辑加工人员、动画开发人员、数字产品人机交互设计和美术人员、技术实现的编程和开发人员，以及服务于数字产品和项目的网站和数字出版技术支持人员等。这些参与人员的工作过程和阶段性成果，都需要利用开发平台来分享、审阅和存储。

除了应用于传统图书开发和数字产品开发外，出版企业的相关活动和项目，也可以在该平台中通过设立不同的模块，来实现资源的实时存储。还可以随时向平台中添加更丰富的多媒体资源。

（二）开发流程和技术规范

为了使内容开发平台满足于传统图书产品开发和数字产品开发的需要，同时，也使用开发出来的多媒体资源能够顺利与资源管理系统对接，有必要制定传统图书开发流程和规范、数字产品开发流程和技术规范，并将两者相结合起来，形成统一的、详细的资源开发规范。

1. 开发流程。开发流程的制定，可以结合出版企业在专业领域的开发特点进行。出版企业对流程的管理，不仅是结果的管理，还要对过程进行管理。出版企业的 ERP 各个环节，都会有管理结果产生，伴随着文档和资源与资源管理系统对接的需要。因此，内容开发平台在不同的管理环节上，既要与 ERP 衔接，又要与资源管理系统对接，从而保证各个流程管理的顺畅性，保证管理过程产生的成果能够实时存储。

2. 技术规范。技术规范则针对于不同的媒体类型，使之有统一的格式、固定的描述。

这里所说的资源格式，不是指计算机文件的格式，而是指资源开发过程中形成的规范。例如，传统图书产品形成的书稿，要求有统一的篇、章、节、目结构，不同层级的标题有着固定的样式，包括字体、字号、颜色和文字效果，表格和图片有着统一的编号和命名规范。对于视频脚本或动画脚本，则使用统一的描述语言、规范的表格项目。

制定开发流程和技术规范的目的，是为自动标引做好准备。例如，规范化的 Word 文档，在经过技术处理后，可以通过样式识别不同的标题层级，识别文档中不同的对象，如图片、表格，对其自动进行标引，实现与资源管理系统的对接。

三、资源管理系统与内容开发平台的整合建设

资源管理系统实现了对出版企业积累的已有媒体资源的采集、存储，而内容开发平台实现了对出版企业当前正在开发的资源的采集和存储，两者结合，可以实现对资源的全面管理。同时，两者都需要通过内容管理系统，来对采集和存储的资源进行管理和再利用。

通过内容管理系统，可以将资源管理系统、内容开发平台整合起来，从而为未来的内容再开发、网络和数字出版提供基础。资源管理系统和内容开发平台的整体架构如图 2.1.1 所示。

四、资源管理系统和内容开发平台的应用

通过构建资源管理系统、内容开发平台，结合现有的 ERP 信息管理系统，出版企业可以实现生产过程的数字化、资源存储和管理的数字化，从而为实现全流程数字出版奠定坚实的基础。它不仅可以应用于传统出版，也可以应用于数字出版。

（一）应用于传统出版

1. 图书修订和再版，更快捷地实现版本更新。有了资源管理

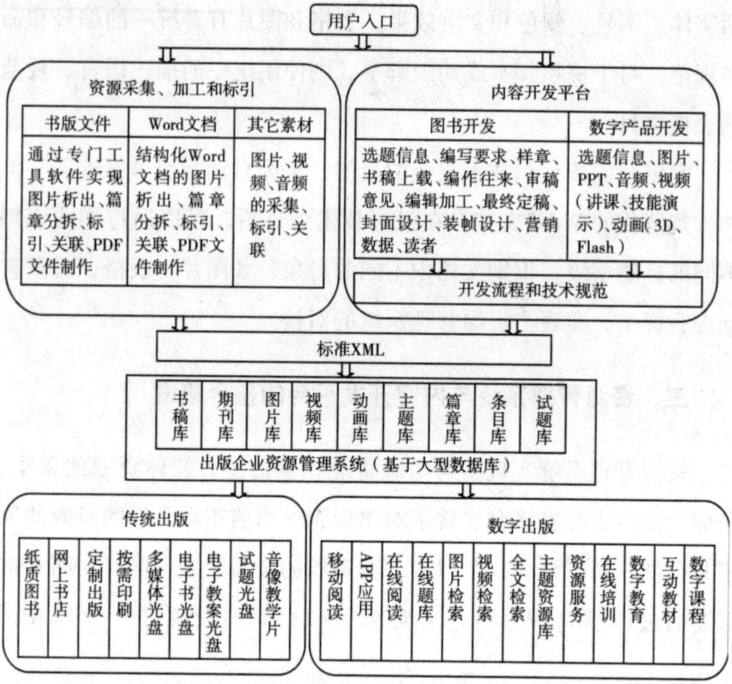

图 2.1.1　出版企业资源管理系统架构图

系统，图书相关的资源都存储在数据库中，这些资源可以方便地加以利用，尤其是在图书修订和再版时，可以只修订图书中的部分章节，提高了图书开发的效率。

2. 根据用户的特定需求，按需出版，数字印刷，使得小批量、个性化出版成为可能。不同地区、行业或特定的用户群，对于图书的内容具有一定的选择性。有了资源管理系统，可以有针对性地选择内容，并对内容进行随意组合，从而构成个性化的出版物。加上数字印刷系统的支持，可以开展个性化出版和自助出版。

3. 从线性开发到并行开发，缩短了产品开发周期。传统上，图书开发团队的规模相对较小，一般有三五个专家或作者组成。有了资源管理系统和内容开发平台，可以将开发任务分配给多个作者，由多个作者同时参与同一个选题的开发。这样每个作者只需要承担一小块内容，从而大大加快了图书的开发速度。

4. 方便管理和缩短流程。资源管理系统可以为传统出版提供全面的支持，例如，纸质图书的印制，印刷企业只需要到当前的付印图书库中，下载与一本图书相关的全部资料，即可将其交付印刷。

（二）应用于数字出版

1. 信息的自动发布和更新。图书出版后，资源管理系统将自动更新出版企业的网络书店以及相关网站中的内容，将新书的目录、简介、封面等相关信息自动发布到网络书店的新书页面中。

2. 快速构建和开发全新的数字产品。依靠资源管理系统，可以将其中的数字化资源重新组合，形成电子书，通过网络进行销售；还可以将多本图书资源组合起来，形成本专业或本领域的知识数据库，从而以主题数据库的形式进行销售。主题数据库的表现形式有图片库、视频库，专业库、职业库，题库、条目库等。

3. 可以围绕资源管理系统中的数字资源，进行其他媒体资源的深化开发，形成特定的数字产品。例如，互动电子教材、数字课程等，以开展数字教育；网络课程，以开展在线培训。

第二节　职业技能标准数据库项目策划

一、项目描述

国家职业资格证书制度是劳动就业制度的一项重要内容，也是一种特殊形式的国家考试制度。它按照国家制定的职业技能标准，通过政府认定的考核鉴定机构，对从业者的技能水平或职业资格进行客观、公正、科学规范的评价和鉴定，并对合格者授予相应的国家职业资格证书。推行职业资格证书制度，是实施“科教兴国”战略的一项举措，也是我国人力资源开发的重要手段。

国家职业资格证书制度推行的基础是国家职业技能标准。国家职业技能标准由政府行政职能部门制定和颁布，它是职业技能鉴定实施的重要依据。职业技能培训的开展、培训教材的开发、技能鉴定的组织和实施，都离不开国家职业技能标准的指导。因此，全国职业院校、职业技能鉴定的管理部门和鉴定站所，都需要了解和掌握最新的国家职业技能标准，以指导自己工作的开展。

国家职业技能标准数字化信息查询系统建设就是在这种需求下提出的。它基于大型数据库而构建，其中包括多个子库，除国家职业技能标准外，还包括鉴定培训计划大纲库、鉴定考核模拟试题库、职业概况视频库、国家职业技能鉴定教材库，以及与国家职业技能标准对应的全国职业院校专业目录数据库等。查询系统在各子数据库中建立起关联，使用户通过浏览和检索的方式，即时、方便地获取信息。

项目旨在建设的国家职业技能标准查询系统，将主要以网站的形式发布，即时更新国家职业技能标准的最新版本，对废止的版本作出标注。在网络上，还将提供与国家职业技能标准制定、发布等方面有关的信息。网站提供的基本服务如下：

（一）用户管理。未注册用户、注册用户、会员可以使用不同的网络服务。注册用户可以免费查询与国家职业技能标准相关的信息，只能浏览不能下载。会员用户可以根据需要，下载相关信息，并可以打印标准。

（二）信息发布。发布与国家职业技能标准有关的信息，如新闻、新标准发布、标准制定进程、新职业等。

（三）检索服务。查询所有国家职业技能标准，并能够与历史版本对照。提供标准原版式的打印服务。能够实现全文检索。

（四）与职业技能标准相关联的信息。如教材、培训大纲、视频、试题等。教材提供部分章节供浏览。用户购买后，可以下载全文版电子书。

（五）知识关联。职业技能标准与各个等级的知识点关联，实现教材、试题、培训大纲中的与该知识点相关的链接。

（六）与付费平台相衔接。支持会员在线支付。

网络的核心查询功能，可以提取、打包后形成 U 盘产品，供用户用于离线访问国家职业技能标准。

二、项目基础

（一）资源优势

中国劳动社会保障社多年来从事职业技能鉴定和培训教材的出版，出版了近千种国家职业技能标准的单行本和合订本，积累了丰富的出版资源。在鉴定教材开发过程中，还配套开发了各职业（工种）的鉴定考试题库。

目前，人保集团每年出版技能鉴定新书超过四百余种。这些教材、标准、题库等纸质出版物，其数字化的排版文件均得以保存，为项目的开发提供了重要的支撑。

《职业分类大典》提供了最权威、最全面的职业分类、职业定义信息，为职业技能标准通过职业分类导航提供了重要依据。技工院校专业目录则为职业技能标准与院校专业设置对照提供了可能。

在音像电子出版方面，中国劳动社会保障出版社有音像电子出版权和网络出版权。音像电子部负责音像教学片的开发、数字资源的开发和制作等。多年来，开发了多种音像教学片、电子课件、网络课程等。其中与职业（工种）有关的视频、与培训和职业技能鉴定有关的电子课件，均为项目的实施提供了数字化资源。

（二）硬件和软件基础

在信息化建设方面，人保集团通过多年的建设，建立了较为完善的局域网系统，并通过因特网提供网络服务，为网站建设提供了带宽和硬件支持。

人保集团已经完成的数字化资源管理系统，为数字资源的存储和利用打下较好的基础。传统的纸书资源，通过拆分、标引后，存储在数字资源管理系统中。

国家职业技能标准查询系统的建设，可以基于人保集团现有的硬件和软件环境来实施。如果项目推广后，用户人数激增，突破当前网络带宽的限制，将根据实际需求对现有带宽进行拓展，以方便用户进行快捷、高速的访问。

（三）供项目开发直接使用的资源

国家职业技能标准：现有资源约800种，收录标准全文。

职业技能鉴定考核细目表：现有资源近100种，后续按年更新。

鉴定培训计划大纲：现有资源约60种，后续按年更新。

鉴定考试模拟题库：选择100个职业开发制作，每个职业提供1套完整的知识试题和技能试题。

职业概况视频介绍：每年选择10～20个职业开发制作。

职业院校专业目录：参照有关文件，预计约300个职业可与专业目录形成对照。

职业技能鉴定培训教材：现有500余种，提供教材部分章节供试读。

职业（工种）相关的教材介绍信息、视频介绍信息。

三、系统功能说明

（一）信息服务功能

1. 门户网站浏览

门户网站以信息发布为主，一般用户可以浏览其中的信息。对整理好的信息资源，由发布子系统予以动态发布，提供给用户。

可以事先定制和编辑好网站的栏目、类别、风格、表现形式、内容约束等，提供多元化的发布模式和配置，并提供信息的全文检索、分类检索、最新推荐等服务功能。

首页内容包括新闻、信息、公告等，以及最新公布的标准、标准制定的动态；新职业、新工艺、新技术等；职业教育和培训、职业技能鉴定的动态等。栏目设定与职业技能标准直接相关。

门户网站力求围绕职业技能标准、职业技能鉴定等范围，构建一个内容丰富、可读性强的站点，提供给用户有效的新闻信息。

首页提供用户注册和登录功能。用户需登录才可使用特定的服务。

2. 职业技能标准查看和检索

在职业技能标准栏目中，用户可以查看到按职业大类划分的职业技能标准，通过在列表中查找的方式，找到自己关心的职业技能标准。并可以看到关于该标准的简介。

注册用户可以查看标准全文，会员用户可以下载和打印标准全文。注册用户需要付费后才可以下载和打印。

通过检索，可以查找系统中的职业技能标准。还提供高级检索，可以进行定制的个性化检索项目，如关键词检索、全文检索等。

3. 与标准相关的资料查看

通过标准，可以链接至与标准相关的各个等级考核的知识点、培训计划大纲、培训教材、技能培养和职业介绍视频、题库、图片等。

这些资料与职业技能标准建立了内在关联，能够在查看标准时，提供关联链接。

教材除了基本信息如简介、前言、目录等，还提供一个章节，以 PDF 形式展现，供浏览，但有保护措施，不能打印和复制。可链接至电子书销售。

视频提供说明文档，有几分钟的视频片断供浏览。可链接至光盘销售。

题库中与一个职业技能标准的相应等级对应的题目，只显示抽取的部分示例。完整的成套试题需要付费后下载。

以直观的形式，例如，关系图，展现与标准相关的知识链接。如相关的教材介绍、对应的专业目录、与职业等级相关的知识点、职业介绍视频、题库等。通过职业技能标准，即可以扩散延伸到系统中的其他资源。

4. 互动交流功能

提供意见收集和反馈。用户可以在线交流，参与论坛的讨论。管理员可以对讨论记录进行整理（包括删除），推荐为精品贴，回答用户问题等。

（二）系统管理功能

提供管理员管理后台，能够实现服务器管理、站点管理、站点设置、页面、模板、组策略、权限管理、日志管理、安全管理等功能。还包括数据备份、数据还原等。

1. 用户管理

用户管理是系统管理中相对独立的部分，用户管理设计必须有良好的独立性和扩充性，用户管理的几个服务功能是：用户注册、身份认证、用户注销、用户信息的查询、修改等。

用户对于资源的利用是受到权限控制的，这些限制手段是为了规范和控制用户行为，使资源得到合理利用。系统用户的权限分配是基于角色的，不同角色拥有的访问权限是事先规定的。

未注册用户。未注册用户可以使用基本的检索功能，如使用关键词，在国家职业技能标准中检索出相关的标准，提供查看和下载链接。通过检索结果，用户可以点击相应标准，从而查看标准的PDF文档。若要下载，则需要注册和登录。

注册用户。注册用户登录后，可以使用高级检索功能。不仅可以在标准中查询，还可以查询各个级别的考核知识点，培训大纲、培训教材信息；可以通过关键字对全文进行检索。注册用户对这些信息可以查看，但不能下载和复制。注册用户使用在线支付后（或点卡、积分卡等形式），即可将资源内容存放在“我的资源列表”中，供随时打印和下载。

会员用户。享有付费用户的权限，可以查询、浏览、打印和下载。同时，定期向会员用户发送更新信息。

2. 日志管理

系统应建立一整套日志管理系统。日志可以以时间为轴线进行管理，也可以以人为中心进行管理，还可以以功能点为中心进行管理。

素材加工人员、系统管理员、外部不同用户，其行为要分别管理，并能够进行统计和分析。

3. 统计和报表

建立统计分析平台，通过对用户的访问量、各类资源、用户日志数据的记录和统计分析，能够形成各种信息资源的统计报表、利用方式的统计、热点类型的统计和人工分析，能够提供多种分析数据。对系统各类数据进行统计分析。包括：资源分析、用户分析、日志分析等，以便于对数据库资源进行优化管理，提高系统稳定性和安全水平。

4. 安全控制系统

建立安全管理平台，通过对系统数据加密、身份认证、传输加密、数据的备份与还原等方式，保证系统、用户和数据安全，保证数据传送安全，防止恶意攻击和修改，保证合法用户合法利用系统资源。

（四）电子商务功能

国家职业技能标准全文版、教材电子书、视频光盘等，需要用户付费。用户付费后可以下载或打印电子书，浏览视频。电子商务功能包括订单管理、在线支付、购物车、销售统计等功能，支持多种付费形式。

（五）U 盘版

基于网站的服务，将相关数据打包成单机运行的 U 盘版应用程序，以实现国家职业技能标准的本地化查询。读者购买后，可以在本地安装后运行。

用户购买 U 盘后，将获得一个用于注册会员的授权码，上网注册后，可以成为会员，获得网站提供的增值服务。

四、系统技术要求

系统要求性能指标是：并发用户数 100 人；响应时间 0.03 秒。

还要求系统具有：标准性与开放性、安全性与可靠性、可扩展性与易用性、易部署与易维护的要求。

五、项目进度安排

2013 年 4 月，进一步分析需求，明确网站建设方案，涉及到的技术问题如何解决；并搜集整理资料。

2013 年 5 月，确定项目开发团队，进行界面设计、功能规划、资源加工和标引。

2013 年 6 月，系统应用程序编写。

2013 年 7 月，系统 DEMO 版演示，意见征集与反馈。

2013 年 9 月，系统功能完善，通过后台导入加工好的内容。系统测试。

2013 年 10 月，系统试运行。

2013 年 11 月，U 盘版开发及制作。根据系统试运行情况，对应用程序进行修改。

2013 年 12 月，系统正式上线发布。

第三节　职业技能标准数据库项目资源拆分和数据表的构建

一、项目涉及的资源分类

职业技能标准数据库项目开发过程中，要使用到以下资源：

职业分类大典：在职业分类和职业技能标准间建立关联。国家职业分类大典将职业划分为大类、中类、小类、细类。在职业细类与职业技能标准间建立起关联后，即可以实现按职业分类大典的分类体系导航，逐层深入，查找职业技能标准。

职业院校专业目录：在职业院校的专业与职业技能标准间建立关联。职业院校专业目录包括15个专业大类，每个专业大类包括多个专业。每个专业对应一个或多个职业资格，即职业技能标准。专业与职业技能标准关联后，即可以实现按专业目录导航，查找职业技能标准。

职业技能标准：国家职业技能标准有着统一的格式，分为4大部分，分别是：职业概况、基本要求、工作要求、比重表。其中，工作要求又根据各职业的具体情况，划分为多个等级（对应国家职业资格的五级至一级，即初级、中级、高级、技师、高级技师)。

职业技能鉴定教材：教材有“国家职业资格培训教程”系列、“国家职业技能鉴定考试指导手册”系列。不同教材的编写目的不同，因此在资源服务时的展示页面略有不同，拆分要求也不同。

培训计划/培训大纲/鉴定考核细目表：部分职业已经制定培训计划/培训大纲/鉴定考核细目表。这些资源与职业技能标准一一对应。

二、职业分类大典的拆分

（一）职业分类大典的层级关系

1. 大类

> 6　生产、运输设备操作人员及有关人员
>
> 从事矿产勘查、开采，产品生产制造，工程施工和运输设备操作的人员及有关人员。
>
> 本大类包含下列中类：
>
> 6-01　勘测及矿物开采人员
>
> 6-02　金属冶炼及轧制人员
>
> 6-03　化工产品生产人员
>
> 6-04　机械制造加工人员
>
> 6-05　机电产品装配人员
>
> 6-06　机械设备修理人员
>
> ……

2. 中类

> 6-06　机械设备修理人员
>
> 从事机械设备、运输车辆、仪器仪表、航空设备等维护保养、修理的人员。
>
> 本中类包含下列小类：
>
> 6-06-01　机械设备维修人员
>
> 6-06-02　仪器登记表修理人员

6－06－03　民用航空器维修人员

6－06－04　其他机械设备修理人员

3. 小类

6－06－01　机械设备修理人员

使用工具、量具及辅助设备，进行机械设备、内燃机、运输车辆维护保养、修理的人员。

本小类包含下列职业：

6－06－01－01　机修钳工

6－06－01－02　汽车修理工

6－06－01－03　船舶修理工

6－06－01－99　其他机械设备修理人员

（二）细类

6－06－01－02　汽车修理工

使用工、夹、量具，仪器仪表及检修设备，进行汽车、摩托车和特种车辆的维护、修理和调试的人员。

从事的主要工作包括：(1)安装调整工艺装备，准备修理工具；(2)使用工、夹、量具和仪器仪表对汽车、摩托车及特种车辆的发动机、变速箱、前后桥、化油器、油泵、空调机、同步器、散热器、钢圈、软轴、板簧、轮胎等机械传动系统，进行检查、调整、故障排除、更换与修理；(3)对修理后的汽车、摩托车及特种车辆进行试车；(4)维护保养工、夹、量具，仪器仪表及设备，排除使用过程中出现的故障。

下列工种归入本职业：

摩托车维修工(03－046)

农机轮胎修理工(07－126)

汽车维修工(20－017)

汽车发动机维修工(20－018)

汽车底盘维修工(20－019)

汽车维修电工(20－021)

汽车维修轮胎工(20－023)

汽车维修钣金(20－024)

汽车维修铣工(20－025)

汽车维修钳工(02－027) 汽车维修材料工(20－028) 汽车喷油泵调试工(20－029) 民航特种车辆机械维修工(26－056) 民航特种车辆电气维修工(26－057) 矿用重型汽车轮胎修换工(41－050) 消防车辆修理工(＊) 汽车维修辅助工(＊)

(三) 职业分类数据表结构

汽车修理工在数据表中的对应关系如下表:

字段名	内容	说明
序号	1544	ID,顺序增加
分类名称	汽车修理工	职业大/中/小/细类名称
分类代码	6060102	职业大/中/小/细类代码
分类层次	4	细类,对应4;小类,对应3;中类,对应2;大类,对应1
系统代码	0006000600010002	系统内部检索用代码,与职业技能标准关联
职业描述	<p>使用工、夹、量具,仪器仪表及检修设备,进行汽车、摩托车和特种车辆的维护、修理和调试的人员。</p>	对应职业的基本描述,以HTML表示
主要工作	<p>从事的主要工作包括: (1)安装调整工艺装备,准备修理工具; (2)使用工、夹、量具和仪器仪表对汽车、摩托车及特种车辆的发动机、变速箱、前后桥、化油器、油泵、空调机、同步器、散热器、钢圈、软轴、板簧、轮胎等机械传动系统,进行检查、调整、故障排除、更换与修理; (3)对修理后的汽车、摩托车及特种车辆进行试车; (4)维护保养工、夹、量具,仪器仪表及设备,排除使用过程中出现的故障。</p>	对应职业的主要工作,以HTML表示

续表

字段名	内容	说明
包含工种	<p>摩托车维修工(03－046) 农机轮胎修理工(07－126) 汽车维修工(20－017) 汽车发动机维修工(20－018) 汽车底盘维修工(20－019) 汽车维修电工(20－021) 汽车维修轮胎工(20－023) 汽车维修钣金(20－024) 汽车维修铣工(20－025) 汽车维修钳工(02－027) 汽车维修材料工(20－028) 汽车喷油泵调试工(20－029) 民航特种车辆机械维修工(26－056) 民航特种车辆电气维修工(26－057) 矿用重型汽车轮胎修换工(41－050) 消防车辆修理工(＊) 汽车维修辅助工(＊)</p>	对应归入本职业的工种，以 HTML 表示

三、职业院校专业目录的拆分

(一) 职业院校专业目录的层级关系

- 04　交通类
  - 0401　汽车驾驶
    - 0401－4　中级
  - 0402　交通客运服务
    - 0402－4　中级
    - 0402－3　高级
  - 0403　汽车维修
    - 0403－4　中级
    - 0403－3　高级
    - 0403－2　预备技师

（二）职业院校相关专业等级描述

0403 汽车维修

0403－4 中级

专业编码：0403－4

专业名称：汽车维修

培养目标：培养从事汽车维修的中级技能人才

学习年限：3年（初中毕业生），2年（高中毕业生）

职业能力：

具有积极的人生态度、健康的心理素质、良好的职业道德和较扎实的文化基础知识；具有获取新知识、新技能的意识和能力，能适应不断变化的职业社会；熟知汽车维修与检测的各项法规和条例，遵守汽车维修的作业规范和流程，具有安全生产意识，重视环境保护，并能解决一般性专业问题。同时具有下列专业能力：

1. 能开展汽车维修接待。
2. 能识别和选用常用汽车运行材料。
3. 能判断常见系统单项运行性故障。
4. 能执行汽车安全性能检测的程序、项目和技术要求。
5. 能进行单工位维修作业。
6. 能实施汽车发动机和底盘一、二级维护及汽车零件修理作业。

对应或相关职业（工种）：汽车修理工（6－06－01－02）

职业资格：汽车修理工（中级）

专业主要教学内容：

机械识图与CAD、电工电子技术、汽车常用材料的选用、汽车机械基础、钳工工艺与焊接工艺、汽车构造与拆装、汽车故障诊断与排除、汽车安全检测、汽车维护工艺、汽车修理工艺、汽车驾驶技术等。

对应上一级专业编码：0403－3

（三）专业目录数据表结构

专业目录中的专业描述在数据表中的对应关系如下表：

字段名	内容	说明
序号		ID，顺序增加
专业名称	汽车维修	

续表

字段名	内容	说明
专业编码	0403	
等级代码	0403 -4	5 对应初级,4 对应中级,3 对应高级,2 对应技师,1 对应高级技师
培养目标	培养从事汽车维修的中级技能人才	
学习年限	3 年(初中毕业生),2 年(高中毕业生)	
职业能力	<p>具有积极的人生态度、健康的心理素质、良好的职业道德和较扎实的文化基础知识;具有获取新知识、新技能的意识和能力,能适应不断变化的职业社会;熟知汽车维修与检测的各项法规和条例,遵守汽车维修的作业规范和流程,具有安全生产意识,重视环境保护,并能解决一般性专业问题。同时具有下列专业能力:</p> <p>1. 能开展汽车维修接待。 2. 能识别和选用常用汽车运行材料。 3. 能判断常见系统单项运行性故障。 4. 能执行汽车安全性能检测的程序、项目和技术要求。 5. 能进行单工位维修作业。 6. 能实施汽车发动机和底盘一、二级维护及汽车零件修理作业。</p>	
对应或相关职业(工种)	6 -06 -01 -02	汽车修理工,通过职业分类代码与职业分类大典相关联
职业资格	0006000600010002	汽车修理工(中级),与职业技能标准关联
专业主要教学内容	<p>机械识图与 CAD、电工电子技术、汽车常用材料的选用、汽车机械基础、钳工工艺与焊接工艺、汽车构造与拆装、汽车故障诊断与排除、汽车安全检测、汽车维护工艺、汽车修理工艺、汽车驾驶技术等。</p>	
对应上一级专业编码	0403 -3	高级,与其他等级关联,可以查看其他等级的要求

四、职业技能标准的拆分

（一）职业技能标准的构成

职业技能标准分为4大部分。

1. 职业概况

> **保健按摩师国家职业标准**
>
> **1. 职业概况**
>
> **1.1 职业名称**
>
> 保健按摩师
>
> **1.2 职业定义**
>
> 保健按摩师是根据宾客的需求，运用以保健为目的的按摩技术，在人体体表特定部位施以有一定力量的、有目的的、有规律的手法操作活动的人员
>
> **1.3 职业等级**
>
> 本职业共设四个等级，分别为：初级（国家职业资格五级）、中级（国家职业资格四级）、高级（国家职业资格三级）、技师（国家职业资格二级）
>
> **1.4 职业环境**
>
> 室内，常温

2. 基本要求

> **2. 基本要求**
>
> **2.1 职业道德**
>
> 2.1.1 职业道德基本知识
>
> 2.1.2 职业守则
>
> （1）遵纪守法
>
> （2）爱岗敬业
>
> （3）文明服务
>
> （4）精益求精
>
> （5）热爱集体
>
> （6）讲究卫生

2.2 基础知识

2.2.1 法律常识

(1)法律与行政法规

1)概念

2)联系与区别

(2)法律知识

1)劳动法的相关知识

2)公共治安管理条例及公共场所卫生管理条例等有关法律法规

3. 工作要求

3. 工作要求

本标准对初级、中级、高级和技师的技能要求依次递进,高级别包括低级别的要求。

3.1 初级

职业功能	工作内容	技能要求	相关知识
一、接待与咨询	(一)接待宾客	1. 能够做到主动、热情迎接 2. 能够做到形象得体、举止适度、尊重宾客 3. 能够正确运用有关文明用语及礼仪、礼节	1. 当地风土人情 2. 礼仪、礼节知识 3. 文明用语
	(二)服务项目介绍与咨询	1. 能够完整介绍按摩服务项目及收费标准 2. 能够根据宾客需求推荐服务项目 3. 能够向宾客简单介绍按摩的基本作用 4. 能够发现宾客的按摩禁忌证	1. 按摩服务项目及价格 2. 按摩基本作用 3. 按摩服务程序 4. 按摩禁忌证

4. 比重表

4. 比重表

4.1 理论知识

<table>
<tr><td colspan="3">项　目</td><td>初级
（%）</td><td>中级
（%）</td><td>高级
（%）</td><td>技师
（%）</td></tr>
<tr><td rowspan="5">基本要求</td><td colspan="2">职业道德</td><td>5</td><td>5</td><td>5</td><td>5</td></tr>
<tr><td rowspan="4">基础知识</td><td>按摩须知</td><td>5</td><td>5</td><td>—</td><td>—</td></tr>
<tr><td>按摩基础知识</td><td>30</td><td>25</td><td>20</td><td>15</td></tr>
<tr><td>按摩专业知识</td><td>45</td><td>45</td><td>50</td><td>45</td></tr>
<tr><td>常用按摩递质知识</td><td>5</td><td>5</td><td>5</td><td>5</td></tr>
<tr><td rowspan="2">相关知识</td><td colspan="2">解剖、中医基础、经络腧穴等</td><td rowspan="2">10</td><td rowspan="2">15</td><td rowspan="2">20</td><td rowspan="2">30</td></tr>
<tr><td colspan="2">部分国家保健按摩特点和保健按摩工作常用英语</td></tr>
<tr><td colspan="3">合　计</td><td>100</td><td>100</td><td>100</td><td>100</td></tr>
</table>

4.2　技能操作

项　目	初级（%）	中级（%）	高级（%）	技师（%）

（二）职业技能标准条目数据表结构

上述内容首先转换为HTML，表格也用HTML来表示。

然后按1.1至4.2分别拆分为条目。条目数据结构如下：

字段名称	字段内容	字段说明
图书编号	HB50452536	数据来源图书编号
图书名称	国家职业标准汇编（第一分册）	数据来源图书名称
条目编码	R0504525360002963	
条目名称	3.4　技师	
条目栏目	4	
条目否	Y	
条目拼音		

续表

字段名称	字段内容	字段说明
条目释文	< table border = “1” > < tr > < td >职业功能 < /td > < td >工作内容 < /td > < td >技能要求 < /td > < td >相关知识 < /td > < /tr > < tr > < td rowspan = “2” > 一、接待与咨询 < /td > < td > (一)接待宾客 < /td > < td > 能够用外语得体地接待外宾 < /td > < td > 1. 主要客源国的风俗习惯 < br/ > 2. 一门外语(日常用语) < /td > < /tr > < tr > < td > (二)服务项目介绍与咨询 < /td > < td > 能够向宾客介绍国内外主要保健按摩术 < /td > < td > 中外按摩术及其发展新动态 < /td > < /tr > …… < /table >	条目正文，在网页中显示时，取用此部分数据
目录编码	0030170030000002	
目录深度	1	
条目所在栏目编码	003017003	
条目所在栏目	3. 工作要求	
文献类型	S	
职业名称	保健按摩师	
职业编码	404030401	加 01 表示最新标准
职业等级名称	技师	

续表

字段名称	字段内容	字段说明
职业等级编码	2	对应技师
职业标准版本标识	2006	
职业标准知识类型	Y	
发文号		
更新日期	2013-08-15	
版权信息	国家职业标准汇编(第一分册). 中国劳动社会保障出版社:北京.2003	

五、职业技能鉴定教材的拆分

(一) XML 拆分要求

教材按 DocBook 规范拆分，形成 XML 文件，并将拆分出的资源集中管理。由于项目开发的特殊要求，以及为后续应用积累资源，与人保集团数字资源管理系统对接，这里要求拆分的图书资源包包括一个主文档（main. xml）和 7 个文件夹，如下图所示：

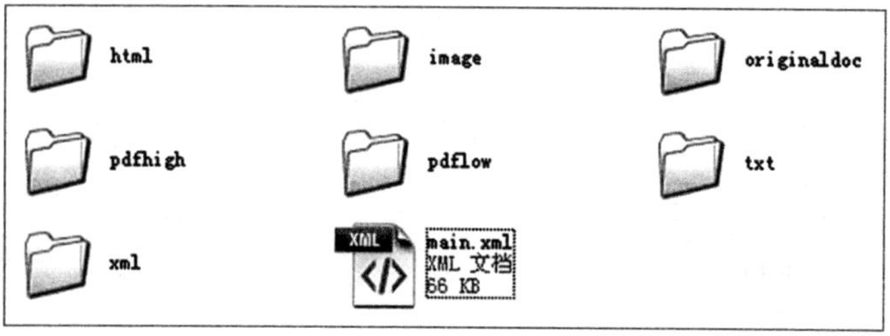

各文件夹的内容描述见下表：

文件夹名称	文件夹描述
main. xml	教材资源主 XML 文档
xml	存放关联 XML 的文件夹
image	存放图书封面插图的文件夹
html	存放章节 HTML 的文件夹
txt	存放章节 TXT 的文件夹
pdfhigh	存放章节高精度 PDF 的文件夹
pdflow	存放章节低精度 PDF 的文件夹
originaldoc	存放原始排版文件的文件夹

（二）教材中章节层级的处理

在 XML 文件中，要求对教材中的章（设为二级标题）、节（设为三级标题）、小标题（设为四级标题）、知识点标题（设为五级标题）做出标注。部分教材可能会有部分、篇等标题（设为一级标题），部分教材没有。

```
<div id = “c0005002” type = “section” >
    <head >第二节　仪器使用 </head >
    <p >熟悉示波器、晶体管图示仪等常用电工仪器的种类、特点 </p >
    <p >及适用范围，掌握其使用方法及注意事项 </p >
    <p >能根据工作内容正确选用电工仪器 </p >
    <div id = “c0005002001” type = “subsection” >
        <head >一、示波器与信号发生器 </head >
        <div id = “c0005002001001” type = “subsubsection” >
          <head >1. 示波器 </head >
    <p >示波器是一种能把随时间变化的电过程用图像显示出来的电子仪器。示波器不仅能用来观察电波形，测量电波形的幅度、频率、周期、相位等参数，还能观察到信号非线性失真的情况。对脉冲信号的测试只有示波器才能完成。示波器能够直接把信号波形显示在示波屏上，响应非常迅速，细微部分也能清晰分辨。对于电量的测量来说，它是一种方便有效的测量仪器，在实验、生产、检修等方面都大
```

```
量使用。</p>
……
</div>
```

上述 <div id = “c0005002001001” type = “subsubsection” >中的“c0005002001001”用来表示这是第 5 章第 2 节第 1 个小标题下的第 1 个知识点。

（三）图片的标注要求

首先要对教材中的排版图片（eps 或 tif 图）或其他格式图片统一转换为 jpg 格式。对图进行标注时，要求标注出图对应的图片文件、图片名称、图片详细描述（包括图片中的元器件指引）。

```
<figure type = "alone">
<filename>../image/1Z15.jpg</filename>
<figdesc>图 1—15 SR8 型双踪示波器的面板图</figdesc>
<figdescdetail>1—荧光屏 2—扫描速度开关 3—微调旋钮 4—校准 5—触发极性开关 6—扩展钮 7—触发方式开关</figdescdetail>
</figure>
```

（四）表格的标注要求

表格要用 HTML 来表示。每一个表格要标注出位置、表名。

```
<div id = "c0005002001001001" type = "table">
<head>表 1—1 示波器面板主要开关和旋钮的作用</head>
<table border = "1">
……</table>
</div>
```

位置通过“id”来体现，例如，<div id = “c0005002001001001”

type ="table" >中的 id 表示,这是第 5 章第 2 节第 1 个小标题下的第 1 个知识点中的第 1 个表格。

(五) 教材条目数据表结构

教材中的全文数据同职业技能标准一样，拆分为条目，以 HTML 形式存储在条目正文中。条目拆分到四级（正文中的小标题)。以下列出教材条目的一个示例。

字段名称	字段内容	字段说明
图书编号	JM50455932	数据来源图书编号
图书名称	汽车修理工(技师　高级技师)(第二版)	数据来源图书名称
条目编码	R3504559320000065	
条目名称	二、汽车行使性能试验	
条目栏目	4	
条目否	Y	
条目拼音		
条目释文	<p>1. 试验程序</p> <p>(1)动力性能试验</p> <p>动力性能主要取决于发动机,整车动力性能试验是对汽车"快速行驶"性能进行评价。</p> <p>主要包括:加速性能试验、最高车速试验、爬坡性能试验、行驶阻力试验、底盘测功等。</p> <p>1)加速性能试验。通常是在平坦铺装路上进行,主要是测试加速后的时间、速度和距离等参数。</p> <p>①一般加速试验。包括起步加速和定速加速两项试验内容。起步加速是在汽车怠速停止状态,踩加速踏板,提高发动机转速后,急剧接合离合器,使汽车起步,合理选择变速挡位,节气门全开加速,计测达到 10、20、30……(km/h)车速时和 50、100、200、400……(m)距离时的时间。</p> ……	条目正文,在网页中显示时,取用此部分数据
目录编码	0020040020000002	

续表

字段名称	字段内容	字段说明
目录深度	4	
条目所在栏目编码	002004002	
条目所在栏目	第二节　试验和研究	
文献类型	B	
职业名称	汽车修理工	
职业编码	6060102	
职业等级名称	高级技师/技师	
职业等级编码	1/2	对应高级技师/技师
职业标准版本标识		
职业标准知识类型		
发文号		
更新日期	2013－08－16	
版权信息	隋礼辉．汽车修理工(技师　高级技师)(第二版).中国劳动社会保障出版社:北京.2007	

六、培训计划/培训大纲/鉴定考核细目表

首先转换为HTML，然后存入条目库，并与职业技能标准建立关联。条目与教材拆分出的章节条目类似，这里不再重复。

七、职业技能标准数据库结构

职业技能标准数据库的结构见图 2. 3. 1：

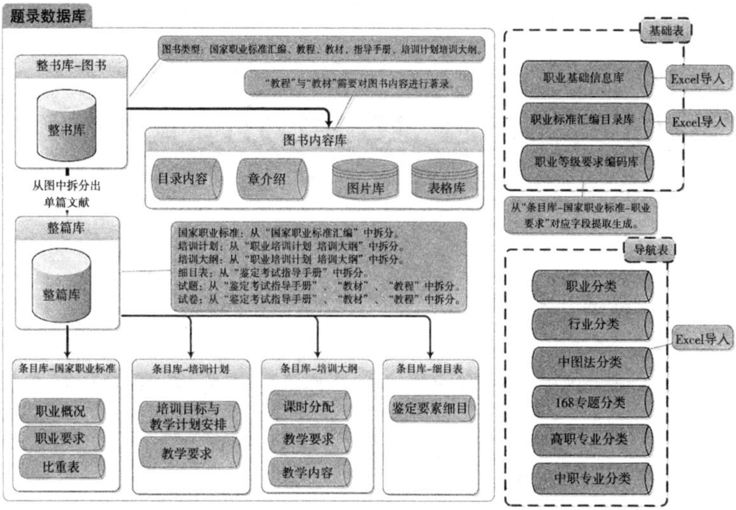

图 2. 3. 1　国家职业技能标准数据库设计

第四节　职业技能标准数据库项目 U 盘产品制作

一、系统开发说明

国家职业技能标准查询系统网络版已经开发完成，社内访问地址：10. 10. 10. 151。目前可以正式访问。测试用账号为：用户名 fxtest1，密码 123456。

外部访问使用人保集团网站子域名 zybz. class. com. cn，于 2014 年 3 月 1 日正式开通。

U 盘版是网络版中关于职业技能标准的数据打包后，形成的独立销售产品。定价 2880 元（与职业技能标准汇编 5 个分册定价总额基本相同）。U 盘用户可以免费使用网络版的服务。

二、U 盘内容

（一）源文件打包要求

源文件放在 U 盘的一个独立分区中。此分区为只读分区，不能写入、不能删除。

U 盘中的资源文件夹如下：

software：文件夹，包含所有程序文件；

zybz. exe：可执行文件，双击后启动系统，图标请美编重新设计，要求大小为 100×100 像素；

Autorun. inf：自动运行文件，插入 U 盘后，系统自动启动；

U 盘产品使用说明 . txt：产品使用说明文件（见附件 1，略）；

系统使用手册 . doc：国家职业技能标准查询系统及配套网站的详细使用手册电子版（见附件 2，略）。

（二）U 盘加密原理

每一批 U 盘都有固定的序列号。zybz. exe 在启动查询界面前，要读取 U 盘的硬件序列号，并与 zybz 文件夹中验证文件进行对比。序列号正确，即启动查询界面。

U 盘的只读分区中的数据可以拷贝。但在其他存储介质上，验证无法通过，从而保护了查询系统的版权。U 盘的另一个存储分区可以当作普通 U 盘使用。

三、U 盘包装设计

U 盘包装设计有以下三部分：U 盘盘面、U 盘外包装盒、产品使用说明手册。

（一）U 盘盘面设计

综合考虑当前的 U 盘产品形式，确定采用卡片式 U 盘。其优点是：

1. 尺寸较一般U盘大，卡片尺寸约为：8cm * 5cm。有空间印刷产品名称、标识，使U盘产品可以明显地区分于普通存储用U盘；

2. 材质为塑料，印刷效果清晰。

正面内容如下（彩色印刷）：

国家职业技能标准查询系统(U盘版) (社标)中国劳动社会保障出版社 www. class. com. cn

反面内容如下：

欢迎访问国家职业技能标准信息服务网 zybz. class. com. cn 最新标准　教材信息　资源分享 联系地址:北京市朝阳区惠新东街1号 邮政编码:100029 服务电话:010－64962275,64961757

（二）产品包装盒设计

综合考虑产品定位及定价，确定采用中高档包装盒。盒子尺寸：长21cm×宽15cm×厚3cm。

内衬物：相应尺寸的白色泡沫塑料，依据U盘尺寸设置开口，方便U盘卡片放置和取用。

内含U盘产品使用手册一本。正式电子出版物出版，印产品条码、定价。

包装盒正面内容：

（社标）中国劳动社会保障出版社

www. class. com. cn

国家职业技能标准查询系统（U 盘版）

（U 盘正面图片）

优质：收集近千种已颁布国家职业技能标准

实用：关联国家职业分类大典、最新职业院校专业目录

方便：提供标准检索和多种导航途径

更新：网站实时发布最新标准

配套：网站配套提供多种资源和服务

安全：独立专用文件系统，防止病毒和误删除

包装盒反面内容：

国家职业技能标准查询系统（U 盘版）

国家职业技能标准是推行职业资格证书制度的重要基础。为了方便职业教育和培训机构的师生、鉴定管理人员使用职业技能标准，本产品收集了近千种职业技能标准，以 U 盘数据库的形式提供。用户可以方便地根据关键词来检索职业技能标准；可以依据国家职业分类大典的职业分类、最新职业院校专业目录来查找标准；还可以根据标准首字母排序、就业准入、国家统考职业等途径来检索相应标准。

本产品配套的网站为国家职业技能标准信息服务网。该网站除提供国家职业技能标准的检索和导航服务外，还提供围绕国家职业技能标准的新闻服务、资源服务和交流分享平台。

U 盘内置资源：

近千种国家职业技能标准、国家职业分类大典以及最新职业院校专业目录全部内容。

网站配套资源：

实时发布最新标准，提供多种资源，并定期更新。资源包括二百余种职业培训和技能鉴定教材全文阅读，一百二十余种职业培训计划大纲，一百余种鉴定考核细目表，六百多份职业技能鉴定考核练习试卷。将在 2015 年推出视频资源产品。

更新资源免费：

国家发布新标准后，网站将实时或集中更新。最新标准针对现有用户不再收费。

策划编辑：　　　　　　　　　　ISBN：

责任编辑：

封面设计：　　　　　　　　　　定价：2880元

（三）产品使用说明手册

尺寸：建议64开，小于盒内尺寸。

印刷：8页，彩色印刷，折页，不装订。

内容：

第1页　封面

国家职业技能标准查询系统使用手册

U盘产品图片	网站首页截图
U盘产品	服务网站

中国劳动社会保障出版社

第2—3页　产品特点

优质：收集近千种已颁布国家职业技能标准

国家目前已发布职业技能标准1005种，除部分内部文件及不便公开的标准外，基本收集齐全。

实用：关联国家职业分类大典、最新职业院校专业目录

包含国家职业分类大典、最新职业院校专业目录的全部内容，并在数据之间建立了关联，方便导航和查找。

方便:提供标准检索和多种导航途径

可以按关键字检索标准,也可以按职业分类、拼音排序、就业准入、全国统考、专业目录等途径进行导航和查找标准。

更新:网站实时发布最新标准

配套的国家职业技能标准服务网实时发布最新标准,以及与标准相关的新闻、教材等信息。

配套:网站配套提供多种资源和服务

网站除了提供职业技能标准的全文外,还提供职业培训和鉴定教材(二百余种)、培训计划大纲(一百二十余种)、鉴定考核细目表(百余种)、试题试卷(六百余套)等。

安全:独立专用文件系统,防止病毒和误删除

U 盘总容量 8GB。产品源文件存放在 U 盘的一个分区中。该分区内的源文件只能读取,无法写入和删除。U 盘的另一个分区用作存储空间。

第 4 页　U 盘使用指南

1. U 盘插入电脑后，查询系统会自动运行，如果被第三方软件（如 360 等防病毒软件）拦截，请忽略并继续打开。或先退出第三方软件，再插入 U 盘。

2. 如果查询系统没有自动运行，请用鼠标右键单击 U 盘两个分区之一的“职业标准”盘符，在资源管理器中打开，即可看到源文件列表，双击可执行文件“zybz. exe”，即可启动查询系统，进入启动页面。

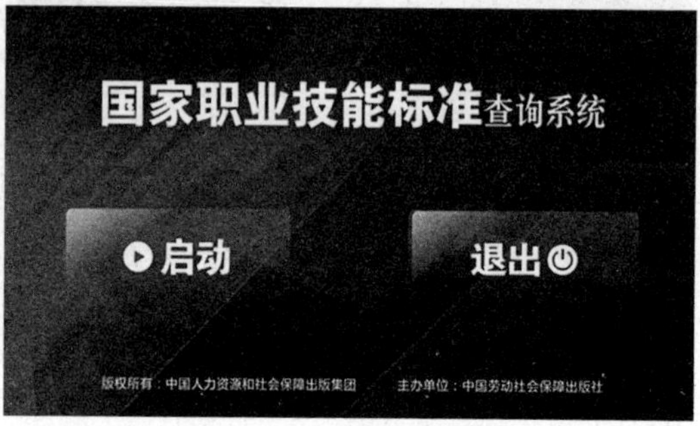

3. 点击“启动”按钮，即可打开国家职业技能标准查询系统主程序界面。主程序用默认浏览器打开，建议使用 IE 8 以上版本浏览器。

提示：由于 U 盘中文件采取打包形式，第一次点击打开一本职业技能标准时，数据需要解压缩，因此需要等待数秒时间。第一本标准打开后，再打开其他标准，就不需要等待时间了。

系统详细使用说明，参见 U 盘中的电子文档“系统使用手册 . doc”。

第 5 页　配套服务网站

本产品配套服务网站 zybz. class. com. cn，网站提供更多信息服务，包括职业培训和鉴定教材（二百余种）、培训计划大纲（一百二十余种）、鉴定考核细目表（一百余种）、试题试卷（六百余套）等。网站后续将上线视频服务（预计 2015 年底）。

1. 访问 zybz. class. com. cn，即可进入服务网站首页。非注册用户可以浏览网站提供的新闻信息。

2. 要访问网站提供的资源，必须注册。点击首页右上角的“注册”按钮，进入注册页面。输入相关注册信息，成为注册用户。注册用户登录后，可以查看到网站提供的资源列表，并可以浏览免费资源。

3. 要浏览收费资源，有两种途径：一是在线购买单个资源，完成在线支付后，注册用户购买的资源即可以浏览。二是购买《国家职业技能标准查询系统（U 盘版）》的用户，在该网站注册后，可直接升级为机构用户，拥有访问和浏览该网站全部资源的权限。

第6页　升级成为机构用户

购买《国家职业技能标准查询系统(U盘版)》的用户,可以免费升级为服务网站的机构用户,访问和浏览该网站的全部资源。

防伪标签粘贴处

要升级为机构用户,操作步骤如下:

1. 首先在本页找到粘贴的防伪标签。刮开防伪验证的密封涂层,取得16位序列号。

2. 登录服务网站后,进入"用户中心",选择"基本信息"中的"用户升级"项。输入16位序列号后,点击"提交"按钮。

3. 输入的序列号通过验证后,注册用户成功升级为机构用户,即可以访问网站全部资源。

第7页 广告

国家职业技能标准查询系统入选《"十二五"国家重点图书、音像、电子出版物出版规划》。

国家职业标准汇编
(第一分册)
ISBN:7-5045-2536-7
定价:298.00

国家职业标准汇编
(第二分册)
ISBN:7-5045-4609-7
定价:398.00

国家职业标准汇编
(第三分册)(上、下册)
ISBN:7-5045-5644-0
定价:680.00

国家职业标准汇编
(第四分册)(上、下册)
ISBN:978-7-5045-7490-9
定价:560.00

国家职业标准汇编
(第五分册)
ISBN:978-7-5045-9284-2
定价:450.00

国家职业标准汇编(第6分册)已于2014年6月出版,定价预计为320元。

第 8 页　封底

国家职业技能标准查询系统（U 盘版）

国家职业技能标准是推行职业资格证书制度的重要基础。为了方便职业教育和培训机构的师生、鉴定管理人员使用职业技能标准，本产品收集了近千种职业技能标准，以 U 盘数据库的形式提供。用户可以方便地根据关键词来检索职业技能标准；可以依据国家职业分类大典的职业分类、最新职业院校专业目录来查找标准；还可以根据标准首字母排序、就业准入、国家统考职业等途径来检索相应标准。

本产品配套的网站为国家职业技能标准信息服务网。该网站除提供国家职业技能标准的检索和导航服务外，还提供围绕国家职业技能标准的新闻服务、资源服务和交流分享平台。

U 盘内置资源：

近千种国家职业技能标准，以及国家职业分类大典、最新职业院校专业目录全部内容。

网站配套资源：

实时发布最新标准，提供多种资源，并定期更新。资源包括 200 余种职业培训和技能鉴定教材全文阅读，120 余种职业培训计划大纲，100 余种鉴定考核细目表，600 多份职业技能鉴定考核练习试卷。将在 2015 年推出视频资源产品。

更新资源免费：

国家发布新标准后，网站将实时或集中更新。最新标准针对现有用户不再收费。

策划编辑：　　　　　　　　　　ISBN：

责任编辑：

封面设计：　　　　　　　　　　定价：2880 元

第五节　劳动者权益维护

——法律法规数据库项目策划

一、项目背景

（一）项目内容

项目建设包括两方面内容：一是建立起人力资源和社会保障法律法规数据库；二是围绕劳动者权益维护，建立起法律查询和服务网站，为用户提供服务。

人力资源和社会保障法律法规涉及广大劳动者的就业、劳动人事关系、工时休息休假、工资福利、劳动保护、社会保险，公务员及事业单位工作人员的录用考核、奖励惩戒，以及军人转业安置等。

劳动权益维护法规数据库项目将整合现有人力资源和社会保障方面的法律法规、图书资源、其他资源，针对劳动者提供法律查询和咨询服务。为劳动者提供人力资源和社会保障方面的法律服务，有助于劳动者了解自身的权利义务，自觉调整自身行为，采取合理的措施维护劳动者权益。

除了服务于劳动者，对用人单位（各类企业、社会组织、事业单位等）的人力资源管理人员、人力资源和社会保障法律服务人员提供专业知识服务和数字出版服务，是集数字出版、法规咨询、行业资讯、在线学习、业务交流、协同工作为一体的专业信息服务平台。

通过2~3年的运营，在人力资源和社会保障方面（纸质图书出版以外），实现新的盈利模式。

（二）项目实施的必要性

第一，在数字技术和网络技术的背景下，出版业要在产品形态、盈利模式、运营方式上发生变化。在产品形态上，出版社从提供产品向提供信息服务转变；在经营方式上，从内容的编辑加工向海量内容的整理、分类、标引、搜索等结构化方向转变。内容的整合和再开发能力成为出版社业务转型成败的关键。该项目是集团顺应数字化的要求，向数字出版转型的重要举措，在线提供信息服务，由图书产品提供商向信息内容服务商转变。

第二，目前我国劳动关系领域发生深刻变革，劳动争议案件数量激增，集体劳动争议案件日趋突出，广大用人单位和劳动者对人力资源和社会保障的法律服务需求增加。然而，人力资源和社会保障法律法规文件数量庞大，包括法律、行政法规、部门规章和规范性文件以及地方性文件多逾十万件。面对庞杂的、专业化的文件，人力资源管理人员和劳动者往往无所适从。该项目弥补公共法律服务供给的不足，有利于法律法规的贯彻落实，满足广大用人单位的法律需求。

（三）项目实施的意义

该项目针对用人单位提供法律服务，是社会公共服务的重要补充，有利于人力资源和社会保障法律法规的贯彻落实，构建和谐劳动关系，是构建社会主义和谐社会的要求。该项目能够充分利用现有图书资源，对出版资源内容管理和数字出版做了有益尝试，符合出版业的发展规律，为专业出版数字化探索道路，同时，还能及时将劳动者的法律服务需求转化为选题和图书，为图书选题开发提供依据，提高选题开发的效率。

二、项目建设目标

（一）构建劳动权益，维护法律数据库

围绕人力资源和社会保障，建立起合理有效的知识体系，将法律法规、政策解读、案例、问答等，以及相关专业图书，纳入知识体系，建立起互相之间的关联，从而构建以人力资源和社会保障法律法规为主体的知识数据库。

对现有资源进行搜集、整理、加工、标引，存储到知识数据库中，形成数据库的基础数据。

建立起有效的资源采集、加工、标引平台，提供资源编辑界面和审核流程，方便新增资源的加工和处理，从而支持知识数据库的持续更新和不断扩展。

（二）构建劳动权益，维护法律服务网站

一是通过劳动权益维护法律数据库，在网站上提供检索和导航服务，方便劳动者自主寻找所需的解答，形成基于网络的知识查询自服务系统。

二是组织一批人力资源和社会保障方面的专家，形成法律服务专家支持机制，以在线答疑的方式，提供法律咨询服务。

三是组织一批法律服务机构，对接需要法律服务的客户，提供

个性化咨询服务和法律服务。

（三）提供多方面的沟通交流平台

一是为劳动者提供论坛，方便劳动者提出问题，沟通情况，获得相关问题的答案或解决方案。

二是为法律服务工作者提供交流平台，搭建劳动者与法律服务工作者的沟通平台，从而方便法律服务工作者提供服务。通过劳动者对服务的评价，提高行业服务水平，促使法律服务更合理、有效。

三是为专家提供博客、微博、论坛等工具，方便学术观点、专业方向的沟通、交流、争议，为相关学术研究、政策决策提供支持和参考。

四是为政府相关管理部门提供窗口和发布平台。管理部门可以快速发布相关信息，引导劳动者的行为和观点；还可以了解劳动者的真实想法，从而为相关决策服务。

（四）打造法律服务的特色产品

一是以 U 盘形式，向政府部门、机构用户提供可方便检索、导航的法律法规数据库 U 盘版。机构用户对法律使用更便捷、更高效。

二是以光盘形式，围绕某一劳动群体，提供针对性的服务，起到宣传、引导作用。

三、网站基本服务功能

通过网站基本服务功能，建立起面向普通劳动者的自服务方式的法律支持系统。服务对象为普通劳动者，服务方式为免费。

（一）新闻信息服务

除法律方面的内容外，围绕公众的热点和话题，组织相关的内容，以增加亲民度、可读性。向用户提供新闻类信息，以及与新闻相关的内容。不仅是法律方面的最新动态、文件等，而且有与法律服务相关的社会新闻和事件，增加系统的可读性和大众性，以避免过度专业性。

拟设置以下几个新闻栏目：

最新法律法规——最新法律法规及时发布。可以将法律法规分为几类，如法律、法规、地方法规。

相关新闻——可以根据社会热点，分为多个类别，如公平就业、社会保险、工伤医疗、劳动纠纷、维权执法、劳动争议等。还可以根据需求，增加新的类别。

权威解读——专家、政府相关人员对法律法规的解读，也可以对相关新闻发表专家观点，供用户参考。

案例分析——案例来源于一线，配专家、律师的解读和分析。

Web 2.0 特性——所有新闻，允许用户发表评论。所有评论均放在新闻下面。

（二）法律查询服务

利用法律法规知识库，提供导航和查询服务。以法律条文的检索为主要服务，配合词条、案例、释义等，形成面向劳动者的简明服务。

查询结果的展示方式多样化，不仅仅提供检索、线性浏览和链接的方式，最好有直观的关系图示方式。

1. 导航

导航服务，对实务、法律法规、释义、案例、问答、资料提供导航服务。

统一采用以下业务分类进行导航：

就业、人力资源市场、社会保险、职业能力建设、专业技术人员管理、智力引进、事业单位人事管理、公务员管理、军官转业安置、机关事业单位工资福利、企业工资分配、劳动标准、劳动关系、劳动保障监察、争议处理。

2. 检索

包括全文检索、分类专题检索。

全文检索——关键词检索。

分类专题检索——实务、法律法规、释义、案例、问答、资料检索。

在检索结果中显示关联，可方便实现关联信息之间的跳转，便于用户访问相关信息。

3. 检索热词

建立检索词库。用户的每一次检索行为，都将关键词存入词库，并进行统计，以便于分析热词的检索频度。

4. 词条编辑

对于实务词条，提供在线编辑功能，允许新增词条，经审核通过后，正式列入词条库。

（三）法律咨询服务

提供简单的免费咨询服务，设立我要提问专栏。

我要提问——分步骤：

第一步，选择问题所属类别；

第二步，查看该类别常见问题及解答；

第三步，上述解答不能回答用户的疑问，提出问题；

第四步，等待专家回答；

第五步，在我的问题专区，显示专家答复，供提问用户查看，并提醒其评分；

第六步，用户对专家的答复给予评分（五分制），是否解决了用户的疑问；

第七步，汇总到各类问题及解答中，供其他用户查看。

专家解答——针对用户提出的问题，专家给予解答；不同专家可以从不同角度给予解答；定期组织专家进行在线答疑。

根据用户对专家的评分，累计作为专家积分。专家可以用积分兑换图书或礼品。

（四）专业法律服务

在用户和法律服务机构之间建立沟通和互信的平台，便于两者通过平台进行专业法律服务的委托，为用户和专业法律服务机构提供方便。

1. 专业法律服务机构入驻

机构在网上完成注册，经审核后，成为网站推荐的专业法律服务机构。

机构可以发布法律服务信息，包括：机构名称、服务范围、联系人、联系电话、电子邮件等。信息需要审核。

2. 用户需求发布

用户可以在网上发布法律服务需求。专业法律服务机构承接业务。双方沟通形成正式服务合约，使用网站提供的标准合同。

服务过程中或完成后，用户可以对专业法律服务机构进行评价，并打分。

3. 机构排名

设立机构排名，根据服务数量、用户评分，对法律服务机构进行排名。

（五）资源服务

提供文档范本下载。各类文档，如劳动合同、起诉书、工伤认定等，提供规范的样本。各种样本需经专家审定。

设立热门资源栏目，根据下载次数，对资源进行排序。方便用户选择。

（六）每月专题

每月设立一个服务专题，配合政府工作重点，进行引导性宣传。

（七）社交媒体运用

提供公众沟通和交流的通道，在网站中提供论坛、博客、微博等，并与微信、QQ 等即时交流软件衔接。

四、网站专业服务功能

（一）专业人员知识库服务

为人力资源管理人员、劳动法律从业人员提供人力资源和社会保障方面的法律法规数据库、专业知识库。

通过专业化内容图书的开发，构建有价值的知识库，方便专业人士使用。

对重要法律条文进行翻译，提供英文版，以便于外籍机构和人士使用。

配合专业领域的图书出版，通过有目的的内容开发，增加系统的专业价值。

专业知识库的内容包括专业范围的学术著作、研究论文、实践案例以及名人博客等。

为专业人员提供法律事务交流、案例讨论的平台。

图书类资源提供在线浏览。未付费时，可以浏览图书信息和部分章节；付费后可以浏览图书全部内容。

（二）专业人员咨询服务

为人力资源管理人员、劳动法律从业人员提供法规查询、问题咨询服务，为其提供问题解决方案，以及人力资源管理模板、范例、制度、表单等管理工具。

（三）专业人员培训服务

为人力资源管理从业人员提供在线学习服务，通过音频、视频、讲义等深入讲解人力资源社会保障法律法规和人力资源管理业务模块相关知识，并辅以案例分析和实操流程。

（四）为用人单位服务

专项法律顾问服务。利用集团专业优势，与专业人力资源专家和劳动法律师合作，为企业提供年度法律顾问和专项咨询、诉讼代理以及业务培训。

（五）为政府部门服务

根据政府部门工作重点，在网络上开展相应活动，配合政府工作。如征求意见、民意调查、组织用户讨论等。

（六）广告服务

针对专业的培训机构、人力资源中介、咨询公司、劳动法律事务所等，提供广告服务。

（七）为编辑工作服务的功能

允许专家对词条、案例等进行修改、完善。允许专家根据需要添加词条，经审核通过后，列入知识库。

允许一线专业工作人员添加案例，对案例添加分析和评论。

（八）用户中心服务

通过用户中心，用户可以查看自己账户的所有信息；参与的活动，如发帖、回复、提问、答复等；账户积分；历史订单、订单详情等。

五、知识库建设和更新功能

（一）基础资源

1. 法律法规：人力资源、社会保障方面自建国以来法律法规5000多件。

其中约1/3没有电子排版文件，需要扫描识别或重新录入。

2. 图书：针对法律法规的解读、释义、问答、案例等图书20多种；劳动者权益维护类图书20多种；其他专业图书40多种。

平均页数按250页计。

3. 词条：人力资源和社会保障方面的专业词条，已经汇编成书，150多万字。

4. 视频：针对法律法规方面的讲座、视频约100课时4000分钟。

（二）搜集整理资源

1. 搜集整理人力资源和社会保障领域相关的有代表性的地方法规、规章，并数字化。

2. 搜集整理人力资源和社会保障领域相关的新闻、事件，并请专家进行点评或分析。

3. 搜集整理人力资源和社会保障领域相关的知识问答、知识竞赛，以及答案。加工后形成题库。

（三）资源的加工、拆分、标引

对图书进行加工、拆分、标引。此项工作拟外包完成，交付物为符合要求的 XML 文件。要求 XML 文件能够与知识库实现对接。

在外包前，需要制定拆分、标引规范，以使之符合知识库建设、网络系统开发的需要。

利用人保集团既有拆分工具进行拆分、标引时，提供合理的数据导入接口支持。

（四）知识体系的构建

依据人力资源和社会保障业务框架、逻辑结构，结合人力资源管理业务，搭建法律知识体系框架即目录树，编制包括法律规定、实施要点、管理措施、注意事项、问题解决方案、法律责任、救济措施等内容的若干词条，同时这些词条与法律法规、条文释义、案例、问题解决方案等链接起来，形成相互链接的知识资源库。

除了按知识体系将各种资源组织起来，还要为资源之间建立起关联关系，即通过标引工具，为资源添加属性，从而使其能够与其他资源关联。

（五）资源添加、编辑、二次标引工具

考虑到新资源的不断产生，在系统后台，提供资源添加工具，使新资源通过处理，能够快速地添加到知识库中。

知识库中既有的资源，可以在编辑工具中进行编辑、修改和完善。

通过标引工具，能够为资源之间建立关系，从而实现资源的关联。

（六）与人保集团数字资源管理系统的衔接

以此系统知识库为蓝本，在人保集团资源管理系统中建立法律法规数据库。此系统中的资源，定期导入数字资源管理系统中进行统一管理。

六、网站管理功能

（一）用户注册和管理

将用户区分为非注册用户、注册用户。注册用户又分为普通用户、专家用户、机构用户。

非注册用户可以浏览网站的新闻信息。要使用法律法规数据库进行查询，必须成为注册用户。

普通用户：网站的普通会员，可以浏览网站新闻信息、在法律法规数据库中查询和导航、可以提问和在论坛中发帖。

专家用户：针对用户的提问，给予解答；并定期组织专家进行在线答疑。

机构用户：划分机构类型，可以根据需要添加机构类型。机构用户可以发布机构的业务信息，但需审核。

用户注册流程简洁明了，能够防止恶意注册。对注册用户进行管理，提供密码找回等功能。

（二）新闻和信息发布管理

由网络运营管理人员发布新闻和信息。新闻和信息发布界面简洁，提供检索和过滤功能，能够快速地定位到新闻条目，对其进行编辑修改。

提供 HTML 编辑模式和 Word 编辑模式。Word 编辑模式下，应能够快速编辑符合发布要求的网页文件。

所发布的内容需要经过审核后，才能够正式发布。

（三）社交媒体功能管理

包括论坛管理、答疑管理、博客管理、评论管理、机构发布内容管理等。

能够对用户、专家、机构发布的内容进行适时审核，删除不适合的内容。审核通过后的内容其他用户才可见；否则只有用户自己能够看见。

（四）积分管理

对专家、机构用户的积分，进行管理：一是用积分进行排名；二是根据积分，对其进行奖励，如发新书、参加相关活动等。

（五）数据备份管理

提供数据库的一键备份和还原功能，为数据的定期备份提供方便。

（六）网站模板管理

为网站提供3套风格模式，通过后台可以选择，定期切换网站风格。例如，节日风格（红色调）、正常风格（蓝色调）、Windows 8风格（多色块）。

七、电子商务功能

支持资源或服务作为商品的定价销售，用户可以将商品添加到购物车，形成订单，进行结算。

支持部分资源以积分购买。

通过易宝支付，完成在线支付环节。

后台对订单进行管理，提供订单的汇总、查询功能。

八、特色产品开发功能

法律法规查询系统打包，构成U盘数据库，作为独立产品销售。

针对弱势群体的服务，相关内容打包成为光盘，与政府机构相关业务合作时，由政府采购提供给相关用户。

以网络功能为主，开发可以基于U盘、光盘运行的应用程序。

管理后台支持数据的打包。根据需要将打包好的数据放入应用程序相应位置，即可以基于U盘、光盘运行。

九、项目进度计划

2011年5月，入选新闻出版改革发展项目库。

2012年1月~2013年12月，资源搜集、整理，新资源开发。

2014年4月~6月，劳动权益维护法律服务网站功能设计。

2014年7月~10月，资源加工、拆分、标引。

2014年9月~2015年3月，系统开发。

2015年3月~4月，系统测试和优化完善。

2015年5月~6月，U盘应用程序开发。

2015年6月，U盘产品设计、定制。

2015年7月，网站发布，提供服务；U盘产品销售。

十、项目开发要求

系统开发留有接口，并交付开发源代码，便于后续基于实际运营中的新需求，继续开发其他功能。

我方参与。了解技术实质，便于自主实施后续开发，以及日常的维护性开发。

为运营做好准备。为下一步的电子书销售、网上增值服务做好考虑。有方便的会员管理、账户管理，有运营方面的设计和理念。

与人保集团现有资源实现链接。与图书的链接，提供图书部分章节的阅读体验。

第三章
在线培训项目策划和开发

第一节　在线培训网站的功能策划

网络技术的普及和应用，改变了传统培训产业的业态。传统培训组织复杂，需要场地，一般由有经验的培训学校承担。而通过网络开展在线培训，则降低了培训的组织难度。传统出版企业一方面出版培训教材，一方面有高素质的作者队伍可以作为培训师资，因此可以组织高水平的在线培训，从出版业适当介入培训产业。

要开展在线培训，就需要建立服务于培训的门户网站、搭建培训平台，为在线培训的开展提供技术支持。各种类型的培训，对于培训平台的要求有一定的差异。下面以职业资格培训平台为例，对平台功能进行策划。

一、在线培训网站的构成

在线培训网站开发的目的，是以拍摄好的视频课程上线后，供用户浏览，在线学习，也支持移动学习，并对学习行为进行记录；不仅供自主注册的用户自我学习使用，也支持与机构用户合作，建立起合作模式，由机构负责招生。

职业资格在线培训由网站（门户、各职业［工种］子站点）、内容管理和发布、课程管理、在线学习（学习中心、学习记录、学习进度）、在线考核、在线支付等功能模块构成，为用户在线学习提供支持和管理。网站构成见图 3. 1. 1。

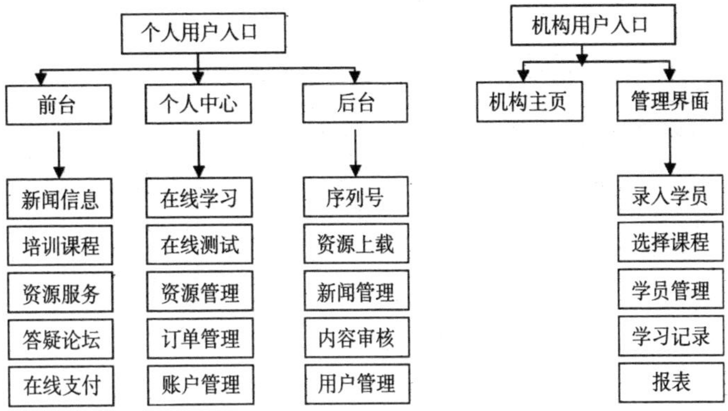

图 3. 1. 1　网站构成

二、子站点层级关系

职业资格培训涉及多个职业大类，每一职业大类又包括多个职业。每个职业的培训又要具体针对不同的等级，例如物流师培训，就涉及 3 个等级，分别是助理物流师（国家职业资格三级）、物流师（国家职业资格二级）、高级物流师（国家职业资格一级）。

对于每一个等级的培训，又有多种培训班，从而形成不同的课程类型，如平常班、串讲班、精讲班、冲刺班等。

为了管理好职业资格培训网站，有必要在网站设计时，设置好各子站点的层级关系。

一级：职业大类网站。例如，服务类职业资格培训、机械加工类职业资格培训等。

二级：职业子站点。例如，管理大类下可以开设物业管理子站点、酒店管理子站点、物流师子站点等。每一大类下开设的职业子站点数量不同。

三级：每一子站点又可以划分为等级。

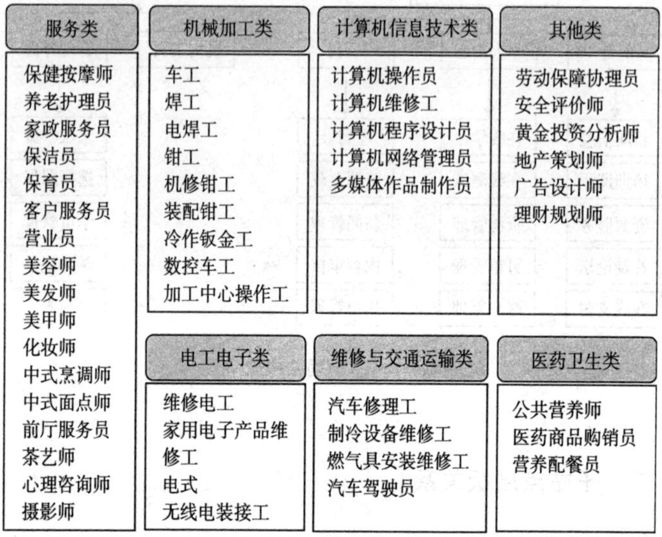

图3.1.2 具体层级关系

三、子站点栏目设置

（一）新闻性栏目

1. 考试信息

包括：报考指南、考试时间、报名通知、网上报名地址、考试安排等。

2. 行业动态

包括：行业新闻、发展动态、从业要求、薪酬水平、招聘信息、知名企业或机构等。

（二）培训课程

包括：名师介绍、课程介绍、教学方案、试听、优惠策略。

（三）资源服务

配套课件、备考资料、历年真题等。

（四）学员服务

注册、登录、密码找回、课程或资源购买流程、在线支付、个人中心、订单查询、会员信息管理、课程通知。

（五）在线学习

视频播放、学习进度记录、在线练习、在线测试、在线模考、错题入库、在线答疑。

（六）社交媒体运用

QQ 即时在线服务、论坛、博客等，还可以建立资源分享机制。

四、课程购买模式

在线培训网站的主要商品，是在线培训的视频课程，部分资源（包括试卷、PPT、学习资料等）也单独销售。

（一）网上购买

个人用户在网上浏览课程信息，选择部分课时进行试听，有购买意愿后将课程加入购物车，进入结算环节后，选择在线支付。成功购买后，课程资源加入个人学习中心，供个人用户开始学习。

（二）随书赠送

如果用户购买了正版教材，则免费赠送某个等级课程的部分课时。

购买教材后，获得教材中提供的课程认证序列号，在个人中心进行免费课程验证。验证通过后，免费课程资源加入个人学习中心的免费课程栏目下，供个人用户开始学习。

（三）学习卡购买

学习卡有一定面值，通过传统渠道销售。购买学习卡的用户获得序列号后，在个人中心进行收费课程验证。验证通过后，收费课程资源加入个人学习中心的收费课程栏目下，供个人用户开始学习。

五、在线学习

用户购买课程后，即可以开展在线学习。在个人学习中心，用户可以管理自己的课程、资源、试卷，查看学习进度、测试成绩等。

（一）课程学习

在“我的免费课程”或“我的收费课程”中，可以看到当前课程。

点击课程，则进入课程页面，显示用户当前的学习进度、课程资源。课程资源以视频课程为主，也有与课程配套的 PPT 课件、试卷等。

点击视频课程，即可以观看视频，开始学习。在学习过程中，可以查看 PPT 课件。

一个课时学习完成后，可以选择相应的试卷进行自我测试。

如果用户有疑问，可以在线提出问题。课程主讲教师上线后会尽快做出回答。教师回答后，在用户学习中心“我的提问”中提醒用户查看回答。

（二）资源收藏

用户在浏览网站时，可以将相关资源收藏起来，放在“我的收藏”中，在学习过程中查看收藏夹，对资源开展学习。

（三）在线测试

用户选择试卷后开展在线测试。客观题将即时给出成绩，用户还可以查看题目的答案和解释。

对于答错的题目，可以添加到错题库。

测试的结果可以根据用户的意愿，决定是否保存。如果保存，用户还可以再次查看。

支持用户多次重做试卷。并可以与以前保存的答题记录进行对比，分析用户的进步。

六、后台管理功能

（一）快速设置新站点

根据站点的层级关系，可以快速添加专题站点，并为专题站点下添加具体的某个职业等级培训的子站点。

在后台的站点管理中进行相应配置，添加新站点的名称、访问地址后，即在前台显示出站点的简单原型。

新站点添加后，在线培训网站的首页或专题站点的主页面中，将新增相关导航栏，方便用户快速访问新站点。

子站点的展示模式，有几套预设的模板和配色方案供选择，形成不同效果的子站点。

（二）站点管理

新站点建立后，可以为其设置导航栏、添加相应的栏目，从而使内容的组织形式符合新站点开展培训的需要。

可以定制新站点的页面显示方式。在为新站点添加好栏目后，可以进入新站点的页面设计视图，对各栏目位置、占用版面进行设计，从而形成独特的新站点。

还可以为新站点选择页面风格模板。不同风格模板使用不同的配色方案，导航栏、字体颜色和大小、链接显示等，均有相应的设计。

（三）站点内容管理

新闻管理。可以为新站点添加个性化的新闻栏目，从后台发布新闻信息。

广告管理。可以为不同位置的广告位添加广告。

答疑管理和论坛管理。主讲教师负责对用户提出的问题进行回答。站点管理员负责对论坛中的发帖进行管理，如归类、删除等。

（四）课程管理

管理员可以方便地添加新课程，并为课程添加学习资源，如上传讲课视频、课件、学习资料，添加课程说明信息、主讲教师。对课程定价后，即可以上线销售。

系统管理员可以确定课程的管理员，授权课程管理员对课程进行管理，如确定学习流程、发布通知、添加课程内容、资源、发布练习题、公布答案、组织答疑和讨论交流等。

课程管理员可以确定课程的开放时间、结束时间，某一内容的发布时间等。

（五）题库管理和试卷管理

提供题库与试题文档的对接，即加工成一定格式的试题文档（加注释的 DOC 文件或 XML 文件），可以方便地导入到题库中，从而快速构建某一课程的题库。

课程管理员可以根据需要，从课程题库中抽取试题，组成试卷。试卷可以用于课程学习过程的自我测试，也可以形成独立的试卷产品，在培训网站中销售。

（六）营销管理

课程营销管理。管理员可以确定课程的营销策略，确定定价机制、销售折扣等。

序列号管理。配合课程的多种营销方式，生成、管理、使用序列号。对免费赠送序列号、收费课程序列号进行标识和区分。

（七）日常管理

日常管理包括多个方面：

会员管理。管理网站全部用户，包括课程管理员、主讲教师、在线学习会员。

商务管理。实现电子商务，为在线支付提供支持，使课程购买能够顺利进行。

订单管理。可以管理订单，并根据管理要求进行汇总，形成报表。

（八）支持独立产品的打包

对课程打包生成主题库、独立光盘提供支持。可以将在线培训课程全部资源进行提取，添加到相应的程序中后，即可以形成独立产品进行销售。

例如，形成光盘，配教材销售，提升教材产品的竞争力。

七、移动学习

网站首面提供移动设备客户端程序下载，支持手机、PAD 移动学习。移动设备上线时，用户在移动端上的学习进度会自动同步到网站，记入学习进度，以保证用户在移动端、Web 端学习进度的一致。

八、机构用户管理

除了针对个人用户，在线培训网站在某些培训课程上，会选择与相关培训机构合作，联合进行课程的推广。例如，委托地方培训机构为网络课程招生；不同的培训机构有不同的合作方式和策略。为此，在线培训网站要为机构用户的管理提供支持。

（一）服务于机构用户的相关功能

为机构配置账户；机构可以自主招生，利用所选择的在线课程开展培训。通过用户数授权控制机构招生数量。可以根据机构需要，设置机构用户专有的子站点页面。

其他管理功能包括：机构用户主页、合作机构用户介绍、机构用户新闻信息发布、机构对班级的设置、学员的管理等。

（二）销售模式

机构根据所使用的用户授权数和课程价格，支付费用。

（三）机构用户的自管理功能

例如，机构用户自主管理后台，机构用户可以查看本机构学员的学习记录和相关报表。

第二节　物流师在线培训课程设计和资源开发

一、在线培训开展的流程

（一）市场调查

市场调查的内容包括：人才需求、考试开展情况、参加考试的人员情况、考试通过率；教材版本、教材使用情况；实体培训开展情况、收费标准；网络培训开展情况、收费标准等。

（二）培训课程策划

1. 选择师资队伍。一般选择教材编写团队，或国家题库专家组成员，请编写人员和有关专家设计培训课程。课程设计过程中，要充分结合细目表、考试的考点等。

2. 培训课程细化设计。列出培训课时，每课时的教学要点，并与考点相结合进行分析。

不同类型的培训课程，如精讲班、冲刺班的教学设计不同，要根据学员的背景和课程特点，进行针对性的教学设计。

3. 讲课 PPT 课件准备。制作每个讲课课时的 PPT 课件。

（三）视频课程拍摄和加工

邀请教师或专家在视频课程专用录播室进行拍摄。拍摄时，教师要注意着装，讲课要求使用普通话，思路清晰，表达准确，表意清楚。教师在大屏幕上可以使用触控笔书写，与课堂教学环境吻合。教师在面对镜头时，视觉焦点应该是镜头。

（四）复习资料的开发

复习资料有多种，包括每课后的习题、参考资料，以及应对考试的模拟试卷。需要与培训课程一并开发。

（五）培训子站点搭建

通过在线培训网站，快速构建出培训子站点，将视频课程、复习资料上传，构成课程。

在网站上设置试听课时，有部分课时供用户免费观看。

部分资源免费浏览或下载，以吸引用户关注。

（六）网站宣传和推广

围绕该职业培训的特点，针对目标人群，开展精准营销。

一是结合教材的销售，提供免费试听课程。二是联系相关职业院校或培训机构，定向进行营销。三是在相关网站刊登培训课程链接，增加用户访问量。

（七）网站运营

QQ 在线，回答网上关于培训课程、报名、课程学习中的提问。

组织专家在线答疑，回答学员在课程学习中存在的疑问。

搜集相关新闻或信息，及时更新网站相关新闻内容。

二、物流师在线培训的市场调研

（一）物流师培训市场

物流行业是当今社会经济发展中的朝阳行业和新兴产业，随着物流行业的蓬勃发展，现有物流人才已经不能满足社会需求。根据来自中国物流与采购联合会的调查显示，物流人才已成为全国12种紧缺人才之一，现有从业人员远远不能满足社会需要和企业需求，尤其是中高级专业人才，物流行业对其的需求更为急迫。

物流师职业资格证书作为国家推行的职业资格证书之一，无论是从权威性以及全国适用性来说，对于想要进入物流行业的从业人员都是最具有含金量的“职业绿卡”。为尽快提高我国物流业从业人员的业务素质和技能水平，输送更多物流人才以解决目前行业内巨大的人才缺口问题，国家还特别为高校应届毕业生放宽了物流师国家职业资格认证的报考条件。行业的快速发展、报考条件的放宽、认证的含金量及权威性无疑吸引了越来越多的人加入到物流师的职业资格认证中。2006年，国家第一次举办物流师资格认证考试，考试人数约为4万人。目前，该考试每年举办两次，分别安排在5月和11月。

（二）北京、湖南、山东等地物流师鉴定考试的情况

从北京鉴定中心了解到，北京虽然是物流师培训的较大市场，但真正参加物流师考试的人却不多。因为物流师考试内容涵盖面太广，很多有考试意愿的人员素质难以达到通过考试的要求。每年真正参加物流师考试的有1000人。也有很多人经过培训后，选择参加交叉行业的鉴定，或物流环节中的细节岗位的鉴定，例如仓库保管等。因为其他职业的鉴定通过率要高得多。

从山东了解到的情况是，该地区参加物流师考试的主要级别是三级，即助理物流师，年鉴定考核量在3000人左右。参加考试的以学生居多，少部分为行业人员。

从湖南了解到的情况与山东类似，年鉴定考核量在4000多人，集中在三级认上，以高职、大专、大学学生参加为主，社会人员较少。学生参加鉴定考试主要是为了取“双证”。

（三）我社有关教材销售情况

国家职业资格培训教程《助理物流师》于2005年4月出版，至2011年底已印刷13次，销售量近12万册。《助理物流师》从2005年至今平均年销售量约为1.5万册，北京、湖南和山东为年销售量较大的三个地区，占总销售量的45%。

《物流师——鉴定指南（基础知识 物流员 助理物流师 物流师 高级物流师）》于2006年3月首次出版，至2010年已印刷8次，销售量近4.5万册。第2版于2011年3月出版，至2011年底已印刷2次，销售量5000余册。

除上述我社出版的教材外，机械工业出版社、中国物资出版社等也有类似选题的图书出版。在当当和卓越两大图书销售网站上，对2006年之后出版的相关图书进行统计分析，我社出版的物流师相关图书无论在销量还是受欢迎程度上都名列前茅。

当当网关于物流师的图书销售，我社有两本图书进入前十。其中，《物流师——鉴定指南（基础知识 物流员 助理物流师 物流师 高级物流师）》排名第一。

卓越网关于物流师的图书销售，我社三本图书高居前三。分别是《物流师基础（专用于国家职业技能鉴定国家职业资格培训教程）》《物流师——鉴定指南（基础知识 物流员 助理物流师 物流

师 高级物流师)》《国家职业资格培训教程·助理物流师（专用于国家职业技能鉴定)》。

（四）培训机构对数字化资源有着较强烈的需求

通过与培训机构人员接触，了解到当前培训中，培训机构对数字化资源和课程有着强烈的需求。

培训机构人员希望能够使用网络课程进行培训，因为地方要开展培训，难以请到高端的讲授人员，实体培训的开展费用较高。加上培训对象大多有着较为繁重的工作，难以集中时间来进行学习。培训机构希望开展合作，由各地的培训机构进行招生，组织课程的学习，提供部分服务，例如代为报名、收费和管理等。

学员希望培训课程能够有针对性，切实有效地辅导学员，增加其考试通过的可能性。由于当前物流师考试通过率偏低，专家级的讲授人员的视频和课件，深受培训学员和培训机构的欢迎。因此，必须保证授课专家有一定的名气，课件能够起到提高学员成绩的作用。

三、助理物流师培训课程策划

（一）选题设计思路

物流师共分为四个等级：物流员（国家职业资格四级）、助理物流师（国家职业资格三级）、物流师（国家职业资格二级）、高级物流师（国家职业资格一级）。根据市场调研及专家建议，我们选择“助理物流师”作为物流师考试网站试运行的第一个培训级别。

培训课程以串讲为主，即面向已经学习了助理物流师专业课程的学员，全面串联助理物流师的知识点、考点，帮助学员巩固所学知识和技能，为应考做好准备。

“物流师考试网站—助理物流师在线培训”系列选题以针对考生考前辅导为主，提供精品课程、在线自测、模拟考试以及相关参考资料等服务，用以辅助考生进行考前冲刺学习。

（二）串讲视频课程模块设置

以国家职业资格培训教程《助理物流师》的内容为基础，专家加以拓展形成授课内容。表现形式以专家独立讲解为主，中间穿插 PPT 演示文稿、与课程有关的图片、影像动画、介绍文字或其他信息。

串讲课程共设计了 11 个单元，25 个课时（45 ~ 50 分钟/课时）。课程模块设置如下表：

模块内容	课时数
助理物流师鉴定方法与要求	1 课时
助理物流师职业道德	2 课时
助理物流师基础知识	2 课时
第一章　物品采购	2 课时
第二章　仓储管理	3 课时
第三章　配送管理	2 课时
第四章　运输管理	3 课时
第五章　生产物流管理	3 课时
第六章　国际货运管理	3 课时
第七章　物流信息管理	2 课时
第八章　物流英语	2 课时
总计	25 课时

（三）配套资源开发

1. 讲课 PPT

向考生提供专家讲课课件，考生既可以在线浏览也可以下载到本地学习。

2. 讲课音频

向考生提供专家讲课音频，主要用于考生不方便观看视频时使用，具有较强的灵活性。

3. 在线自测与模拟考试

以《物流师——鉴定指南（基础知识　物流员　助理物流师　物流师　高级物流师）（第 2 版）》为基础，目前共有练习用单选题 173 道，多选题 113 道和模拟考试用《理论知识考核模拟试卷》《操作技能考试模拟试卷》各一套。

请专家针对当前考试特点，编写模拟考试试卷 3 套。

4. 相关参考资料

向考生提供与考试相关的资料浏览与下载，如职业技能标准、报考要求、考试时间等。

（四）进度安排

2011 年 8 月至 10 月，策划并申报选题，落实讲课专家。

2011 年 11 月，组织讲稿、PPT 演示文稿撰写，搜集与课程相关的图片、资料等；准备在线测试试题相关工作。

2011 年 12 月，完成讲稿纲要等框架材料的审定，做好前期拍摄准备。

2012 年 1 月，组织专家完善讲稿细节，拍摄讲课视频，进行视频后期制作，及相关资料的整理。

2011 年 11 月 ~2012 年 1 月，助理物流师培训子站点搭建，视频课程、相关资源上传。

2012 年 2 月，上线试发布并按需组织光盘载体的产品制作。

四、助理物流师在线课程推广

（一）网站推广

串讲视频课程分为免费试听和收费学习两个部分。

助理物流师鉴定方法与要求、助理物流师职业道德和助理物流师基础知识 3 个单元共 5 课时的内容为免费试听部分，用户无需付费便可以观看该单元的讲课内容，下载该单元的课件和音频。

其余 8 个单元 20 个课时为收费部分，用户需登录付费后才能观看讲课内容、下载课件和音频、使用在线题库。

鉴于助理物流师在线课程为首次开发，尚未形成规模，属于市场开拓期，因此建议按略低于市场价格的水平制定收费标准，即 10 元/课时。课程整体定价为 200 元，赠送使用在线题库。

（二）随图书销售进行宣传

在《助理物流师》图书加印时，将随书赠送在线学习卡，学习卡除对学习平台和课程进行介绍外，每张卡片配备上网账号。用户在网站注册并登录后，即可通过学习卡上的卡号和密码进行一定课时的学习，提高网站关注度①。

（三）互联网渠道宣传

选择相关网站发布广告或商谈合作，提高助理物流师站点的访问量。

---

① “助理物流师视频培训课程”以及子站点栏目由中国劳动社会保障出版社音像电子和数字出版部王黛薇策划。

第四章
数字教材移动应用项目策划和开发

第一节　基于平板电脑的互动式多媒体数字教材项目策划

一、项目定位和目标

项目定位于服务职业教育和职业培训，在传统纸质教材开发的基础上，通过课程设计、教学设计、互动设计，利用平板电脑的优势，整合视频、动画、3D、图片、文字等多媒体元素，形成以数字教材为表现形式的电子书包。职业教育院校和职业培训机构在开展教学和培训时，可以使用互动数字教材，达到更好的教学和培训效果。

项目目标是围绕机械、电工电子、信息、交通、建筑、化工、财经商贸、服务等专业大类，选择15个重点专业，开发数字教材。每个专业根据专业设置的需要，开发10～20门课程。根据课程特点，将理论知识划分为知识点，技能操作划分为技能点，进而根据知识点、技能点的具体要求，开发多媒体资源，设计交互方式，最终整合形成互动数字教材。通过3年的时间，累计开发200种以上的数字教材。

二、项目背景

平板电脑尤其是 iPad 取得的成功，为移动计算带来了革命性的变化，从而改变了人们阅读、学习、生活的方式。苹果于 2012 年初推出基于平板的数字教材 iBook 2 ，以数字教材制作工具 iBook Author，并宣布进入数字教材市场。随后，培生集团（Pearson Education）、麦格劳－希尔（McGraw-Hill）、霍顿·米夫林·哈考特（Houghton Mifflin Harcourt）等出版商纷纷推出精彩纷呈的数字教材。教育界正在积极应用这一成果，许多大学、职业院校、中小学都在基于平板电脑开发数字课程和数字教材，服务于教学活动，以期取得更好的教学效果。

平板电脑提供了比台式电脑或笔记本电脑更好的交互体验，把平板电脑整合到教室和教学中去，可以激发学生的学习积极性。学生在学习中使用平板电脑，可以通过参与和交互来提升学习效果。应用平板电脑进行教学和学习，需要开发基于平板电脑的互动式多媒体数字教材。数字教材的成功与否在很大程度上决定了学生的学习体验和学习效果。

人保集团作为职业教育和职业培训教材的出版基地，面对平板电脑给职业教育和培训带来的全新的学习形式，有必要抓住机会，根据市场需求开发基于平板电脑的数字教材。

三、项目意义

项目的实施，将促进人保集团由传统的纸质资源开发，走向深度的多媒体教学资源开发。人保集团将由向职业教育和培训机构提供纸质教材，转为提供数字产品和服务。

项目符合出版与科技的融合，是人保集团纸质教材出版的进一步延伸，是数字产品与服务的创新。项目开发的数字教材将通过平板电脑进行销售和使用，是移动技术应用于教育和培训的典型案例。项目的实施，必将提升我国职业教育的数字化水平。

四、项目实施基础

集团在职业教育和职业培训教材开发上积累了丰富的资源，培养了一大批有经验的策划编辑。

数字教材开发队伍初步成形，美术设计人员、动画制作人员、视频拍摄和加工编辑人员、APP 交互设计和排版制作人员已经配备。数字教材的开发已经进行了尝试，开发的多本数字教材已经审定通过，在职业院校和培训机构中获得了好评，应用前景较好，为后续批量开发奠定了良好的基础。

数字教材开发是人保集团未来数字出版的重点工作之一。项目已经做了大量的基础研究工作，包括：

数字教材的特点和优势；

数字教材开发的要求和难点；

数字教材开发的流程和分工；

数字教材开发的技术标准和规范；

数字教材的制作工具；

数字教材的应用和推广等。

第二节　微课的表现形式和选题策划

桌面计算时代（以 PC 为代表）正在向掌上计算时代（亦即移动计算时代，以 PAD、手机为代表）转变。这一转变带来了“微革命”，也就是以网络技术为支撑的博客、邮件、视频向微博、微信、微视频转变。“微革命”的目的，是充分利用用户的碎片时间，让用户随时随地都可以接触网络应用。网络课程也正在向微课转变，从而为在线教育、数字教育带来了一股清新的空气。

一、微课的兴起

（一）公开课

2002 年美国麻省理工学院（MIT）率先开设“Open Course Ware（简称 OCW，公开课）”。2007 年苹果的 iTunes U 上线之后，OCW 显示了惊人的传播效果。到 2013 年，iTunes U 所有的开放课件资源累积下载量达到 10 亿次。

2011 年 10 月，斯坦福大学计算机教授 AndrewNg 在网络上开设了“机器学习”的 MOOC（大规模在线公开课）课程，超过 10 万人报名。同时，斯坦福大学的另一名教授 Sebastian Thrun 开设了

“人工智能”的 MOOC 课程。这两门课程奠定了 MOOC 模式的基础。此后，两位教授分别创建了两大 MOOC 平台：Coursera 和 Udacity。

2012 年 4 月，麻省理工学院和哈佛大学成立了非营利性质的 edX 平台，也加入 MOOC 行列。清华大学在 2013 年 10 月加入 edX 联盟后也发布了中文“学堂在线”MOOC 平台。2014 年将会有更多的中国大学推出自己的 MOOC 课程。

（二）微视频课程

印度裔美国年轻人萨尔曼·可汗（Salman Khan）以微视频形式开展课程辅导，这一方式获得了很大成功，因此他成立了可汗学院（Khan Academy）。可汗学院是一家教育性非营利组织，旨在向世界各地的网络学习者提供免费的高品质学习服务。

可汗学院最大的特色和成功之处在于应用微视频改变传统课程教学体系，使之更适合于网络课程学习者的特点，从而提高学习兴趣和效率。

TEDEd 是 TED 在 YouTube 上推出的教育领域的新频道。TEDEd 频道中播放短于 18 分钟的微视频，将课程与视频、字幕、交互式问答系统等融合为一体，激发人们自主学习的热情。

（三）微课正在成为教学研究的重点

微视频课程在网上的受欢迎程度及其取得的成功，吸引了教育研究者对微视频等运用于课堂教学的研究和可行性探索。微课的重要性日益突显出来。

目前，国内各大高校、职业院校都在鼓励教师积极开发 MOOC，开发微课。微课成为教学研究、教学资源开发的一个方向。国家教育部、相关教育行政部门积极组织微课大赛，推动微课的开发和应用。一大批微课网站也建立起来，围绕微课开发提供资源和支持。这里介绍几个有用的微课网站。

1. 微课（www. vko. cn)

专注于初高中教育。学科涉及全部初高中阶段的课程，有语文、数学、英语、物理、化学、生物、历史、地理、政治；教师讲授类别有知识模块、考题解析、同步教材、冲刺专题、年级套餐。

2. 油菜花（www. 51ych. com)

知识与技能交易网平台。

课程划分的大类有：生活家居、运势占卜、职场提升、教育考试、外语、IT 与互联网、兴趣爱好。每一大类又有小类，例如，生活家居就又分为饮食文化、医疗保健、健身、减肥、时尚美妆、心理情感等。

3. 第 9 课堂（www. dijiuke. com)

个人经验技能交易平台。

课程类别：职场技能、生活兴趣、线上实战、自我管理、技能交易。

4. 浙江微课网（wk. zjer. cn)

浙江省教育技术中心的微课推广网站。除了提供教育类课程的微课作品，还举办微课大赛，介绍如何学做微课。

5. 全国高校微课比赛网（weike. enetedu. com)

由教育部全国高校教师网络培训中心主办，提供作品展示、比赛指南等。其中，比赛指南中对作品、视频等做出了规范化的要求，列出了相关的技术参数。这些在微课制作中都可以参考和借鉴。

（四）微课开发是数字教材开发的起点

传统教师对于数字教材的接受度非常高，但是他们难以理解数字教材是如何开发出来的。

数字教材开发是一个系统工程，它需要对课程进行设计，开发多种资源，并通过交互的手段将资源呈现出来。因此，数字教材开发具有一定技术难度。

微课是基于知识点或技能点来开发和积累资源，然后以微视频的形式表现出来。对于教师来说，在教学研究、教学开发的过程中，基于微课来开发资源有现实意义和可行性。

因此，在参与数字教材的开发之前，让教师参与微课开发，了解微课开发的选题策划、开发流程，有助于教师逐步建立起数字化资源开发的观念和习惯，从而为最终走向数字教材开发奠定基础。

二、微视频特点分析

很显然，微课是由微视频发展而来的。但微课和微视频还是有一定的差异的。

微视频是反应特定主题、传播一定信息的视频片断，短则几分钟甚至几十秒；长则不超过 10 分钟。微视频根据内容特点，可以分为新闻资讯、体育娱乐、动漫游戏、时尚社交、美食旅游、电影电视、搞笑幽默、日常生活、教育培训等几大类。其中，教育培训类微视频可以说是微课的一种。

下面具体分析 2 个教育培训类的微视频。

（一）新航道“60 秒学英语”之“毕业临近 offer 非你莫属”

这是一段知识学习类微视频。可以访问优酷，通过检索来观看这段视频。这段微视频由片头、对话、复习三部分构成。

片头约10秒钟，由2个主讲老师（一中一外组合）的入镜构成。

对话是微视频的主体，进入对话的主题——找工作。由此引出找工作对话的几个知识点：job hunting season（求职季），a decent job（体面的工作），interview（面试），break a leg（加油，好运）。通过两人的对话及演绎，将这几个知识点通俗易懂地介绍给观众。

复习作为片尾，约7秒，将知识点显示在黑板上，供观众再次阅读加深记忆。

该微视频以活泼的对话形式，将知识点介绍给用户，起到了教育和培训的目的。

（二）几分钟网“如何在电梯下坠时自救”

这是一段技能培训类视频。可以访问几分钟网，通过搜索找到这段视频来观看。这段视频由片头、提出问题、操作演示、知识点“你知道吗”、片尾五部分构成。

片头只有2秒钟，是几分钟网Logo的简单动画展示。

提出问题约20秒，提出电梯下坠怎么办这个问题。

操作演示，分步骤进行，演示步骤1，2，3。

知识点，约12秒，介绍世界上最高的电梯。

片尾，与片头相同。

其中，视频在相应的位置加了字幕，辅助补充说明；还增加了小提示。

这段视频只有71秒，但完整地介绍并演示了电梯下坠时的自救操作，能起到很好的培训效果。

三、微课的定义

微课是以阐释某一知识点为目标，以短小精悍的在线视频为表现形式，以学习或教学应用为目的的在线教学视频。

微课基本特征有以下几个特点：

1. 表现为视频，不超过 10 分钟；

2. 对应一个或多个知识点；

3. 职业教育则对应技能点；

4. 解决教学中的重点或难点；

5. 有完整的教学过程：教学设计、教学过程、辅导和练习、思考和应用等。

从上述定义中可以看出，微课和微视频的不同在于，微课更侧重于教学，强调与知识点或技能点的对应，以及教学过程和教学设计，可以辅助教学的开展。

四、微课的表现形式

微课的表现形式与微课要教授的内容密切相关。

（一）讲课录像

讲课录像适合于教师对知识点的讲解。讲解可以在课堂进行，教师可以利用黑板，一边讲解一边板书，以板书来辅助讲解。可以采用便携的视频录制设备，例如手机、普通 DV 等。

如果要录制高标准的讲课视频，则需要在专用的录播室进行。录播室一般配备可手写大屏幕，录像时使用固定机位的一台高清摄像机。为了保证视频中的声音质量，一般在教师胸前别上无线麦克，用于拾音。在拍摄时，对环境、灯光均有较高的要求。一般拍摄前，由专业的摄像师进行调光，以保证拍摄效果。

教师着装上也有一定要求。一般着较为正式的职业装，以体现教师的风采。讲课时，要使用普通话，声音清晰，无咳嗽、无错误。讲话连续顺畅，动作舒展自然。教师可以一边讲，一边用记号笔在屏幕上书写。

大屏幕上用做背景的 PPT 也有一定的要求。一是字体清晰，字号较大；二是留出一定的空白位置，用于教师站位，免得教师挡住 PPT 中的有效信息；三是颜色合理，不要与教师着装有较大反差，以免教师在屏幕上留下背影。

拍摄的视频经过简单剪辑加工即可以使用。

（二）操作演示录像

操作演示录像适合于操作技能的演示。例如，汽车修理工对汽车点火线圈的检查。

操作演示录像一般在实习车间、操作演示作业台、生产厂房等地进行。为了避免背景过于杂乱，一般选择较为开阔的室内进行拍摄。拍摄时要布置好工具、操作对象等。

由于要展示操作的细节或难以理解的环节，拍摄时一般采用双机位，由一台固定拍摄中景或远景，一台跟拍近景和特写。跟拍时，灯光往往要跟随，以保证视频画面清晰。

为了保证操作演示的准确性，以及后期剪辑工作的顺利进行，一般在演示操作时，有指导教师在镜头外进行提示，演示人员根据指导教师的提示，一步一步操作。部分镜头，要求拍摄人员重复演示或暂停，以方便拍摄人员跟拍近景或特写镜头。

拍摄的视频要经过剪辑加工，将不同景别的镜头进行穿插，以更好地反映出操作要点。同时，由于拍摄现场背景音的存在，指导教师的现场提示不能直接作为音频，往往需要提供解说词后，由专业配音人员进行配音。

（三）表演录像

表演录像适合于对有一定故事情节的内容进行演绎。为了保证拍摄效果，一般要求有专业的剧本人员来编写脚本，对拍摄场景、演员的动作和对话做出详细的描述，以便于拍摄时参照执行。例如，外出务工人员如何找工作、适应城市生活，如果光是知识的讲解，务工人员可能不愿意听，学习效果有限。如果找人来表演，将知识融会于表演中，则容易被务工人员这一层次的人群接受。

表演类的视频不仅对脚本有要求，对表演人员、场景的选择和布置，都有较高的要求。因此拍摄难度较大。

（四）计算机操作录屏

对于计算机操作，例如，计算机办公软件、平面设计软件使用等的讲授，则可以使用录屏的形式，将教师在屏幕上的标准操作以视频的形式录制下来，同时配合操作，录上教师讲解的音频，形成教学视频。

例如，股票教学中的 K 线图，就可以用录屏的形式进行讲解，帮助学员了解 K 线的特点，在实际股票操作中的运用等。

（五）平板电脑上的手写录屏

随着平板电脑的普及，平板电脑上也有了录屏软件，从而将平板电脑上的操作录制成为视频。除了录屏外，平板电脑还可以当做手写板来使用，教师可以在平板电脑上书写，结合书写进行讲解。录屏时，不仅可以录制平板电脑上的书写内容，还可以录制教师的讲解视频。

平板电脑的录屏，需要使用专用的应用程序，如 Screenshot。

（六）原理动画

原理动画用来展示某一事物的原理，主要是针对教学内容的需要而制作的动画。例如，汽车发动机汽缸的活塞运动动画、植物成长动画、胳膊屈伸的肌肉和骨骼变化动画、月亮圆缺动画等。动画进行的节奏应符合观看者的接受能力；动画传达的概念应正确、清晰，易于理解。

（七）剧情动画

剧情动画有一定的故事情节，由剧本作者编写脚本。动画设计人员根据脚本，设计人物造型和相关场景。在人物设计获得认可后，根据剧情、场景来进行动画制作。例如，外出务工动画，返乡创业动画。

（八）效果动画

效果动画和微课内容关联不大，多用来增加视听效果，吸引使用者的注意，引发学习动机。例如，片头动画、过场动画、选单动画、按钮动画、操作界面动画等。效果动画只是用来提升视频的娱乐效果，因此不可喧宾夺主。

（九）综合运用

在微课的制作过程中，为了使微课有较好的效果，需要综合运用多种媒体资源、表现形式和技术手法。

五、微课选题

（一）着眼于“微”

微课的目的，是围绕一个知识点或技能点进行教学，让学生理解这个点。加上微课的学习时间限制，必须在有限的时间内将这个点讲清、讲透。因此，微课的选题要着眼于“微”。

（二）选题的思考

在确定微课的选题之前，要思考该微课的开发背景、原因、意义、目的。对这些有了深入的思考后，就会明白该微课的核心，从而围绕核心组织微课。

（三）选题的界定

界定的原则是，一个微课只讲一个特定的知识点或一个问题，如果牵扯到其他知识点，则另设微课。根据这个原则，就可以确定微课应该包含的内容、不应该包含的内容。

如果是复杂问题，要想讲清、讲透，就需要设置多个微课来解决。

例如，微课选题名称为“近视眼的预防”，微课的目的是引起青少年的重视，爱护眼睛，注意眼睛保健。

根据这个目的，该微课应该包含的内容有：近视对生活、学习的影响；不良习惯会导致近视；眼睛保健常识。不应该包含的内容：视觉成像原理、近视的成因、眼保健操的正确做法。后面的几个内容，在“近视眼的预防”微课中，不能够讲清、讲透，是对该内容的延伸，因此要放在其他微课中讲解。

六、微课程开发

（一）微课程的概念

从字面上有两种理解。一种是微小课程，即课程内容较少，包含数个微课。另一种是微课课程，它是正常的教学课程，但其是由微课构成的课程。这里所说的微课程，指的是后者。

微课程是系列微课构成的课程。在课程开发中，按微课的标准来开发，整个课程都是由微课构成的，则这门课程就可以称之为微课程。

（二）微课程设计

教学设计是课程开发的核心。首先从课程设置入手，明确课程教学内容、教学目标、教学重点难点、教学计划大纲。

然后将课程划分为模块或单元，再划分为课时，列出每一课时的教学点：知识点、问题、技能点，要求细化到最小单元。在课时开发的基础上进行微课开发。

（三）微课程规划

微课程规划时，将每一个教学点设置为一个微课。除非确有必要，才将一个以上的教学点归入同一个微课。注意微课之间的衔接，以保证课程的衔接性。

（四）微课程选题策划示例

在“经络腧穴基础”这门课程中，根据教学需要，将它划分为 17 章。每章可以设置多个课时。例如，“手太阴肺经”这章，可以设置 2 课时，分别是“手太阴肺经循行路线”“手太阴肺经腧穴定位及功用”。

作为本章学习的引导，这里设置一个案例导入微课：

微课 1：案例导入

在“手太阴肺经循行路线”课时中，可以把教学内容划分为以 4 个微课。

微课 2：手太阴肺经体内循行路线

微课 3：手太阴肺经体外循行路线

微课 4：手太阴肺经联系的脏腑器官

微课 5：练习题

在“手太阴肺经腧穴定位及功用”课时中，可以把教学内容划分为 8 个微课。

微课 6：手太阴肺经常用腧穴

微课 7：云门穴的定位及功用

微课 8：中府穴的定位及功用

微课 9：尺泽穴的定位及功用

微课 10：列缺穴的定位及功用

微课 11：鱼际穴的定位及功用

微课 12：重点穴位的取穴及纠正

微课 13：练习题

第三节　保健按摩师职业数字教材开发

保健按摩从业人员既需要在中医基础、经络腧穴、正常人体学等方面具有扎实的基础理论知识，又要求在保健按摩手法、保健按摩实际操作上有过硬的动手能力。对保健按摩人员的教育和培训，强调理论知识与操作实践的紧密结合。数字教材能够使用生动形象的方式，阐释难以理解的中医理论、枯燥的经络和穴位，帮助学生打下良好的理论知识基础；它还能够清晰地展示保健按摩实践的操作手法、操作步骤、操作细节，帮助学生快速掌握职业技能。因此，选择保健按摩师职业来开发数字教材，具有一定的典型性和代表性。

一、专业设计

专业设计主要由从事保健按摩专业教学和培训、具有实际经验的专家和教师承担。该专业可以设置 16 门课程，如表 4. 3. 1 所示：

表 4.3.1 保健按摩专业课程设置表

类别	序号	课程名称	课时数
知识	1	保健按摩基础知识	8
	2	中医基础(初级)	12
	3	中医基础(中级)	8
	4	中医基础(高级)	4
	5	正常人体学(初级)	36
	6	正常人体学(中级)	16
	7	正常人体学(高级)	24
	8	经络腧穴(初级)	16
	9	经络腧穴(中级)	16
	10	经络腧穴(高级)	12
技能	11	保健按摩基础手法	16
	12	全身保健按摩(初级)	16
	13	全身保健按摩(中级)	16
	14	不适症保健按摩	16
	15	足部保健按摩	20
	16	美容美体保健按摩	20
		总计	256

在策划编辑的协助下，根据保健按摩师职业标准、初中高级职业技能鉴定考核细目表、教学和培训中的实际情况，专家和教师探讨并确定了该专业教学和培训的专业课程设置、专业培养目标、专业教学计划和教学大纲、实习实训场所要求等。

二、课程设计

从特点上看，保健按摩师职业的数字课程可以分为 3 类：一是理论知识类课程，如正常人体学、中医基础；二是知识与应用相结合的课程，如经络腧穴、按摩手法；三是偏重技能的实践类课程，如不适症保健按摩、足底保健按摩、美容美体保健按摩等。课程特点不同，课程设计也不尽相同。课程设计主要是根据教学内容、教学目标，将课程所涉及的知识点和技能点划分为教学课时，并对每一个教学课时进行设计和规划。

课程设计需要完成的文档包括：课程简介、课程定位、课程目标、教学计划和教学大纲、教学内容、教学重点和难点、知识模块结构图、技能模块结构图、各模块课时分配、教学条件、教学方法与教学手段、教学效果评价等。

以经络腧穴（初级）课程为例，安排16个教学课时，如表4.3.2所示：

表4.3.2　经络腧穴(初级)课程设计

序号	课时名称	课时数
1	经络腧穴的含义和定位方法	1
2	经脉系统的组成和功用	1
3	手太阴肺经	1
4	手少阴心经	1
5	手厥阴心包经	1
6	手阳明大肠经	1
7	手太阳小肠经	1
8	手少阳三焦经	1
9	足阳明胃经	1
10	足太阳膀胱经	1
11	足少阳胆经	1
12	足太阴脾经	1

续表

序号	课时名称	课时数
13	足少阴肾经	1
14	足厥阴肝经	1
15	任脉、督脉	1
16	经外奇经	1
	总计	16

三、课时设计

每一课时由多个独立的知识点或技能点组成，每一个知识点或技能点构成一个微课。课时设计包括：本课时教学目的、课时的构成、教学重点和难点、本课时的导入设计、教学环节和教学手段、练习、测试等。

课时的构成即本课时具体的教学内容。以手太阴肺经这一课时为例，其教学内容有两部分：肺经循行、肺经重点腧穴的取穴方法。这两部分就是该课的两个微课。

四、微课设计

微课设计是数字教材开发的核心，既要编写教学内容，又要明确教学内容的展现形式（文字、图片、音频、视频、动画、3D），以及具体的教学方法、教学手段。教学内容的展现形式离不开多媒体资源，要开发这些资源，就需要编写资源开发的脚本，主要是视频和动画脚本。

以“肺经循行”微课（表4.3.3）为例，采用的展现形式有图片、音频、视频、动画。

表 4.3.3 “肺经循行”微课展现形式设计

微课内容	展现形式	具体要求	交互设计
1. 肺经体内循行	动画(配音)	体内循行重点展示内脏器官、循行路线、经过的穴位	动画整体播放; 动画分段播放(点击一下,线条流动到下一穴位)
2. 肺经联系的脏腑器官	图片(整体图片及各器官图片)	图片清晰,比例合适	点击整体图片的相应位置,弹出器官图片,并附加文字注释
3. 肺经体外循行	视频(人体模型)	教师在人体模型上介绍	点击播放视频,可以全屏显示、可调整播放进度
	视频(真人模特)	教师在真人模特身上介绍	
4. 肺经主治功能	文字、音频	教师讲解肺经主治	点击播放音频,再次点击停止

五、脚本编写

除了微课教学内容的编写，还要编写视频脚本、动画脚本。视频脚本和动画脚本是视频开发和动画开发的指导性文件。

视频脚本编写，一般由教师给出描述性脚本，由视频编导经与教师沟通并充分了解教学意图后，将其转换和细化为更具有拍摄指导性的分镜头脚本，如表 4.3.4 所示：

表 4.3.4 疲劳性腰痛不适症保健按摩脚本和分镜头脚本样例

场景 1:导语(分镜头略)					
场景 2:按摩步骤 1,用手掌根下行推脊柱两侧,双手掌分推腰部(分镜头略)					
场景 3:按摩步骤 2,以小鱼际侧部滚腰部(分镜头略)					
场景 4:按摩步骤 3,以手掌根、拇指或肘尖揉腰部(分镜头脚本)					
机位	景别	技法	角度	画面	备注
2	特写	固定	正面	展示手掌根着力部位	

续表

机位	景别	技法	角度	画面	备注
1	近景	固定	俯拍	用手掌根揉腰部	画中画显示手掌根揉的动作特写
2	特写	固定	正面	展示拇指着力部位	
1	近景	固定	俯拍	用拇指揉腰部	画中画显示拇指揉的动作特写
2	特写	固定	正面	展示肘尖着力部位	
1	近景	固定	俯拍	用肘尖揉腰部	画中画显示肘尖揉的动作特写
2	特写	固定	跟拍	肘尖揉注意事项，腰三横突位置	插入腰三横突骨骼图片，与腰部重叠
场景5：按摩步骤4，拨揉、按揉腰部（分镜头略）					
场景6：按摩步骤5，在腰两侧做紧缩性拿法（分镜头略）					
场景7：按摩步骤6，往返拍腰两侧（分镜头略）					
场景8：按摩步骤7，施术者一手托住腰后脊柱，另一手将两下肢抬起离开床面，做轻度的旋转和后伸（分镜头略）					
场景9：按摩步骤8，以拇指或肘尖按压腰部腧穴及委中穴（分镜头略）					

动画脚本编写，一般由教师给出主要思路及脚本雏形，由动画设计人员修改完善，形成动画开发脚本，如表4.3.5所示：

表4.3.5　肺经循行案例导入动画脚本样例

卡通人物设计：按摩师（青年、男性）、客人（老年、60岁、男性） 场景：按摩场所，客人来访，按摩师接待。 对话： 按摩师：您感到哪里不舒服？ 客人：我最近感冒了，胸闷、咳嗽，晚上更重，睡不好。 按摩师：您去医院看医生了吗？ 客人：我有慢性支气管炎。 画外音：对于这样的客人，通过肺经的点穴和按摩，可以缓解症状。下面我们一起来学习手太阴肺经的经脉循行和主治作用。

六、交互设计

交互设计是确定教学内容及多媒体资源如何与学生交互，采用哪种交互手段，技术上如何实现等。交互设计要具有创造性，力求能够改变传统的学习方式。例如，对于肺经的重点穴位，学生需要掌握其位置、主治功能，在传统教材的学习中，学生只能一边看着穴位图，一边记住这些穴位名称和主治。

而在数字教材中，可以为此内容设计弹出内容的交互方式，如图4.3.1。在肺经穴位图上，用红点标示出体外循行的全部11个穴位，其中包括5个要掌握的重点穴位。学生可以用手指点击这些穴位，如果点击的是重点穴位，则弹出该穴位的名称，以及其主治功能；如果学生点的不是重点穴位，则弹出叉号提示；还可以点击“核对答案”按钮，弹出正确的答案供学生参考。

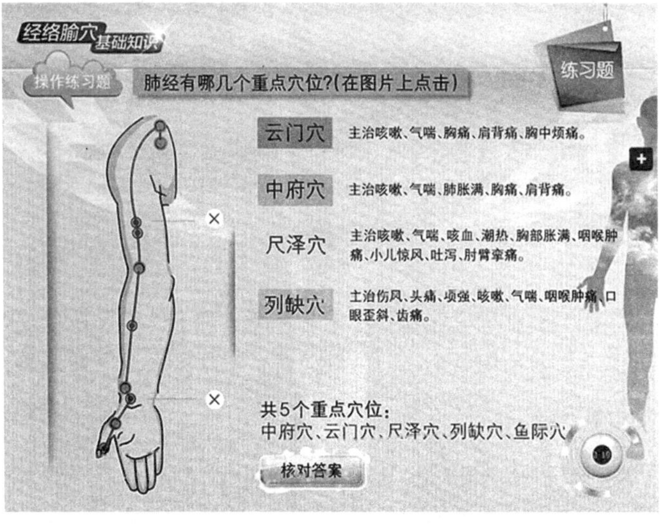

图4.3.1　肺经重点穴位的交互设计

七、资源开发

这里主要介绍视频、动画开发。

（一）视频开发

在脚本的基础上，视频开发要根据课程特点选择拍摄场景。例如，经络腧穴课程主要是知识的讲解、穴位的认识和定位，可以选择在演播室进行拍摄。拍摄时，需要教师制作好授课PPT，并在高清大屏幕上播放；由授课教师在屏幕前讲解；还需要人体经络模型（图4.3.2）、真人模特参与（图4.3.3）相关环节。

图4.3.2　在人体经络模型上讲解穴位

保健按摩基础手法课程，主要是讲解各种手法的操作要领和应用，可以在教室拍摄。拍摄时，需要有一张按摩床，以及作为按摩对象的模特。

不适症保健按摩是操作性很强的课程，对特定的不适症患者进行保健按摩操作，为了体现保健按摩职业的特点和工作环境，适合在保健按摩馆里进行实景拍摄。

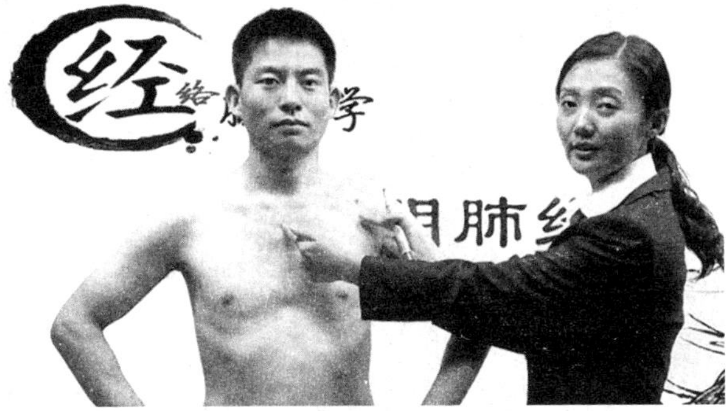

图4.3.3　在真人模特身上辨识和定位穴位

（二）动画开发

场景动画制作的主要难点是表现风格的选择、人物设计，风格决定了人物设计的特点。而线条流程动画制作的关键点则是流程的衔接顺畅、教学知识点准确传达。

经络腧穴的肺经循行一课中，采用案例引入，用场景动画方式，如图4.3.4呈现；肺经的循行路线则采用线条流程动画，如图4.3.5。

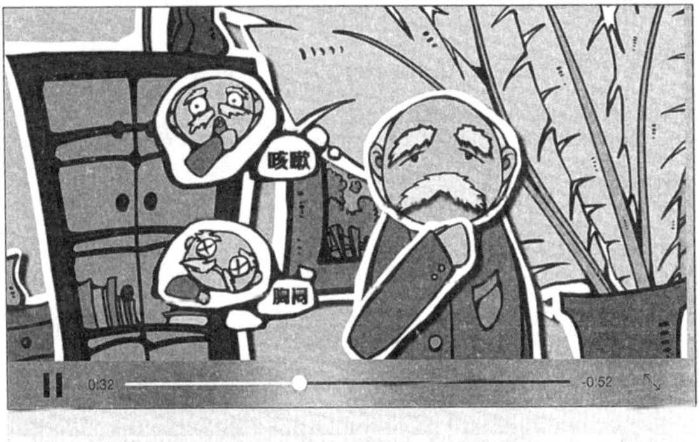

图4.3.4　人物场景动画

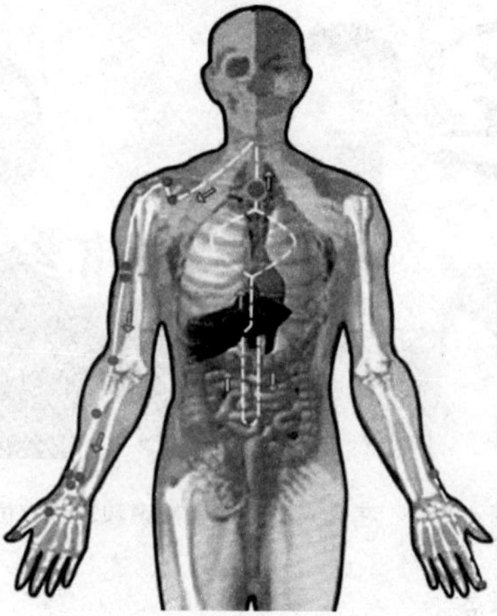

图 4.3.5　线条流程动画

八、美术设计

同传统教材的美术设计一样，需要设计教材的封面、目录、章首页、课首页、页眉和页脚等。由于数字教材在平板电脑上高清、彩色显示，因此在设计上提出了更高的要求。所有元素的设计都要求彩色设计，并形成统一的风格。由于数字教材的互动性，在目录、章首页、课首页、页眉和页脚设计时，要加上链接，以方便在浏览时实现内容之间的跳转。

尤其是目录设计，传统教材中要将所有目录内容一次性全部顺序排列出来，如图 4.3.6。而在数字教材中，以经络腧穴（初级）为例，只列出第一级的章标题。点击某一章，则以弹出内容的形式，如图 4.3.7。显示该章中的所有课时和微课目录。点击某一课时或某一微课，即可跳转到数字教材中相应的页面。

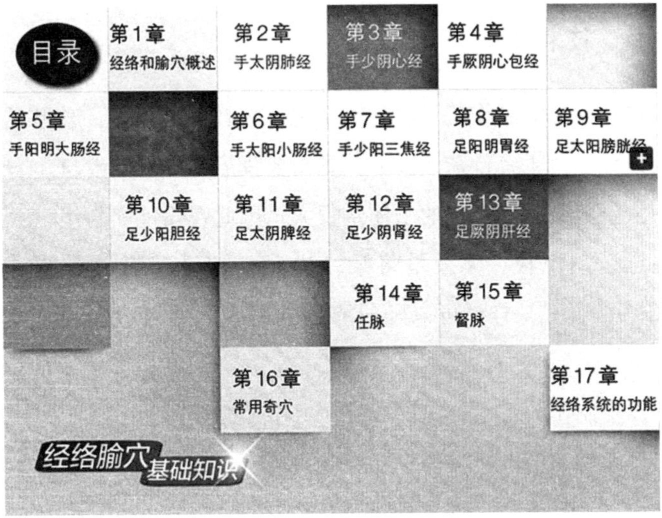

图4.3.6　数字教材一级标题目录

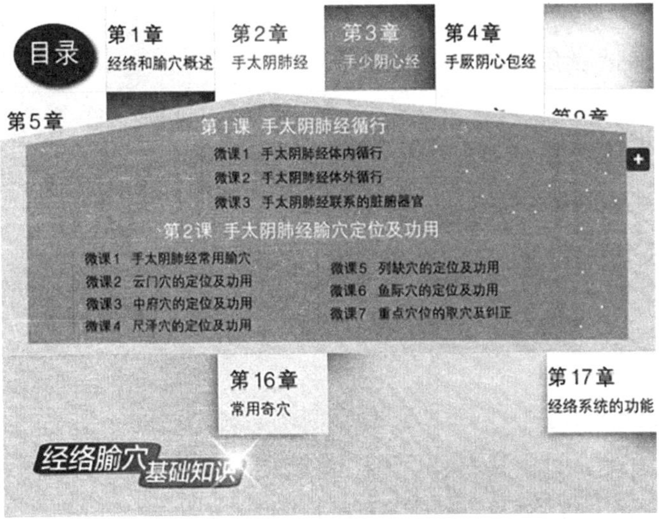

图4.3.7　二级标题目录采用弹出内容形式呈现

九、技术制作

选择相应的制作工具软件来实现数字教材的编排、通用交互功能的设计。对于有特殊效果的，则需要程序开发人员参与。

由于数字教材制作的工作量很大，因此在设计和制作时，一定要注意运用模板。模板是将某一类元素的设计固定下来，就像Word中的样式一样，可以随时应用到需要的地方，这样可以减少工作量。

技术制作的重点是实现数字教材中的交互功能。制作人员要了解工具软件的特点，各种交互功能的实现方法、制作手段、交互效果。在技术制作时，还要与策划编辑、教师充分沟通，从中获得交互制作的创意；也可以结合教材内容，提出好的交互设计创意，与教师探讨。

十、试用和完善

数字教材的开发不同于传统教材，它相当于一款应用软件。因此，开发完成后，还需要投入测试和试用。根据试用反馈，对相关效果和功能进行完善①。

---

① 保健按摩师职业课程设计、教材内容编写工作由北京盲人学校的王洪民、张慧、向华等承担；经络腧穴视频由中国劳动社会保障出版社音像电子和数字出版部成黎明拍摄、编辑加工，真人模特为张玉波；经络腧穴动画由秦宏展设计制作；经络腧穴教材目录由刘晓燕设计制作。

第四节　移动阅读书架APP应用设计

在出版企业的网站下载出版企业自主品牌的书架APP应用后安装，或到苹果、安卓应用商店查找到书架APP应用并安装，即可以使用移动阅读功能，来购买和阅读出版企业的数字图书。要实现这一功能，就需要开发出版企业自主品牌的移动阅读书架APP应用。

移动阅读书架APP应用开发的目的，是实现电子图书、互动数字图书的在线销售和移动阅读。为实现移动阅读，还需要有作为技术支撑的云平台，对数字内容的上线进行管理，对用户购买和授权进行控制，对用户的浏览、笔记、收藏等个性化操作进行记录等。

移动阅读基本上由三大功能模块构成，一是书店，以符合要求的方式发布和管理出版企业的图书产品，便于用户查找和购买；二是书架，用户购买的数字图书可以下载，下载完成即可以移动阅读；三是云平台的相关管理功能。

一、书店

将人保集团的电子书（包括 PDF、ePub 电子书）、互动数字图书以分类的方式呈现给用户。用户可以以导航的方式来查找图书，也可以通过检索来查找图书。

（一）图书分类体系

人保集团图书分类体系有三个：

一是业务板块体系，初期有 6 个，分别是：人力资源和社会保障、专业技术人员、科技和职业安全、职业教育、职业培训、职业杂志，可根据业务发展添加。

二是产品线体系，初期有 8 个，分别是：学术著作、高等教育、职业教育、职业培训、资格考试、工作实务、大众普及、引进版。

三是电子书类型，有 PDF 电子书、ePub 电子书、互动数字图书。

（二）书店布局

1. 页眉

由三部分组成，包括：左侧的“书架”链接、中间的“全部\主要业务模块\更多”链接、右侧的图书检索框。

2. 动态广告栏

动态广告 n	动态广告 1 从右至左轮换	动态广告 2

以大幅广告图片展示人保集团图书。图片每隔 2 ~ 3s 切换一次。

3. 业务板块图书展示

以“人力资源和社会保障”业务板块为例，横版显示如下，其他板块类同。

人力资源和社会保障					显示全部	
图书封面 1	图书封面 2	图书封面 3	图书封面 4	图书封面 5	图书封面 6	图书封面 7
图书名称 1	图书名称 2	图书名称 3	图书名称 4	图书名称 5	图书名称 6	图书名称 7
静态产品广告 1	静态产品广告 2	静态产品广告 3	静态产品广告 4	静态产品广告 5		

图书以封面、名称形式展示。“显示全部”链接至下级页面。

静态产品广告以图片形式，推荐图书，供用户快速访问。

4. 快速链接

提供快速链接，例如某一专题的图书、免费书、最新图书、畅销书、知名作者的图书等。

5. 用户信息

显示当前用户基本信息。

要求用户登录后，才可以查看或浏览书店中的图书。

6. 页脚

图标式快速链接，如用户登录、热门书籍、热门作者、精品推荐、分类专题、搜索、我的收藏、已购图书、购买记录、最新书籍等。

热门书籍可以按销售排行，也可以按用户评分排行。

最新书籍则显示最近更新上线的图书。

（三）检索

检索结果有多种排序方法，可以根据需要进行筛选。

（四）图书信息展示

图书显示的信息包括：封面、书名、作者、出版日期、印刷版页数、评分（评分人数）、样本、定价（免费）、详情（评论）相关等。

1. 详情

信息：语言、类别、出版商、出版日期、大小、印刷版页数。

要求：系统版本、阅读器版本。

2. 评分

最高五星，显示每一级评分的数量。

已购买该书的用户可以打分。

3. 评论

用户可以查看评论，可以对评论进行排序，排序方法有：最有帮助、最新发表、最高评价、最低评价。默认列出5条，更多评论通过链接展示。

购买该书的用户可以撰写评论。

4. 相关

与该书相关的内容，例如，此作者的其他作品、套书（丛书）相关图书、“顾客购买的还有”等。

二、书架

（一）书架风格

结合人保集团传统宣传色调——蓝色，可以为书架定制三款风格，例如，木纹书架、蓝色、浅蓝色，供用户选择。

（二）书架及图书显示

1. 页眉

由“书店”链接、搜索框、图书显示方式切换按钮、“编辑”链接组成。

“书店”链接：通过此链接访问人保集团书店，查看可供阅读的电子书城。

搜索框：供用户方便地在书架中查找自己已经购买并下载的图书。

图书显示方式切换按钮：默认以图书封面方式显示，可以切换为条目显示方式，即按行显示图书封面小图标、图书名称、分类等相关信息。

“编辑”链接：进入编辑界面，允许用户移动图书、删除图书等。允许用户增加自定义的图书分类，并将书架中的图书归入相应分类。

2）图书显示区

在图书显示区，默认显示图书封面大图标，并排排列。横屏时，标准屏幕默认显示四层书架；竖屏时，标准屏幕默认显示五层书架。

3）页脚区

在页脚区安排“设置”按钮、“收藏”按钮、书架设置按钮等。

这里可以选择书架的显示风格。

“收藏”链接：显示用户收藏的图书。

书架设置内容包括：

每日新书提醒：开、关；

修改分级验证密码：开、关；

备份下载的书籍文件：开、关；

清除数据：删除缓存、清除阅读进度；

翻页声音：开、关；

显示程序版本、用户名等。

三、图书浏览界面

在书架中点击一本图书后，进入图书浏览界面。

提供“帮助”按钮，用户点击后，可以获取相应操作帮助。

提供书内全文检索框，供用户对图书进行全文检索。

提供阅读支持工具，例如，做笔记、卡片、收藏、分享等。

（一）ePub 图书显示和设置

图书横屏、竖屏自适应显示；默认在屏幕上按单页显示。

对于 ePub 图书，可以设置以下内容：

页边距：15 ~ 50px。

行间距：90% ~ 200%。

主题样式：为图书页面添加显示时的背景，可以有标准、柔和、怀旧、草坪、海洋、蓝天、浅色花纹、星空等多个主题供用户选择。

晃动切换主题样式：开、关。设置为“开”时，晃动平板可以顺序切换页面的显示主题。

字体选择：提供多种字体，供用户选择。

字体大小：10 ~ 30 磅。

翻书方式：翻页、左右滑、上下滑、自由滑、无动画。

书籍语言切换：简体、繁体。

（二）PDF 图书显示和设置

图书横屏、竖屏自适应显示；竖屏时默认显示单页，横屏时默认显示双页。

阅读方式：翻页、左右滑动。

（三）互动书浏览和设置

提供章节导航、按页导航按钮。

四、社交媒体在书架中的运用

（一）发表评论

阅读图书后，针对图书内容发表评论。

（二）推荐图书

可以编写推荐意见，对图书进行推荐。

（三）分享

可以分享图书给 QQ、微信通信录中的联系人。

（四）为某一本图书或某一类图书建立微信群

用户在阅读某一本图书时，可以查找是否有关于该书的微信群。用户加入后，可以参与会话。

五、用户服务

为用户提供简明的服务和支持。例如，下载列表、阅读器升级、图书内容更新通知、购买记录、订单查询等。

第五章
数字出版项目策划

第一节　安全教育视频手机网站建设项目策划

一、项目背景

中国人一向以安心、安身为基本人生观，并以居安思危的态度促其实现，因而视安全为教育的一个重要环节。由于社会的进步，人类生活方式愈趋复杂，生产过程中面临复杂的作业环境，可能危害身体生命安全的情况随之增加，使得实施安全教育尤为迫切。

安全教育的目标是：控制、预防、排除及避免意外伤害事件，以维护身体生命安全；提高警觉心态，养成良好习惯，以确保生活的安全及工作的顺利；由个人身体、生命与生活安全，进而达到团体活动、企业生产、社会运作、国家生存安全。

安全教育的内容包括：日常生活安全、交通安全、生产安全、特种作业安全、社会安全、网络安全、国家安全等。例如，生活安全教育包括衣食住行、工作、运动、急救、护理、防病、防伤、防毒、防水、防火、防风、防电、防震等。

二、项目建设内容

努力实现全媒体出版，将传统出版和数字出版结合起来。在内容开发上，综合运用多种媒体形式，如：纸质版、漫画版、Flash版、APP版、视频版（微视频，通常3~5分钟，不超过10分钟）。项目重点在于异于纸质媒体的新媒体形式的运用，如漫画、Flash、视频等。

（一）以纸质图书出版为先导，结合现有出版物，完善和补充以下内容：

1. 读本。包括：小学生安全教育读本、中学生安全教育读本、公民安全教育读本（生活安全教育读本、饮食安全教育读本、交通安全教育读本）、安全生产教育读本（各行业安全教育读本、特种作业安全教育读本）等。

2. 案例。各行业安全生产案例等。

3. 百科。各级各类安全知识、科技、发展史，以及安全新闻、安全百科、安全技术、安全法律法规等。

（二）以网站建设为基础，建设安全教育知识数据库，形成内容管理系统。

（三）以手机作为主要发布模式，除网站外，借助微信平台、手机报、手机APP（多平台）等，发布知识数据库中的内容。

（四）围绕不同群体，形成合理的运营模式和盈利模式。

三、项目可行性和必要性

（一）文化产业发展专项资金扶持的第五项，即：推进文化科技创新和文化传播体系建设。对文化企业开展高新技术研发与应用、技术装备升级改造、数字化建设、传播渠道建设、公共技术服务平台建设等予以支持。本项目符合内容数字化建设、公共服务平台建设。

（二）科技和职业安全编辑室多年来专注于安全教育类内容的开发，积累了大量的基础资料和素材，如百科全书、案例、漫画等，可以用于安全教育项目的开发。项目具有良好的基础。

（三）新型媒体能够吸引用户关注和参与，具有更好的教育效果和影响力。

四、项目实施条件

（一）科技和职业安全编辑室将持续开发安全教育和安全生产方面的科普图书，为项目持续运营提供内容方面的保障。

（二）音像电子和数字出版部已经成功地开发了职业技能标准数据库，对内容数字化、多媒体内容资源开发和发布具有一定经验，能够保证项目成功实施。

（三）人保集团信息中心已经构建了基于云平台的硬件环境和存储系统，为项目实施提供了基础保障。

五、项目进度计划和资金

（一）项目进度计划

2014 年工作重点是：纸质内容资源开发，资源数字化，新型媒体资源开发；内容管理平台建设，包括安全教育知识体系构建。

2015 年工作重点是：网站开发、APP 开发。

（二）项目资金

项目类别	项目内容	数量	单价	小计/万元
内容开发	漫画	10000 幅	50 元/幅	50
	Flash	200 段	2000 元/段	40
	视频	200 段,5 分钟/段	500 元/分钟	50
	手机报	10000 条	50 元/条	50
			小计	190
网站平台开发	网站	按安全教育类别分频道建设		20
	WAP 网站	手机访问		10
	APP	多系统		20
			小计	50
基础软硬件	服务器	3 台	50000 元/台	15
	存储设备	20T	10000 元/T	20
	视频/动画工作站	5 台	40000 元/台	20
	虚拟化软件			25
	工具软件			20
	APP 开发软件			20
			小计	120
项目运营	内容数字化及加工存储	500 本	1000 元/本	50
	网站运营	5 人×2 年	60000	60
			小计	110
			总计	470

（三）项目实施

科技和职业安全编辑室、音像电子和数字出版部将陆续启动纸质资源、多媒体的开发。两部门将联合申报，争取列入人保集团数字化重点选题。

第二节 中国典型传统工艺少儿互动电子书开发项目策划

本项目设计的主要目的是宣传中国传统文化，对外输出版权。项目名称为：中国典型传统工艺少儿互动电子书开发项目（剪纸、结艺、泥塑、风筝）。

一、项目简介

中国典型传统工艺少儿互动电子书开发项目将开发 4 种基于 iOS 的互动电子书 APP，同时配套出版彩色印刷的 4 种图书。互动电子书将在苹果应用商店中发布，采用中文、英文两种语言，读者可以根据需要选择。图书采用中英文对照的形式出版发行，纸书中将印刷二维码，用智能手机扫描后，即可访问苹果应用商店，从而与互动电子书建立联系。每种纸书配套 1 个手工制作盒，提供手工制作的原材料、工具、简单图纸，供读者动手练习制作自己的作品。纸书出版后，寻求对外合作，输出纸书版权。

项目在选择我国的传统手工工艺时，一是要有典型性，能够反映我国优秀的传统文化；二是要求对少儿有吸引力、具有一定技巧性和挑战性。综合这两点，项目选择了4种传统手工工艺：剪纸、风筝、泥塑、结艺。

二、项目意义

本项目相关出版物的读者对象为中外5~10岁的少年儿童。

当前，少儿图书已经成为国内出版最为繁荣的一个板块，其中，引进版少儿图书对繁荣国内少儿阅读市场起到了重要作用。与此相对应的是，国内少儿图书的版权输出却一直是个难题。尽管国内少儿图书在装帧设计、绘画艺术、故事编撰、情节设计方面都有很大的提高，也无法为国外读者所接受。

近年来，随着我国经济实力的增长，国际上掀起了中国文化热潮，国外很多中小学已经开设中文课，学习和了解中国文化。外国人为中国文化魅力所吸引，需要了解中国传统文化，但是介绍中国传统文化的出版物却不能顺利输出。经过比较、分析和研究，我们认为文化差异、价值观是影响出版物版权输出的重要因素，尤其是少儿出版物。通过分析英国和美国的大量少儿图书，我们可以发现，这些图书强调多元文化的交流、融合，互相汲取营养，从而让少年儿童吸取异元文化中的精华元素，增进彼此间的理解，分享其他文化价值观的成果。但是，国外在引进版权时，往往会从中发现一些文化差异，有一些是可以接受的，而有一些是无法接受的。这反映在国内的少儿图书上，就是一些细节上的忽视，造成图书无法输出。

这套互动电子书以及配套纸书的开发上，将注重从国际化多元文化的视角，来选择和介绍我国传统手工工艺中的优秀元素，既让少儿读者了解一定的中国特色的元素，又让其通过动手实践，来体会参与其中的乐趣，增长知识。

任何一个国家的少年儿童都是未来，是希望。通过影响国外的少年儿童，让其对中国文化产生兴趣，了解中国的传统文化，进而理解中国的传统价值观，对于增进我国文化的影响力有着非常重要的意义。

三、项目主要内容

互动电子书由以下几部分构成：

1. 介绍（Introduction）：以故事的形式介绍该种传统手工工艺的起源、特点、艺术物色、背景知识等。介绍时文字、图片并重，以视频为辅。

2. 欣赏（Appreciation）：展示多种优秀作品，以图片为主，文字视频为辅。

3. 学做（Practice）：按操作步骤，介绍一至两个简单易做的作品的制作和工艺技法，文字、图片、视频、演示动画并重。

4. 挑战（Challenge）：演示一个较具难度的作品的制作和工艺技法，以视频和动画为主。

5. 游戏（Games）：寻找物品、形状归位、拼图、配对等。特别设计学习汉字写法的游戏，在演示介绍与工艺密切相关的汉字书写顺序及方法后，读者可以用拼图的形式，用汉字笔画拼组成汉字；进一步要求读者模仿书写。

6. 延伸阅读（More to Learn）：可以增加汉字字形演变、字义的视频介绍，作为延伸阅读内容。

7. 互动（Interaction）：跟读、指点反应（声音、动作）、拖动、音乐、模拟乐器弹奏、旋转、场景变换、开关等。在互动电子书的每一页中，设计多个不同的互动效果，以丰富读者的阅读体验，增强趣味性。

四、项目实施的基本条件

中国劳动社会保障出版社已经于2009年出版了一套10本中国民间传统工工艺技法系列培训教材，其中就包括了当前4本互动电子书涉及的内容。该套教材由冯骥才担任名誉主编，由白庚胜、于法鸣担任主编。教材中的内容，如传统工艺介绍、操作技法、作品欣赏都可以用于互动电子书的制作。已经出版的教材将为互动电子书的开发提供支撑。围绕介绍和操作技法，将拍摄短视频，制作动画。

五、项目进度安排

2014年4~5月：故事情节设计、动手制作的作品选择、视频和动画脚本设计。

2014年6~7月：故事中文版本初稿完成，翻译成英文版本；根据英文版本进行插画设计、绘制，完成样板书制作。同步开发用于制作互动电子书的视频和动画，设计与纸书配套的手工制作盒（包括材料、作品制作方案）。

2014年8月：样板书寄送到英国2~3家幼儿园、小学试读，了解读者反馈、教师的评价。根据反馈意见修改故事和插画。

2014年9~10月：互动电子书设计、开发，互动效果开发和应用。申请苹果APP商店上线。

2014年11月：互动电子书测试和试用。根据测试和试用意见，修改完善。

2014 年 12 月：互动电子书上线，在应用商店发布。纸书及与其配套的手工制作盒出版发行。

六、项目预算

序号	项目	描述	费用
1	故事撰写、视频和动画脚本编写费用	约 100 千字，千字 200 元	20000
2	插画	60 幅，平均每幅 600 元	36000
3	视频拍摄和后期加工制作	30 分钟，每分钟 800 元	24000
4	动画制作	3 节，每节 10000 元	30000
5	试读审核费用		20000
6	APP 互动及游戏制作		80000
7	应用上线		10000
8	配套图书印制成本	首印 2 万册，3 印张	50000
9	图书配套手工制作玩具盒	2 万套，每套成本 4 元	80000
	单个品种小计		350000
	4 个品种总计		1400000

七、项目经济效益和社会效益预期

纸书以及配套手工制作玩具盒，每品种首印 2 万套，预计国内销售 1 万套，国外销售 1 万套。国内每套销售定价 40 元，国外销售每套定价 19. 99 美元（或 10 英镑）。首印全部销售后，可实现码洋约 160 万元，按 50 折计算，销售收入约 80 万元。

互动电子书在苹果应用商店销售，国内用户定价 10 元；国外用户定价 2. 99 美元。预期 1 年内，国内累计销售数量为 1 万个，国外销售数量为 2 万个，可实现销售收入 46 万元。

累计可实现销售收入 126 万元。从项目本身收入来看，项目略有亏损。

项目具有明显的社会效益。一是促进了国内少年儿童对传统手工艺的了解，并通过动手加深认识，将优秀的传统文化传承下去。二是通过版权输出及进入国外玩具市场，让国外少年儿童对我国传统手工艺产生兴趣，从而了解我国的传统文化。

第三节　社区服务专业培训资源包开发项目策划

一、项目需求分析

随着经济和社会的发展，社区服务业已经成为吸纳劳动力的重要领域之一。社区服务业与传统的机械、电工和电子等专业不同，其对于从业人员的技术技能要求不高，因此，更适合于农村转移劳动力。与此同时，也应看到社区服务业更强调从业人员的职业道德和责任心，因此通过培训来提高转移就业人员的素质必不可少。

社区服务业是实践性很强的行业，从业人员的服务对象大多与人有关，因此更需要注意服务的质量，并体现个性化差异。社区服务技能培训的开展，需要适应不同的环境、条件和人群的要求，因此，在真实培训环境下，难以全面地进行实习和训练。利用数字化资源，可以较好地解决这一问题。数字化资源包可以选取较为典型的服务技能，针对多种不同的情况，使用视频或动画的形式，展示服务技能的全过程，使学员获得类似于真实环境的感受和体验，从而结合实际情境的培训，养成实用有效的技能。同时，由于视频和动画扩展了学员的认知范围，从而使得学员在日后的工作中面对不同环境或服务对象，可以针对性地做出调整，从而更好地适应服务对象的需要。

社区服务专业培训资源包开发项目，可以适应农民工培训的需要，增强培训机构的培训能力。通过资源包的开发，还可以进一步规范社区服务专业的培训，提高培训质量。

二、项目服务对象

本项目的服务对象是 18 岁 ~ 45 岁的青年农民，要求身体健康。日常生活中，培训对象已经对社区服务有了初步的认识。通过培训，可以增强培训对象的服务意识、技能水平，使之符合行业发展的需要，从而实现就业。

新一代青年农民具有较好的文化教育背景，大多具有初中以上的学历。能够自主地学习知识和技能，对于多媒体形式的培训具有较高的认同，并且有着更好的培训效果。同时，他们大多具有一定的计算机基础知识，能够使用多媒体资源和课件来辅助学习。

本项目的培训方案，既可以在职业院校、培训机构开展面授和实训教学；也可以通过网络课程开展在线培训；还可以通过光盘在计算机上运行，供学员自学。三种途径均能提升受训者的技能，从而实现转移就业的目的。

三、项目资源包架构

根据项目工作任务大纲的要求，本项目包括以下 4 个资源包：

（一）居家母婴护理岗位培训课程包

本素材包供开展居家母婴护理岗位培训时使用。根据工作任务大纲要求，素材包将包括：培训大纲、学员学材、多媒体文件、教学指导手册、教学评价文件。

本课程包的多媒体素材有两种表现形式，具体媒体形式见表5.3.1：

表5.3.1　居家母婴护理岗位培训课程包多媒体表现形式

任务模块	核心能力	学习的重点、难点、关键点	主要表现形式				
			文字	图片	视频	动画	音频
1　产妇与新生儿护理	1.1　产褥期产妇特点与护理	产妇特点	√	√	√		√
	1.2　产妇护理	产妇护理	√	√	√	√	√
	1.3　新生儿护理	新生儿护理	√	√	√	√	√
2　婴儿照料	2.1　3个月以内婴儿的生活照料	生活照料	√	√	√		√
	2.2　4~6月婴儿的生活照料	生活照料	√	√	√		√
	2.3　7~12月婴儿的生活照料	生活照料	√	√	√		√
	2.4　周岁以内婴儿的常见症状处置	常见症状处置	√	√	√	√	√
3　婴幼儿护理	3.1　照料婴幼儿的日常起居	婴幼儿的日常起居	√	√	√		√
	3.2　婴幼儿日常护理	婴幼儿日常护理	√	√	√	√	√
	3.3　婴幼儿常见疾病的护理	常见疾病的护理	√	√	√	√	√
	3.4　婴幼儿常见传染病的护理	常见传染病的护理	√	√	√	√	√

一是每种护理过程中每步操作的图片式Flash动画。动面展示母婴护理每步操作的全部细节、特征、动作要求等，并配有文字和音频介绍。二是每种护理过程的视频和动画。以视频为主，动画为辅，来介绍每种护理过程的具体操作和步骤。在视频中，适当介绍护理中需要使用的物品和工具，以及操作注意事项。

多媒体素材制作完成后，将通过专门设计的电子课件界面，使用编程方式集成在一起，存放在安装光盘中。在单机中安装（或自动运行）后，通过点击每一护理过程的名称，观看护理的详细过程，掌握其操作步骤和方法。还可以在光盘中找到每一个独立的素材文件，用于其他形式的学习和教学用途。

教学指导手册将按照每一个护理任务来介绍，对于每一个护理任务，以文字和图片的形式予以详细介绍，并适当补充在动画或视频中没有的内容，供教师在开展培训和教学时参考。

（二）居家老人护理岗位培训课程包

本素材包供居家老人护理岗位培训课程开展教学和培训时使用。根据工作任务大纲要求，素材包将包括：培训大纲、学员学材、多媒体文件、教学指导手册、教学评价文件。

本课程包的多媒体素材有两种表现形式，具体媒体形式见表5.3.2：

表5.3.2　居家老人护理岗位培训课程包多媒体表现形式

任务模块	核心能力	学习的重点、难点、关键点	主要表现形式				
			文字	图片	视频	动画	音频
1. 老年人的生理、心理特点及社会需要	1.1　老年人的生理功能变化	老年人生理功能变化知识	√	√	√		√
	1.2　老年人的心理特点及社会需要	老年人的心理特点	√	√	√		√
	1.3　老年人的心理保健	老年人的心理保健	√	√	√	√	√
	1.4　老年人的家庭照料	老年人的家庭照料	√	√	√		√
2. 日常生活护理	2.1　口腔护理	口腔护理操作	√	√	√		√
	2.2　皮肤护理	皮肤护理操作	√	√	√	√	√
	2.3　头发护理	头发护理操作	√	√	√		√
	2.4　卧床病人护理	卧床病人护理操作	√	√	√	√	√
	2.5　饮食护理	饮食护理技巧	√	√	√		√

续表2

任务模块	核心能力	学习的重点、难点、关键点	主要表现形式				
			文字	图片	视频	动画	音频
3. 常见症状护理	3.1　高热病人的护理	高热病人的护理操作	√	√	√	√	√
	3.2　头痛病人的护理	头痛病人的护理操作	√	√	√		√
	3.3　咳嗽咳痰的护理	咳嗽咳痰的护理操作	√	√	√		√
4. 常见病护理	4.1　心血管疾病的护理	心血管疾病的护理操作	√		√		√
	4.2　肺气肿病人护理	肺气肿病人护理操作	√	√	√		√
	4.3　糖尿病的主要表现及护理	糖尿病病人护理操作	√	√	√		√
	4.4　老年性痴呆的主要表现和护理	老年性痴呆护理操作	√		√		√
	4.5　肺心病的护理	肺心病人护理操作	√	√	√		√
	4.6　恶性肿瘤病人的护理	肿瘤病人护理技巧	√	√	√		√
5. 家庭常见急症应急护理	5.1　骨折的应急处理	骨折的应急处理	√	√	√		√
	5.2　煤气中毒的应急处理	煤气中毒的应急处理	√	√	√		√
	5.3　心脏骤停的就地急救	心脏骤停的就地急救	√	√	√	√	√
6. 基本康复训练	6.1　全身性康复护理	全身性康复护理方法	√		√	√	√
	6.2　预防关节挛缩、僵直、变形及功能障碍训练	功能障碍训练方法	√	√	√	√	√
	6.3　上肢及手功能的训练	上肢及手功能训练方法	√	√	√	√	√
	6.4　手脑并用作业及语言训练	语言训练方法	√		√	√	√
7. 家庭环境及用品消毒	7.1　空气消毒	消毒方法和操作	√	√	√		√
	7.2　食具的煮沸消毒	消毒方法和操作	√	√	√		√
	7.3　食具的浸泡消毒及其他消毒方法	消毒方法和操作	√	√	√		√
	7.4　衣物被褥消毒	消毒方法和操作	√	√	√		√
	7.5　便器及排泄物消毒	消毒方法和操作	√	√	√		√

续表 2

任务模块	核心能力	学习的重点、难点、关键点	主要表现形式				
			文字	图片	视频	动画	音频
8. 常见传染病防护	8.1 病毒性肝炎的预防和护理	病人护理注意事项	√	√	√		√
	8.2 肺结核的预防和护理	病人护理注意事项	√	√	√		√
	8.3 菌痢的预防和护理	病人护理注意事项	√	√	√		√

一是每一种养老护理操作的 Flash 动画展示。以图片、插图的形式，展示每一种护理操作的工具、操作技法、技巧和要点等，并配有文字和音频介绍。通过鼠标点击图片、插图中的相关元素，可以弹出更多的详细文字或声音媒体的介绍。

二是每一种养老护理操作的视频介绍。以视频为主，动画为辅，来介绍每一种养老护理操作的技巧和方法。在视频中，适当介绍护理操作过程中的相关用具，以及针对老年人特点的护理操作注意事项。

多媒体素材制作完成后，将通过专门设计的电子课件界面，使用编程方式集成在一起，存放在安装光盘中。在单机中安装或自动运行后，通过点击不同的护理操作名称，观看和浏览护理操作的特点和技巧。还可以在光盘中找到每一个独立的素材文件，用于其他形式的学习和培训用途。

教学指导手册将按照养老护理的各方面来介绍，对于每一种护理方法，以文字和图片的形式予以详细介绍，并适当补充在动画或视频中没有的内容，供教师在开展培训和教学时参考。

(三) 育婴师 (初级) 职业资格培训课程包

本课程供开展初级育婴师职业资格培训时使用。根据工作任务大纲要求，素材包将包括：培训大纲、学员学材、多媒体文件、教学指导手册、教学评价文件。

学员学材将采用任务模块式进行编写。每一任务模块根据需要划分为若干个单元。每一个单元介绍一个相对独立的技能环节，从培训目标、培训内容、操作准备、操作步骤、分析总结等。

多媒体文件将综合运用图片、视频和动画的方式来展现，具体媒体表现形式见表 5.3.3。运用 Flash 动画的方式呈现，同时辅以文字和音频介绍，让学员了解操作要点和关键。视频用于呈现操作步骤，按照任务模块中的每一项任务，清晰地展现其完成任务的操作过程，让学员掌握相应的操作技能，从而养成职业能力。

表 5.3.3　育婴师(初级)职业资格培训课程包多媒体表现形式

任务模块	核心能力	学习的重点、难点、关键点	主要表现形式				
			文字	图片	视频	动画	音频
1　育婴师的职业道德	1.1　育婴师的职业性质和定位	职业性质	√	√	√		√
	1.2　育婴师的职业道德规范和工作常规	职业道德	√	√	√		√
	1.3　育婴师的职业保护及其相关法规	职业保护	√	√	√		√
2　婴幼儿的成长特点	2.1　婴幼儿的生长发育	婴幼儿的生长发育特点	√	√	√		√
	2.2　婴幼儿的心理发展	婴幼儿的心理发展特点	√	√	√		√
3　生活照料	3.1　饮食与营养	饮食与营养	√	√	√		√
	3.2　睡眠，大小便，三浴锻炼	睡眠，大小便，三浴锻炼	√	√	√		√
	3.3　穿脱衣服和抱孩子	穿脱衣服和抱孩子	√	√	√		√
	3.4　清洁卫生	清洁卫生	√	√	√	√	√

续表 3

任务模块	核心能力	学习的重点、难点、关键点	主要表现形式				
			文字	图片	视频	动画	音频
4 保健与护理	4.1 生长发育	生长发育	√	√	√	√	√
	4.2 计划免疫	计划免疫	√	√	√		√
	4.3 常见疾病的发现与护理	常见疾病的发现与护理	√	√	√		√
	4.4 意外伤害的预防和处理	意外伤害的预防和处理	√	√	√	√	√
5 教育	5.1 安排婴幼儿的生活作息	安排婴幼儿的生活作息	√	√	√		√
	5.2 运作与运动	运作与运动	√	√	√	√	√
	5.3 语言,感知与认知	语言,感知与认知	√	√	√	√	√
	5.4 情感和社会性	情感和社会性	√	√	√	√	√

教学指导手册和教学评价文件将根据任务模块的培训目标来设计和编写。其关键是将培训内容和培训方式、方法、工具、手段、评价以及效果评估等结合起来，围绕培训内容，设计行之有效、应地制宜的培训方法，供教师在开展培训时采用。

（四）育婴师（中级）职业资格培训课程包

本课程供开展中级育婴师职业资格培训时使用。其形式与初级培训课程包类似，在内容上有适当的延伸和扩展，使之达到中级育婴师职业资格培训的要求。其具体媒体表现形式见表 5.3.4：

表5.3.4　育婴师(中级)职业资格培训课程包多媒体表现形式

任务模块	核心能力	学习的重点、难点、关键点	主要表现形式				
			文字	图片	视频	动画	音频
1　生活照料	1.1　饮食与营养	饮食与营养	√	√	√		√
	1.2　睡眠,大小便,三浴锻炼	睡眠,大小便,三浴锻炼	√	√	√		√
	1.3　清洁和消毒	清洁和消毒	√	√	√		√
2　保健与护理	2.1　生长发育	生长发育	√	√	√		√
	2.2　婴幼儿的抚触	婴幼儿的抚触	√	√	√		√
	2.3　预防接种	预防接种	√	√	√		√
	2.4　常见疾病的护理	常见疾病的护理	√	√	√		√
	2.5　早期发现发育异常	早期发现发育异常	√	√	√	√	√
	2.6　意外伤害的预防和处理	意外伤害的预防和处理	√	√	√		√
3　教育	3.1　教养环境与玩具	教养环境与玩具	√	√	√		√
	3.2　动作与运动	动作与运动	√	√	√		√
	3.3　语言,感知与认知	语言,感知与认知	√	√	√		√
	3.4　情感和社会性	情感和社会性	√	√	√	√	√
4　家庭教养指导	4.1　婴幼儿教养指导工作概述	婴幼儿教养指导工作概述	√	√	√		√
	4.2　婴幼儿家庭指导的对象、内容、渠道、形式	婴幼儿家庭指导	√	√	√		√
	4.3　与婴幼儿家长交流	与家长交流	√	√	√		√

四、项目交付物

项目最终交付物见表5.3.5:

表 5.3.5　社区服务专业资源包最终交付物

序号	资源包名称	纸质表现形式	数字资源产品形式
1	居家母婴护理岗位培训课程包	课程包培训大纲 学员学材 多媒体文件列表 教学指导手册 教学评价文件	文档电子版光盘 多媒体素材自动播放 DVD 安装型多媒体电子课件 DVD 基于数据库的在线多媒体课程
2	居家老人护理岗位培训课程包	课程包培训大纲 学员学材 多媒体文件列表 教学指导手册 教学评价文件	文档电子版光盘 多媒体素材自动播放 DVD 安装型多媒体电子课件 DVD 基于数据库的在线多媒体课程
3	育婴师（初级）职业资格培训课程包	课程包培训大纲 学员学材 多媒体文件列表 教学指导手册 教学评价文件	文档电子版光盘 多媒体素材自动播放 DVD 安装型多媒体电子课件 DVD 基于数据库的在线多媒体课程
4	育婴师（中级）职业资格培训课程包	课程包培训大纲 学员学材 多媒体文件列表 教学指导手册 教学评价文件	文档电子版光盘 多媒体素材自动播放 DVD 安装型多媒体电子课件 DVD 基于数据库的在线多媒体课程

五、项目主要阶段和进度安排

（一）项目主要阶段

根据项目管理的要求，结合社区服务专业资源包开发任务大纲中对于不同阶段交付物的要求，将项目划分为以下 5 个阶段。

1. 成立项目小组

项目确立后，由项目投标单位和约定合作单位共同成立项目小组。项目小组由管理人员、教学设计人员、教材和教学资料开发人员、技术开发人员、素材开发人员、费用控制人员等方面的人员组成。根据项目需要，还会临时选择其他相关人员参与项目。

2. 确定项目设计方案

根据社区服务专业资源包开发任务大纲的要求，对项目设计方案进行细化，编制出详细的设计方案。对任务进行分工，明确各成员的任务。

编制项目预算。根据设计方案，编制详细的项目预算。对于每一个子任务，明确质量要求、费用预计，将项目费用控制在总预算范围内。

项目设备材料准备。根据设计方案，准备项目实施需要的设备和材料。

制定项目实施计划和进度表。根据项目预算制定项目实施计划。每项子任务的执行要明确到周，并按周进行核查。

3. 执行项目实施计划

由项目组成员根据任务分工，按项目实施计划，执行各项任务。在任务执行过程中，注意时间进度控制和费用预算控制。

每周由项目经理召开一次项目例会，检查进度和任务执行情况。由项目经理提出意见，并在下一步实施中予以执行。

项目实施包括多个方面：

培训大纲的制定；

学员学材的编写，教学指导手册、教学评价文件的制定和编写；

脚本的编写、视频和图片的拍摄、视频的编辑和加工、动画的制作；

安装程序的开发、电子课件应用的开发；

资源的集成和打包；

素材说明文档的编写。

4. 项目的应用

项目初步完成后，将在约定合作单位内部进行试用，并总结使用经验。

项目内部评审。由项目组成员组织相关专家，对项目进行初步评审，提出改进意见。

项目应用及效果分析。在约定合作单位内部试用时，教师、学员对资源包提出相关意见，并对应用效果进行评价。最后形成实验性应用报告。

根据应用报告，对项目进行改进和完善。

5. 提交项目成果

组织相关专家，对项目成果进行验收。达到要求的项目成果，总结项目经验，并将项目文件归档。

（二）项目进度安排

根据社区服务专业资源包开发任务大纲，结合各时间节点的交付物，拟定的项目任务和时间进度安排。

六、项目管理和保障措施

（一）成立项目组

明确项目总负责人、项目经理、项目各方面主管，以及项目组成员。项目组按照项目管理的要求进行操作和运行。

（二）建立项目制度

1. 项目经理负责制度。由项目经理全面负责项目的运行和实施。

2. 项目主管每周例会制度。每周一，项目各方面主管召开例会，由项目经理布置和检查任务进度，并对本周的工作进行布置和安排。

3. 项目组每月例会制度。每月第一周，项目全体人员参与例会。对项目各项工作进行检查，并提出本月的工作重点。项目经理对全体组员的工作提出要求。

（三）项目控制和保障

1. 时间进度控制。由项目经理统筹进行时间进度控制。根据编制的时间进度表，在每个时间节点处，对各项任务进行检查。对落后于时间进度的任务，由项目经理提出解决办法，增加组员和投入力量。

2. 质量控制。由项目主管负责其分管任务的质量检查。每一个时间节点，与项目经理一起，对完成的任务进行质量评价。

3. 成本控制。对照进度和项目预算表，对已经完成的任务核算，是否在预算内完成任务。如果超出预算，则由项目组商量解决办法。保证在每一个时间上，把费用控制在预算范围内。

七、项目经费管理办法

（一）设立专项资金管理账户

设立专项资金管理账户，根据项目预算，对每一项费用和支出进行记账，并定期进行核查。

（二）项目经理审批制度

项目费用的支付，坚持项目经理审批制度。没有项目经理审批，项目费用不得支付。

（三）项目预算制度

严格按照项目预算进行费用支付，将费用控制在预算范围内。

（四）费用控制主管审核制度

为项目设立费用控制主管，由其对费用进行审核，并定期为项目经理提供预算执行情况报告，对下一步的预算执行提出合理意见。

八、项目产品经费概算

社区服务专业培训资源包开发项目经费总价为72000美元，具体内容见表5.3.6：

表5.3.6　社区服务专业培训资源包开发项目经费概算

序号	产品或服务	规格	数量	单价(美元)	小计(美元)
1	培训大纲	素材/课程	4种	781.30	3125.20
2	教学指导手册	素材/课程	2种	1562.50	3125.00
3	学员学材	课程	2种	4687.50	9375.00
4	教学指导手册	课程	2种	5468.80	10937.60
5	教学评价文件	课程	2种	3125.00	6250.00
6	教学脚本和原型	课程	2种	2343.80	4687.60
7	图片	张	1200	2.80	3360.00
8	动画	节(2～5分钟/节)	24节	156.30	3751.20
9	视频	节(3～8分钟/节)	100节	125.00	12500.00
10	应用程序开发	课程	4种	625.00	2500.00
11	电子课件制作	课程	4种	781.30	3125.20
12	素材包说明书	课程	2种	468.80	937.60
13	项目应用	学校	1所	2343.80	2343.80
14	效果评估	会议	2次	750.00	1500.00
15	项目验收	会议	1次	781.30	781.30
16	会议、差旅	会议	12次	125.00	1500.00

续表 7

序号	产品或服务	规格	数量	单价(美元)	小计(美元)
17	项目资料、文档整理	项目	1 项目	625.00	625.00
18	项目管理费用	项目	1 项目	1575.50	1575.50
	项目经费总计(美元)				72000.00

第四节　基于 Windows 8 的职业技能标准 APP 项目策划

在网络时代，各种信息通过网络进行发布，体现了及时、快速、为更多用户所接受等特点。因此，各种形式的网站不断建立并发布到网络上。

由于平板类手持设备的发展和普及，应用商店以一种全新的形式，成为单一功能性应用发布的主要途径。网站更多地作为综合性的发布平台。目前，基于应用商店的应用日益增多，成为信息发布和服务提供的重要途径。除了网站，信息发布和服务提供日益重视应用的开发和推广。可以说，未来每一个机构都会拥有自己的应用客户端。

作为专业出版集团，人保集团未来会将自己的多种产品、多种服务开发成为适宜的应用，从而在不同平台的应用商店推广。网站和应用并重，以博客、微博、微信、QQ 等社交功能平台为辅助，构筑和完善信息发布渠道。

一、职业技能标准查询系统的推广方式

该系统预期将以 2 种形式推广：一是开发的职业技能标准服务

网站，在人保集团提供的服务器上运行，以在线查询服务、资源服务的方式，向职业技能鉴定管理机构、职业院校和培训机构推广；二是以 U 盘为介质的电子出版物形式，将查询系统中的内容打包，基于 U 盘运行，通过传统图书销售渠道推广。

除了这 2 种方式外，针对日益普及的移动设备，我们考虑将查询系统从网站形式转换为 APP 形式，在移动设备上推广。

二、Windows 8 应用商店推广期内的优惠条件

微软公司的 Windows 8 操作系统于 2012 年 10 月 26 日在全球发布。Windows 8 操作系统是面向台式机、平板电脑、掌上设备的一体化操作系统，改变了传统 Windows 操作系统的定位，全面整合了苹果公司平板设备的商业运作模式，向 Windows 操作系统中引入了应用商店的概念，如图 5.4.1。

由于 Windows 8 刚刚发布，其应用商店中的 APP 仍偏少，因此微软公司成立了专门的部门，协助和推动 APP 的开发，促进其他

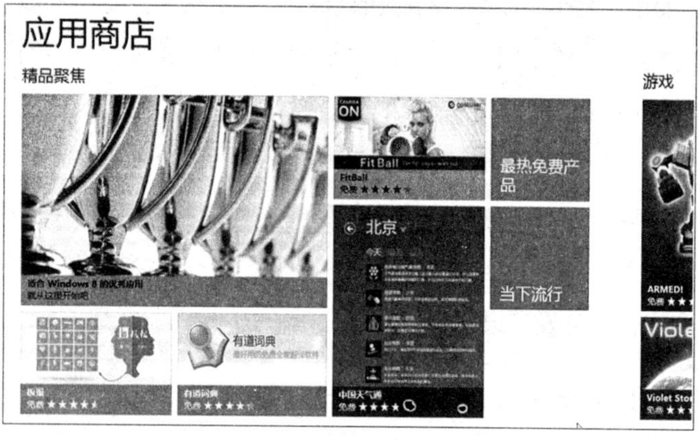

图 5.4.1　Windows 8 应用商店

平台上的应用转向 Windows 8。

微软拟在 2012 年，使中国区应用商店上线应用达到 10000 个，重点应用 100 个。对于重点应用，微软不收取任何费用，还对开发过程予以技术上的支持。

Windows 8 应用商店目前将应用划分为 20 个大类：游戏、社交、娱乐、照片；音乐和视频、运动、图书和参考、新闻和天气、健康和健身、饮食和烹饪；生活、购物、旅行；金融、高效工作、工具、安全、商业、教育、政府，并将优秀应用和新上线应用在精品聚焦中予以推介。

拟开发的职业技能标准查询 APP 为重点应用，将放在“政府”类应用中进行推广。微软承诺，将把该应用一直作为重点，并在新电脑预装 Windows 8 操作系统时，预装该应用。目前，“政府”类应用中还没有相关应用。

微软应用推广支持部门提出，将在职业技能标准查询 APP 的设计过程中，投入专业人员帮助设计和优化界面。微软还承诺将在应用开发过程中，给予不少于计费 4 万元以上的技术开发支持，直接核减应用开发成本。

三、Window 8 应用商店 APP 的优势

人保集团正在开发的职业技能标准查询系统服务的对象较广，各职业学校和鉴定管理人员均经常用到职业技能标准。微软公司希望将其纳入政府类 APP 应用，予以重点推广。微软公司提供的这次机会，为我们启动职业技能标准查询系统的移动平台推广提供了较好的机遇。考虑到微软应用商店上线后，应用数量会不断上升，用户量也会随之不断扩大，将人保集团的职业技能标准查询系统纳

入应用商店，会获得较好的广告效应，起到推广和宣传我集团教材产品的作用。通过 Windows 8 的应用商店来推广，对职业技能标准项目以及相关的数字出版工作具有重要的意义。

职业技能标准的应用人群，除职业院校等教育和培训机构、鉴定管理等政府部门外，参加技能鉴定的学员和继续教育人群，都需要了解职业技能标准，以指导自己的学习和技能提升，从而通过技能鉴定获取职业资格证书。传统的图书销售渠道主要针对机构用户，对于个人用户关注不足。以 APP 的形式在 Windows 8 平台上发布，将使更多的个人用户直接了解到职业技能标准，并通过职业技能标准了解到与鉴定考核相关的教材、资源等。由于 Windows 用户覆盖面广，其推广效应和广告效果将优于传统的平面媒体。

将正在开发的基于网络的职业技能标准查询系统转换开发为 APP，使之符合微软应用商店的要求，并建立起在移动平台上推广的商业模式。在 APP 开发时，通过职业技能标准，将人保集团相关教材与职业技能标准建立起链接，可以方便地访问集团教材介绍网页，并与网上书店建立起关联，可以实现购买跳转。由于职业技能标准查询系统 APP 分属政府类别，具有较好的权威性，加上微软公司承诺将 APP 列入前 100 名推荐，预计能够起到较好的广告效应。

四、与职业技能标准网站的对接

目前，职业技能标准服务网站正在进行资源拆分前的准备工作，明确数据结构。数据拆分已经考虑到 Windows 8 应用商店 APP 开发的需求，争取做到数据的一次处理，满足多种应用的需求。2012 年 12 月底前，会提供部分测试数据，用于网站和 APP 开发时进行测试。网站和 APP 开发完成后，只要进行数据的更新，即可在网站和 APP 中动态更新，无需重新干预。

五、职业技能标准 APP 的页面设计

（一）一级页面

一级页面有 3 个，通过 3 个大图标按钮切换，从而以不同的分类方式来呈现职业技能标准。

1. 按职业分类

依据职业分类大典，有职业技能标准的职业大类有：专业技术人员，办事人员和有关人员，商业、服务业人员，农、林、牧、渔、水利业生产人员，生产、运输设备操作人员及有关人员，如图 5. 4. 2：

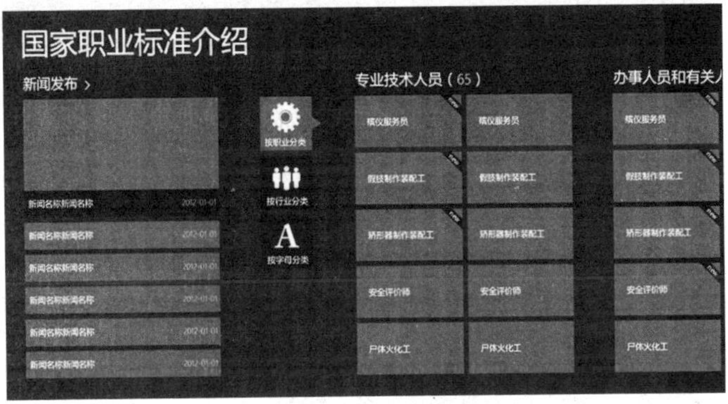

图 5. 4. 2　国家职业标准介绍页面

2. 按行业分类

目前有 36 个行业，各行业标准数量差异较大，最少 1 个，最多 110 个。

3. 按拼音导航

有22个字母下有职业技能标准，每个字母包含的标准数不一。

（二）二级页面

二级页面包括新闻页面、各职业技能标准展示页面。

1. 新闻页面

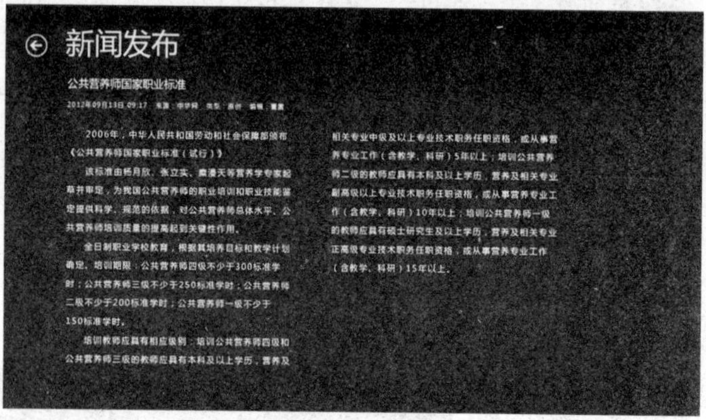

图5.4.3　新闻发布页面

2. 职业技能标准页面

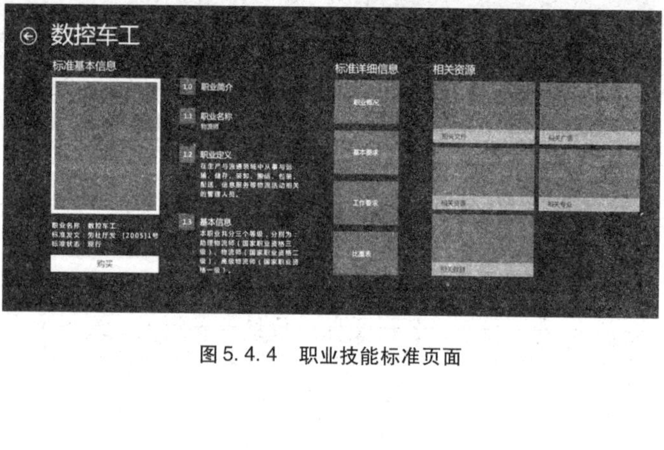

图5.4.4　职业技能标准页面

（三）三级页面

包括职业概况页面、工作要求页面。

1. 职业概况页面

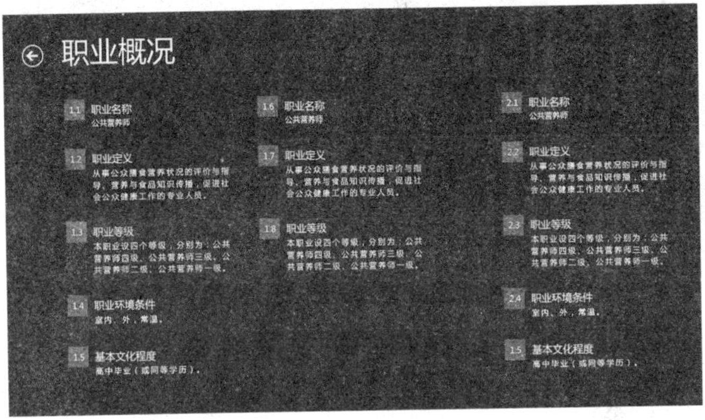

图 5.4.5　职业概况页面

2. 工作要求页面

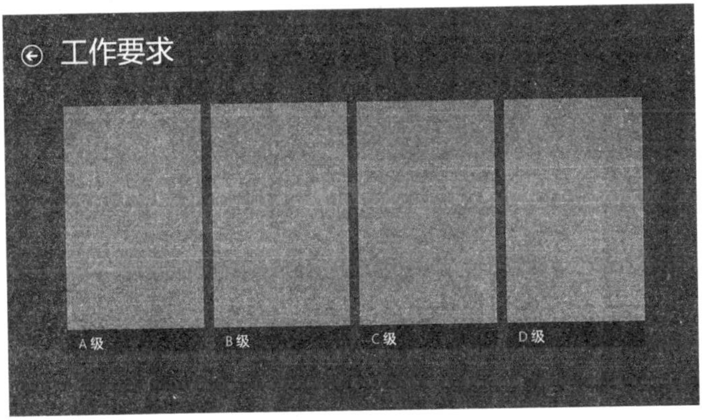

图 5.4.6　工作要求页面

（四）检索框及检索结果页面①

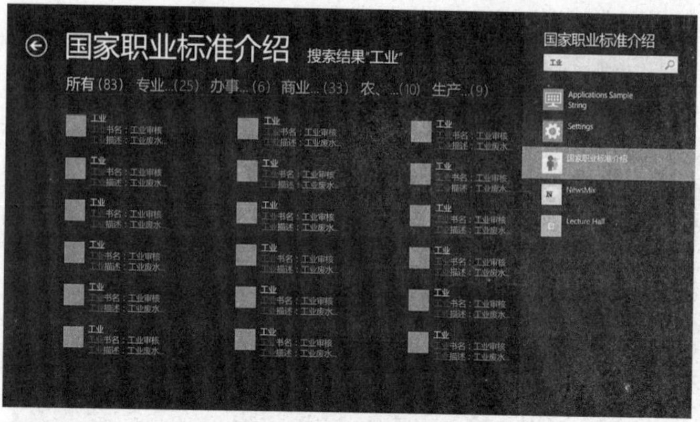

图5.4.7 检索框及检索结果页面

① 本项目页面效果由微软中国相关开发团队协助设计。

第六章
职业培训资源库项目策划

第一节　项目基本情况

一、项目名称

职业培训数字化资源库及数字出版应用示范基地建设项目。

二、项目目标

为认真落实《国家中长期人才发展战略规划纲要（2010—2020年）》的要求，实施《国务院关于加强职业培训促进就业的意见》，创造性地做好新时期的职业培训工作，加快技能人才队伍建设，人保集团组织开发和实施“职业培训数字化资源库及数字出版应用示范基地建设”项目。

本项目的总体目标是：

第一，以开发大型职业培训数字化资源库为先导，建设职业培训数字化应用平台和网站群。

第二，建立以北京为中心、辐射全国的数字出版应用示范基地，为创新职业培训模式提供数字化体验和运营支持，服务于国家技能人才振兴计划的实施。

第三，立足现有优势领域和优势资源，充分利用数字网络技术和虚拟仿真技术为职业培训提供整体解决方案，实现与职业培训相结合的数字出版产业化发展。

该项目将广泛应用于国家技能人才开发和技能振兴事业，对提高劳动者素质和技能水平、推动经济发展和促进就业有着十分重要的意义。

三、项目简介

本项目包括职业培训数字化资源库建设和数字出版应用示范基地建设两大工程。

（一）职业培训数字化资源库建设

以国家职业分类大典为依据，建立覆盖全部就业准入职业的大型、综合性数字化资源库。首批开发就业群体大、技能人才紧缺的30个职业（工种），包括300个集成全部培训资源的数字化核心技能课程资源包。每个资源包由培训计划大纲、教学材料、教学课件、教学指导文件、教学评价文件、多媒体资源库、资源说明文档等组成。其中，多媒体资源库由海量的数字化资源构成，包括原理图片、操作图片、讲课音频、讲座视频、技能操作视频、3D演示动画、Flash互动动画、模拟仿真软件、练习和测试、技能考核、试题库等组成。围绕每个职业，提供职业培训的整体解决方案，满足该职业各层次人才培训的需要。

开发职业培训辅助信息数据库，如职业信息库、培训信息库、就业信息库等。职业信息库包含千余个国家职业技能标准，依据职业技能标准开发各职业的知识点库和技能点库，通过数据链接和智能检索技术在其与数字化资源库之间建立起关联，将职业信息、培训信息、就业信息和数字化资源库紧密联系起来，更好地应用于职业培训。

开发在线培训应用平台。依托数字化资源库，开发应用于职业培训的应用平台，包括课程平台、资源中心、在线学习平台、鉴定考核平台、电子书阅读平台、APP应用平台等核心功能应用，国家职业技能标准查询、就业服务、创业服务、职业指导、职业测评、信息服务等辅助功能应用，以及论坛、会员服务、商务系统等服务性功能应用。

（二）数字出版应用示范基地建设

构建以北京数字出版应用示范基地为中心，辐射全国的60个数字出版应用示范基地。

北京基地将由职业培训基础设施应用平台、数字化培训体验中心、视频演播中心等构成。基础设施应用平台建设要满足职业培训数字化资源库在全国范围内推广和应用的需求，利用虚拟化技术，对主机、服务器存储等基础设施进行配置、整合，搭建开放、可扩展的小型机、服务器配置管理集群；建立起高性能、大容量、高性价比的分级存储系统，用于存储职业培训数字化资源库。做好数据存储、负载管理、备份等基础服务。

在全国重点职业院校和培训鉴定机构、技能实训中心建立60个数字出版应用示范基地，用于提供数字化培训体验和运营服务，推动职业培训数字化资源库的产业化应用。

建立服务于职业培训的网站集群，提供在线培训服务，打造中国职业培训的第一品牌——中国职业教育和职业培训网。围绕不同的用户群体和培训需求，从职业培训数字化资源库中选择资源，构建服务于不同用户群体的子网站和网站群，包括：由职业教育课程中心网、机电一体化课程网、院校鉴定过程化考核网、师资培训网等构成的职业教育网站群；由职业资格培训网、农民工培训网、高技能人才培训网、职业技能考核鉴定网、企业岗位培训和继续教育网、专业技术人员培训网、创业培训网等构成的职业培训网站群；并适时向其他用户群体拓展。用户可以使用不同的终端设备（PC机、智能手机、PAD等）来访问网站，获取各种培训资源与服务。

研发定制数字化职业培训电子书包，创新培训模式，为个性化培训提供整体解决方案。根据不同培训课程的需要，将数字化资源和应用软件组装成供学员直接使用的职业培训电子书包APP，并预装在PAD上。通过在全国各地建立的应用示范基地，给参加培训的学员配发电子书包，不断更新培训课程内容，以全新数字化的培训模式实现培训目的和培训效果。通过重塑职业培训产业链，使出版社由职业培训教材提供者转变为职业培训整体解决方案、一体化数字培训课程的提供者。出版社的数字出版与职业培训相衔接，实现数字出版的真正产业化，推动传统出版向数字出版的跃迁。

四、项目背景

1.《国家中长期人才发展规划纲要（2010～2020年）》颁布，党中央、国务院提出了实施人才强国战略、高技能人才振兴计划的重大决策。《纲要》要求，全面提高劳动者职业技能水平，加快技能人才队伍建设。职业培训是提高劳动者技能水平和就业创业能力的主要途径。要落实《纲要》提出的要求，必须大力加强职业培训。职业培训数字化资源库、应用软件、网站群及数字出版应用示范基地的建设，是职业培训发展和创新的基础性工作，项目的建设将大大促进职业培训工作的开展。

2.《国务院关于加强职业培训促进就业的意见》要求，建立覆盖对象广泛、培训形式多样、管理运作规范、保障措施健全的职业培训工作新机制，健全面向全体劳动者的职业培训制度，加快培养数以亿计的高素质技能劳动者。《意见》提出，“十二五”期间，力争使新进入人力资源市场的劳动者都有机会接受相应的职业培训，使企业技能岗位的职工得到至少一次技能提升培训，使每个有培训愿望的创业者都参加一次创业培训，使高技能人才培训满足产业结构优化升级和企业发展需求。

“十二五”期间，我国每年新增劳动力在千万以上。与此同时，由于产业结构的调整和升级，又有千万以上的原有就业人员不适应新岗位的要求，需要参加技能培训以提升和转换职业技能。

《意见》中提出的职业培训规模大，覆盖对象广泛，当前的职业培训能力不能满足这些培训需求。仅依赖传统的实体培训模式，难以实现《意见》提出的大规模开展各类培训的目标。

本项目提出了利用职业培训数字化资源库，开展网络和在线培训，适应了培训模式创新的需要，可以在现有实体培训的基础上，扩大培训规模，使得更多的劳动者有机会参与资源共享、水平一致的职业培训。

3. 当前，我国许多地区和行业存在着技能劳动者供不应求的现象，供需之间的结构性短缺矛盾日益突出。尤其是在制造、加工、建筑、能源、环保等传统产业和信息通信、航空航天等高新技术产业领域，技能劳动者特别是高技能人才严重短缺，结构失衡，已严重制约企业持续发展和阻碍产业结构升级。这反映出职业培训工作仍不适应社会经济发展、产业结构调整和劳动者素质提高的需要，职业培训的制度需要进一步健全、工作力度需要进一步加大、针对性和有效性需要进一步增强。要解决这个瓶颈，根本出路在于下大决心做好职业技能培训工作，提高培训质量。

本项目通过建设职业培训数字化资源库和数字出版应用示范基地，向培训机构提供职业（工种）培训的计划大纲、课程设计方案、电子课件、多媒体素材等，能够指导培训机构和职业技术院校开展培训，解决地区差异带来的技能培训水平不均衡现象，从而全面提高培训质量，提升职业培训的水平。

4. 国家推行职业资格证书制度。国家职业资格证书制度是劳动就业制度的一项重要内容，也是一种特殊形式的国家考试制度。它按照国家制定的职业技能标准，通过政府认定的考核鉴定机构，对从业者的技能水平或职业资格进行客观、公正、科学、规范的评价和鉴定，并对合格者授予相应的国家职业资格证书。推行职业资格证书制度，是实施“科教兴国”战略的一项举措，也是我国人力资源开发的重要手段。

本项目通过建设职业技能鉴定考核平台、国家职业技能标准查询系统，使得职业培训紧密参照国家职业技能标准进行，并将职业技能培训和职业技能鉴定结合起来，通过鉴定考核平台使得职业技能鉴定考核走向规范化和标准化，有助于完善职业资格证书制度。

5. 信息技术的发展和网络的普及，正在改变人们获取信息的方式，人们的阅读习惯也在发生着革命性变化。信息传递方式的改变，必然影响到人们的学习、教育和培训模式，职业技能培训正由传统的手把手式培训，向以在线、虚拟仿真培训为主的方式转换。信息和网络技术可以使学员接触和分享最优秀的培训师资、了解最先进的设备、掌握最新的技术动态，同时，虚拟仿真培训可以减少实体培训对资源的实际消耗，节省了培训成本。

职业技能培训工作的深入开展，职业培训体系的改革和创新，在现阶段已经离不开数字化培训资源的支撑。数字化培训资源及其构成的资源库，是技能培训和高技能人才培养的重要条件。

6. 数字出版快速发展，产业化模式逐渐清晰。国外数字出版在出版产业中所占的份额不断增大；国内出版企业也在探索数字出版的运营模式和盈利模式，有部分企业已经找到了可行的数字出版之路。职业培训是中国劳动社会保障出版社的优势领域，职业培训产业规模巨大，可以依靠数字出版来实现培训模式的创新和产业链的重构。开发职业培训数字化资源库，建立覆盖全国的数字出版应用示范基地，是数字出版与职业培训结合、实现数字出版产业化的一条可行之路。

五、项目必要性

1. 传统职业培训是资源消耗型培训，技能培训的成本较高。技能培训是技能养成的重要手段。当前，职业技能培训主要是通过培训机构开展各类培训班来完成的。在以实操为主的技能人才培养过程中，各级各类职业教育和培训机构面临着很大困难。包括：条件简陋、经费紧张，教材（尤其是多媒体教材）短缺，优质资源分布极不均衡、共享程度低，师资力量（尤其是实训师资力量）不足，实训场地、资源有限等。这种集中式和消耗型的培训，需要师资、场地，更重要的是实训操作时需要消耗一定的资源。部分培训机构没有开展技能培训的设备、资金或指导人员，使得技能培训只限于理论知识的讲解。即使是有实力的培训机构，也不可能让学员进行多次实训操作，因为实训的机时、材料都需要花费高昂的成本。通过视频、动画实现的网络培训，可以让学员在真实的操作环境中学习，了解操作步骤；仿真软件可以供学员动手操作，获得虚拟环境下的操作经验，以更快地适应现场操作的需要。基于数字化资源的网络培训，节省了培训机构的成本，有助于学员操作技能的养成。同时，网络和在线培训实现了优质培训资源的共享，使得资源配置落后的培训机构可以分享资源库中优秀的培养成果。

2. 现有培训模式不能满足市场需求。我国劳动力基数巨大，需要培训的人数也极为可观，实训基地的教学设备难以满足实际需求，也难以覆盖众多职业（工种）领域，高昂的设备及实训基地建设费用也令教育和培训机构望而却步。各种因素制约着技能操作培训的开展，直接影响着培训质量。因此，采用先进的技术手段、改进教学模式，提升培训质量迫在眉睫。一些急需培训的人员如农民工等，其生存压力较大，难以有固定、较长的时间参与技能培训班。这些客观存在的难点，使得职业技能培训在传统模式下难以得到深入、广泛开展。探索全新的技能培训模式成为管理部门必然的需求。网络技术的普及，当代青年受教育水平的提高，使得在线技能培训成为一种可行的选择。

3. 新技术的应用使得职业培训模式的创新成为必然。信息技术、网络技术、移动终端硬件产品的不断成熟和应用推广，使得人们的学习和阅读模式、习惯已经发生了巨大的变化。利用新技术，人们可以随时随地获得知识、参加培训。传统的集中式培训，已经不能满足移动阅读、随时参加学习和培训的需要。尤其对于在岗人员来说，他们有着提高职业素质和技能水平的真实需求，但由于忙于工作，无法抽出完整的时间参加集中式的培训。数字出版的优势在于应用新技术，将数字化的内容随时推送到世界各地的用户面前。应用数字出版，为职业培训机构和学员提供整体解决方案，适应技术发展的需要，创新职业培训的模式，是当前职业培训产业链变革的重要一环。

六、项目意义

本项目建立的职业培训数字化资源库及数字出版应用示范基地可服务于全国的职业技术院校和众多的社会培训机构，对农民工培训、高技能人才培训、企业岗位培训、创业培训、鉴定考核等都有着十分重要的意义。

1. 本项目的建设是国内职业培训的一次重大创新。项目通过学习和借鉴国外职业教育和培训领域的先进经验，构建职业培训数字化资源库以及与之相关的应用软件，改善培训条件，改变培训模式，提高培训质量。对于缓解目前职业技能培训领域公共资源不足、培训服务体系不健全等现状起到了积极的作用，具有良好的社会效益。

2. 本项目完成了职业技能培训数字化资源库的建设。满足了各地开展职业技能培训的需要，为培训机构和教师提供数字化的培训资源，提升了培训的质量；同时，通过提供课程平台、在线培训、鉴定考核等服务，使得职业技能培训的开展更加方便，培训和鉴定更加紧密地结合，从而使通过培训的人员更方便地获得职业资格证书，顺利实现就业。

3. 本项目的应用范围广泛。可应用于农民工培训、各级各类职业技能培训、职业技术教育、职业技能鉴定考核等。其中，国家职业技能标准查询系统等信息供用户查询职业信息；课程平台供培训机构、职业技术院校了解培训课程的计划、大纲、设置，获取培训课件和数字化培训资源；资源中心供教师和学员分享优质的数字化培训资源，并提供沟通和交流的平台；在线培训平台，供培训机构根据市场需要开设培训课程，实施在线培训；职业技能鉴定考核平台，供学员参加模拟鉴定考核环境的考试，并参加考核，获取职业资格证书。

4. 本项目推广的社会影响面广。国家职业技能标准查询系统建设完成，将向全国2万家职业技能鉴定站所、管理机构开放，能够提供权威、快捷、准确、全方位的国家职业技能标准文献信息服务。这对职业院校、鉴定管理部门、职业技能鉴定站所的工作有着重要的意义，使其能够准确、及时地了解国家职业技能标准的内容。同时，通过构建与其他知识库的关联，为用户提供教材、试题、专业目录等方面的信息。查询系统的建设，对于促进职业技能鉴定工作、进一步推广职业资格证书制度有着十分重要的意义。

项目开发的数字化资源将通过职业培训云平台，首先推广和应用到全国的农民工培训中。项目将首先在全国30个重要务工城市进行推广，并最终推广到全国100个主要城市。重要务工城市的年培训人次将突破10万，其他城市年培训人次在3万~5万。这对于提高操作型技能人才的素质，促使农村劳动力实现稳定就业，进一步提高农村转移就业人群的工资收入，具有十分重要的意义。

项目开发的课程平台、资源中心、技能鉴定考核平台将向全国2000多所技工院校、上万家培训机构、2万余家鉴定站所全面推广。技工院校、培训机构不仅能够获取技能人才开发的课程体系、培训计划大纲以及培训教材的相关信息，还能够使用在线培训平台开展培训。培训后的学员通过技能鉴定考核平台，方便地参加技能鉴定获取职业资格证书。

本项目建设完成后，每年受益人群将超过100万人。项目有效地覆盖了原来不能参加职业技能培训的人群，扩大了培训的规模，惠及更多的人群。通过服务于就业技能培训和岗位技能培训，本项目将全面提升我国劳动者的技能水平，为促进就业贡献积极的力量。劳动者技能水平的提升，必将使我国由制造业大国走向制造业强国，从而提升产品的国际竞争力。

5. 有利于向数字化出版转型，形成全新的盈利模式和产业模式。当前，数字出版已经由概念阶段逐步走向成熟，新的业务模式和盈利模式逐渐建立。数字出版发展迅速，出版社面临着角色转换、产业转型的关键性机遇期。借助职业培训发展的大好时机，做好数字出版工作，既顺应了职业培训产业发展的需要，也为传统出版社的数字化出版转型提供了契机。出版社利用自身的优势资源和优势领域，推出数字化培训产品，成功地介入职业培训产业链，可以实现传统出版向数字出版的跃迁，从而树立起数字出版产业化的成功案例。

第二节 项目研究

一、国内外有关在线学习开展的情况

（一）国外课程和教学平台的应用情况

英国和美国主要的教学平台有BB（原为webCT，后改为Black Board，国内称之为毕博，在国外大多高校、国内部分高校得以推广和使用）、WileyPlus，eCollege，Angel等。使用最广泛的为BB、WileyPlus。这些平台都有其相似性。考虑到WileyPlus平台的功能更完善、提供的学习和测评工具更好，这里主要以WileyPlus为例，介绍国外课程和教学平台的特点。

WileyPlus是高等教育出版商John Wiley & Sons开发的平台，其内容可以嵌入到其他的教学平台或系统中。

WileyPlus的用户有两种类型：一是教师；一是学生。WileyPlus课程和教学平台的特点是：不仅提供资源，还提供教学手段、教学工具、测评工具、学习进度追踪、个性化服务、在线考试、错题库，为教师提供了解学生学习进度、掌握水平的报告，为学生提供自我测试、了解自己水平的工具。

Prepare & Present。这主要是为教师服务的功能，为教学做好准备。教师可以在其中设置自己的课程，并为课程选择需要的资源。教师也可以上载自己的资源。在这里，供选择的资源有多种，包括随书 CD 中的资源、学生使用的资源、上课时的演示、图片库，还为在线教学提供了授课的工具。

Read, Study & Practice。这是为学生在线学习提供的功能。教师在课程中为学生选择的资源都以目录的形式，展示在这里。学生可以根据自己的意愿安排学习。点击目录，可以进入每一章节的学习，每一章节中的内容有：阅读内容（又细分为开篇、正文、学习指导、关键术语、应用等）、自我测试、学习卡片（Flash Cards）、音频（mp3 文件）、视频。还提供真实的商业应用、学习解决方案、学生学习指导、提问区、在线小测试等。

Assignment。作业，对于教师来说，可以通过这一功能来布置作业。可以从资源中选择相应的题目作为作业，也可以添加题目到系统中。并对作业进行详细的设置，例如何时可以开始做，可以尝试几次，几次后给出提示，何时给出正确解答等。

对学生来说，需要在规定的时间内完成作业。

Gradebook。作业记录。作业的完成情况、得分、每一题的具体情况都会记录在这里，供教师进行教学效果的分析。并能够显示全班的整体情况，供比较和分析。

总之，WileyPlus 是一个功能强大的教学平台和在线学习系统，提供了众多的教学工具和学习辅助工具。它不是简单的在线学习系统，而是提供了分析手段，具有相当智能化的设计。

其他教学平台，如 BB，还可以结合其他实时视频工具、在线交流等，开展实时在线培训。教师在学校的讲课视频，可以通过网络实时传送到世界各地，远程在线学员能够实时收看到在学校课堂中的教学实况，并通过交流工具提出自己的问题，参与教学互动。教师在讲课的过程中，也实时予以解答或回复。

（二）国内课程和教学平台的应用情况

真正意义上的课程平台不仅提供课程资源，同时提供在线学习工具、实时解决学生问题的。南京师范大学的课程中心，是建设得较为完善的课程平台之一，它是教师课程建设的结果，也用于在线学习，在线学习使用的是 BB 的技术，但教学手段和工具相对单一，仅限于学生在线阅读。没有在线测试和评分，没有智能化的分析手段。学生可以通过讨论板发表意见和提问，但不能实时交流。

二、国内外有关数字出版产业化的情况

（一）国外数字出版情况

1. 数字出版成为主流。数字出版物的比例越来越大，数字资源也越来越多。国外一些著名的专业出版社在数字出版领域已经进行了多年的探索，建立起了成功的商业模式。例如，以 Elsevier 为代表的文摘和引文数据库模式；以 Springer 为代表的图书和期刊数据库模式；以 Taylor & Francis 为代表的在线服务模式；以 Oxford University 为代表的按需出版模式等。据报道，Elsevier，Springer 等出版社数字出版物的收入已经占到总销售收入的 70%，甚至更多。

2. 数字出版形成了成熟的网络运营模式。网络既是传统出版营销的升级工具，也是数字内容产业的运营平台。Pearson，McGraw-Hill，Cengage 等几大教育出版集团，积极投入在线教育领域，开发各类在线产品，其营业收入随着规模扩大而稳步提升。其在线产品的盈利模式在很大程度上要借助纸质产品来实现，所以无

法严格区分纸质产品与数字产品在这类商业模式中的比例和增幅。但传统纸质产品收入源和数字在线产品收入源形成了协同，有望实现营业收入上的叠加效应。这种混合体的模式还会是未来一段时间内最主要的运营模式。

3. 已经形成一批相对完善的数字出版标准。在国外，不少大出版集团很早就认识到了标准化的重要性，在产业转型和升级的过程中发起和主导了多项数字出版相关标准的制定。如 ePub 电子书格式就是由兰登书屋和哈珀·柯林斯等多家出版商联合美国出版商协会、国际数字出版论坛制定的。

（二）国内数字出版情况

1. 数字出版产业化仍在探索过程中。国内出版业正在积极投入数字出版。部分出版机构利用自身的优势，找到了可行的数字出版盈利模式。

例如，同方知网的知识库销售模式，是将收集、整理的纸质资源，经过加工，整合成为知识库，打包提供给教育院校、图书馆等机构用户，较好地实现了数字化资源的运营和收益。

人民卫生出版社的卫人网，将医学领域的专业出版与专业化信息服务结合起来，打造了医学职业资格培训和继续教育的品牌服务网站。通过资源建设，带动专业化服务。卫人网已经取得较好的收益。

2. 尚没有出台统一的标准。数字出版标准化，有利于数字出版链条上的参与各方实现利益均衡，分工合作，整体降低成本，用有限的资源实现效益的最大化，实现技术兼容、数字内容的互联互通和共享。数字出版标准化的重要性毋庸置疑，但此项工作的现状却不容乐观。一是目前业界对数字出版标准化的认识还存在盲目性，认为与传统出版标准化完全没有关系，要制定数字出版标准就要重新制定一套与传统出版标准完全不同的标准；二是业界的认识还不够深入，对数字出版到底应该制定哪些标准、哪些标准是目前市场急需的等问题，还没有达成一致的意见；三是我国基础性标准和传统出版标准尚很薄弱和不健全，直接影响到了数字出版的发展。

三、国内外相关项目开展对本项目的借鉴意义

国内外相关项目的开展，为职业技能培训数字化资源库建设、职业培训云平台建设提供了较好的参照和借鉴。本项目将认真研究国内外相关项目的特点，不断探索符合职业技能培训需求的资源建设和开发方案，建设具有职业技能培训特点的各职业（工种）课程资源；设计和开发有效的在线培训平台、课程平台、资源中心、鉴定考核平台，并通过门户网站对项目进行推广；搭建高效、实用、可靠的培训云平台，服务于农民工培训、职业技术院校教学、高技能人才培养、职业技能鉴定，通过职业培训数字化的创新模式，使传统出版社走出一条成功的数字出版产业化之路。

第三节　项目的现有基础及可行性分析

一、职业教育和培训的发展态势良好

职业教育和职业培训的蓬勃发展，以及职业技能鉴定的广泛开展，对数字化培训资源开发、建设、应用提出了明确的需求，职业培训数字化资源库的应用前景广阔。

（一）职业教育

我国的职业教育经过近 30 年的发展历程，已经具备较为完善的教学模式和教学大纲，各职业（工种）拥有成熟的培养体系和教学规划，为本项目的实施奠定了教学基础。

我国职业教育生源充足，岗位需求量大。温家宝总理在全国职业教育工作会上指出："中国正举办着世界上规模最大的职业教育"。"十二五"期间，计划培养高技能人才数量突破 4000 万人，对于各职业院校来讲，生源是稳定充足的。此外，根据人保部最新的统计数据显示，目前高等职业教育与普通高校相比，学生的就业率已基本持平，达到 80% 以上。可见，未来职业教育的发展拥有着广阔的空间。

人保部2009年启动的全国技工院校一体化课程教学改革，在推动教学教研上取得了阶段性的成果。

（二）职业培训

职业培训是提升就业能力的重要途径。《国务院关于加强职业培训促进就业的意见》指出，加强职业培训是促进就业和经济发展的重大举措。职业培训是提高劳动者技能水平和就业创业能力的主要途径。文件要求，大力开展就业技能培训，切实加强岗位技能提升培训，积极推进创业培训。职业培训是贯彻落实人才强国战略，加快技能人才队伍建设，建设人力资源强国的重要任务；是加快经济发展方式转变，促进产业结构调整，提高企业自主创新能力和核心竞争力的必然要求；也是推进城乡统筹发展，加快工业化和城镇化进程的有效手段。职业培训的范畴很广，包括农民工培训、高技能人才培养、企业内部培训等。

当前，在职业培训开展的过程中，培训管理部门、培训机构和企业主体，都对数字化培训资源提出了迫切的需求。开发和建设数字化资源库，并进行推广和应用，是适应当前培训需求的重要举措。

（三）职业技能鉴定

职业技能鉴定是技能人才培养评价标准体系的重要一环，在职业培训中起着重要的引导作用。目前，全国有鉴定站所2万余家，每年参加院校鉴定、社会化鉴定、企业鉴定的人数在千万人次以上。职业技能鉴定考核平台的建设，可以为劳动者提供及时、方便、快捷的职业技能鉴定服务，同时，可以完善技能人才评价制度。

二、教材和数字化资源开发的研究

项目接受全国职业培训教材工作委员会办公室的指导。全国职业培训教材工作委员会办公室作为专业性的研究机构，为数字化资源库建设和应用提供了丰富的研究成果和相关的经验。

全国职业培训教材工作委员会的主要任务有：研究提出职业培训教材建设的总体思路和发展方向；指导协调各地区、各部门职业培训教材建设工作；审议全国职业培训教材建设中长期规划；指导职业培训教材基础理论研究工作，审议教材课题研究计划，审定评估研究成果；研究教材改革方向和基本原则，审议确定与教学改革配套的教材开发方案，组织教材改革成果认定和推广工作。

委员会由人力资源和社会保障部各有关单位负责人、有关部门劳动保障机构（或教育培训机构）和地方人力资源和社会保障部门负责职业培训工作的人员组成。委员会设立了四个专业委员会：职业院校教材专业委员会、职业培训与鉴定教材专业委员会、企业培训专家委员会、教材使用指导委员会。

委员会下设的办公室（简称教材办）长期从事职业教育教材、专业的改革与研究工作。

教材办的研究成果和工作经验，为数字化资源的开发和建设提供了良好的基础，保证了资源开发的有效性和适用性。正是基于教材办的研究成果，项目首批选择 30 个急需改变教学和培训模式且适合模拟仿真教学的职业（工种），进行数字化资源的开发和建设，后续将随着项目进展及经费情况逐步扩充。

教材办还通过与行业部门、地方培训管理部门建立起广泛的合作，为数字化资源开发和建设项目的应用和推广，提供了良好的运行和合作机制。

三、积累了海量的基础资源

中国劳动社会保障出版社作为职业教育和职业培训教材开发和出版的重要基地，为数字化资源库建设提供了海量的基础资源，以及数字化资源开发和出版的经验。

（一）纸书资源

在全国职业培训教材工作委员会办公室的指导下，中国劳动社会保障出版社开发出版了各类职业教育和职业培训教材五千五百余种，音像电子出版物七百余种（包含教材配套的网络课程、多媒体课件、仿真软件等各类音像电子产品），形成了独具特色的职业教育、职业培训和职业技能鉴定教材品牌。

在图书和教材开发过程中，还配套开发了各职业（工种）的鉴定考试模拟题库。这些教材、标准、题库等纸质出版物，其数字化排版文件均得以保存，为项目的开发提供了重要的支撑，为数字化资源库的建设提供了良好的基础。

（二）音像电子产品

中国劳动社会保障出版社有音像电子出版权和网络出版权。专门设有音像电子和数字出版部，负责音像教学片的开发、数字资源的开发和制作等。多年来，开发了近千种音像教学片、电子课件、网络课程等。这些工作均为项目的实施提供了基础的数字化资源。

音像电子和数字出版部多年来承接各种宣传片、广告片的制作，积累了丰富的视频拍摄和制作经验。目前正在开展数字出版的尝试和探索，并努力实现向数字出版的转型。数字化资源库的开发和建设，为音像电子和数字出版部开发数字化产品提供了契机。

四、持续的信息化基础设施建设

中国劳动社会保障出版社的信息化建设，为数字化资源库建设提供了良好的硬件和软件基础。

（一）信息化建设

通过多年的信息化建设，建立起了较为完善的局域网系统，为网站建设提供了合理的带宽和完善的硬件支持。

（二）数字化资源管理系统建设

出版社已经建成的数字化资源管理系统，为数字资源的存储和利用打下较好的基础。传统的纸书资源，将通过拆分、标引和存储的方式，存储在资源管理系统中。

数字化资源管理系统的建设，对于数字化资源的入库和管理，提供了可参考的经验。数字化资源开发和建设项目中，对于资源的存储、管理、发布，均可利用资源管理系统加以综合管理。

五、集中职业教育和培训领域的优势资源

中国劳动社会保障出版社是国内重要的职业教育和培训教材、配套音像电子产品开发和出版单位。本项目还汇集了国内最具优势的职业教育和培训资源，包括：一线最优秀的职业教育院校和机构120余家，全国各地职业技能鉴定考核站所和管理机构300余家，全国职业技能实训中心及定点实训机构20余家。

第四节　项目整体架构

项目整体架构分三方面：职业培训数字化资源库架构、职业培训云平台架构、数字出版应用示范基地架构。

一、职业培训数字化资源库整体架构

职业培训数字化资源库建设包括三方面的工作：一是开发新的数字化资源，这是本项目的核心工作，包括视频拍摄、图片拍摄、动画制作、模拟仿真软件开发；二是现有资源的加工、整理、标引、分类，以及相关信息的搜集和整理；三是资源的入库、管理，建立起各类数据库。数字化资源库整体架构见图 6. 4. 1。

（一）职业培训数字化资源资源库

包括 30 个职业（工种）的资源子库，每个子库包含以下数据库：培训计划和大纲数据库；职业培训课程数据库；教学材料数据库；电子课件数据库；教学指导文件数据库；教学评估文件数据库；多媒体素材资源库；多媒体素材说明文档数据库。

其中，多媒体素材资源库又包含以下子库：原理图片库；技能操作图片库；讲课视频库；技能操作视频库；三维动画库；Flash

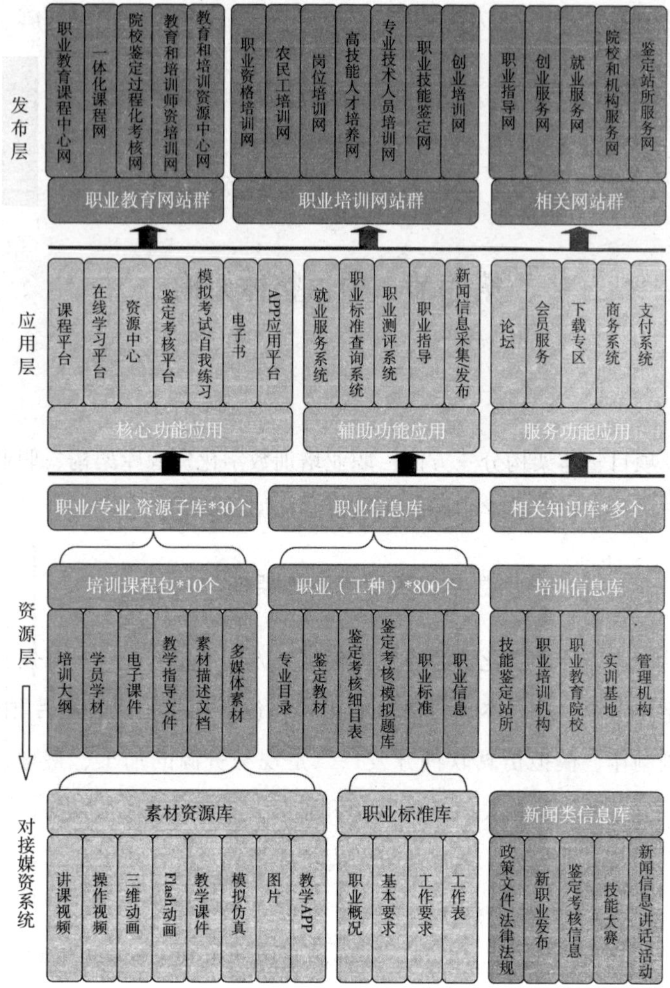

图 6.4.1　数字化资源库整体架构①

① 为了显示资源、应用软件、网站三者之间的关系，图中不仅列出了资源库的架构，还显示了基于资源的应用软件、网站集群，后两者将在职业培训云平台建设中详细描述。

动画库；音频库；教学课件库；模拟仿真软件库；教学 APP 库。

（二）职业信息库

包括各类职业信息，主要包括以下数据库：国家职业技能标准数据库；专业目录数据库（依据职业教育和培训专业目录，兼顾教育部和人保部的不同体系）；培训计划大纲数据库；职业介绍视频库；职业技能鉴定考核题库；鉴定考核知识点数据库；鉴定考核技能点数据库；鉴定教材数据库。

其中，国家职业技能标准数据库又包含以下子库：职业概况数据库；工作要求数据库；基本要求数据库；鉴定考核比重数据库；就业准入职业数据库；全国统考职业数据库；职业基本信息数据库。

（三）培训信息库

包括各级各类的职业教育和培训机构信息，包含以下数据库：职业教育院校数据库；职业培训机构数据库；鉴定站所数据库；实训基地数据库；职业教育、培训、鉴定管理机构数据库。

（四）新闻类信息库

包括与职业教育、职业培训、职业技能鉴定考核等方面的新闻信息，主要包含：政策文件（法律法规数据库）；新职业动态（新职业发布数据库）；鉴定考核信息数据库；技能大赛信息数据库；新闻（活动、事件数据库）。

除了上述数据库外，还包括相关知识库，如支撑应用层和发布层需要的其他数据库。

二、职业培训云平台架构

职业培训云平台整体上由三大层次构成：基础设施云、平台云、软件云。

（一）基础设施云（IaaS）架构

利用虚拟化技术，对主机、存储、网络、其他硬件等基础设施进行配置，对主机、服务器进行整合，搭建开放、可扩展的小型机、服务器、云平台配置管理集群。建立起高性能、大容量、高性价比的分级存储系统，用于存储职业培训数字化资源库。通过基础设施建设，提供数据存储、负载管理、计算机服务、数据备份等基础服务。

（二）平台云（PaaS）架构

平台云是中间层，它将现有各种业务能力进行整合，例如应用服务器、业务能力接入、业务引擎、业务开放平台等。它向下根据业务需要测算基础服务能力，通过 IaaS 提供的 API 调用硬件资源；向上提供业务调度中心服务，实时监控平台的各种资源，并将这些资源通过 API 开放给 SaaS 用户。

（三）软件云（SaaS）架构

软件云是根据用户需求，按需提供服务。职业培训的软件云分为软件应用层和网站应用层。当特定用户需要相应的职业培训服务时，可以从数据库中提取针对该用户群的数字化培训资源，利用需要的软件应用，快速搭建起面向用户服务的网站。

1. 应用软件。资源的应用是针对存储在各类数据库中的资源，开发各种功能性应用。围绕职业培训资源库的应用大致可以分为三类：核心功能应用、辅助功能应用、服务功能应用。

核心功能应用包括以下几个服务于职业教育和培训的功能：课程平台；在线学习平台；资源中心；模拟考试平台；鉴定考核平台；自我练习平台；电子书平台；APP 应用平台。

辅助功能应用包含为职业教育和培训服务的相关功能应用，如职业测评系统；职业技能标准查询系统；职业指导系统；就业服务系统；新闻信息采集（发布系统）。

服务功能应用是指在 Web 2.0 时代，强调用户参与，以及建立起符合用户需求的服务和商务系统。它包含论坛、会员服务、下载专区、商务系统、支付系统、统计分析系统等。

在上述三大类功能应用的基础上，还可以根据未来新的需求，开发更多的功能应用。

2. 网站集群。根据不同用户群的需求，将各种应用功能组织起来，构成服务于不同对象的网站，并进行发布。发布后的网站群由专门成立的运营管理部门负责日常更新和维护，对用户提供高效优质的信息服务。

网站服务的对象不同，其需要的应用功能不同，可以根据需要从应用层中调取各类应用，组织在不同的网站界面中，提供给用户。

同时，服务的对象不同，网站需要的资源也不同，这时就需要由应用层从资源层中根据特定的服务对象来调取数据。

发布层针对不同的用户开发的网站包括：

职业教育课程中心网站——服务于职业院校、培训机构的课程建设，提供专业课程相关的资源、教材、课件、视频、动画等，提高教学质量。

技能培训资源中心网站——提供职业教育和职业培训的各类资源。

职业资格培训网站——为各个职业、各个等级的职业资格培训服务，提供培训课程，以及职业资格考核和技能鉴定相关的服务。

农民工培训网站——以引导性培训和技能培训为主，覆盖当前农民工培训的主要职业（工种）。

高技能人才培养网站——围绕高技能人才培养，构建服务于高技能人才培养的网站。

技能鉴定服务网站——围绕技能鉴定工作，为鉴定管理机构提供职业技能鉴定方面的服务。

院校鉴定过程化考核网站——围绕职业院校一体化课程开发，为一体化专业提供技能培训课件，使得学生的技能培训规范化，并对学生的学习情况进行记录，以便对院校实施过程化考核，从而推动职业技能鉴定在职业院校的推广和应用。

职业指导网站——为学员提供职业指导服务，包括职业测评、职业指导等，使学员对自身素质有一个明确的认识，从而进行职业生涯规划，选择相应的培训课程参加培训。

就业服务网站——对学员提供就业服务，包括就业信息、劳动者权益维护等。

创业培训和服务网站——为学员自主创业提供支持和服务，不仅提供创业方面的培训，还为初始创业者提供咨询服务。

三、数字出版示范基地架构

项目将在北京建立数字出版示范基地，作为项目应用和推广的中心。同时，在全国各重点城市建立示范基地，提供数字化职业培训体验和支持服务。通过建立在各地的示范基地，与职业培训机构、鉴定站所等用户单位建立起覆盖全国的数字化培训网络。

职业培训云平台建设在北京中心，通过 Internet 向全国各示范基地的镜像服务器提供职业培训整体解决方案，包括提供数字化课程资源和课程的电子书包。全国各示范基地负责向培训机构、鉴定站所以及个人用户推广数字化培训产品，举办产品推介会，通过基地的数字化培训体验中心进行宣传和推广。同时，通过基地的日常运营，为全国的用户提供服务和支持。

第五节　项目实施方案

一、项目组织机构

本项目将按照项目管理（PMP）的要求，按照项目范围管理、项目时间管理、项目成本管理、项目质量管理、人力资源管理、项目沟通管理、项目风险管理、项目采购管理、项目集成管理的各项要求，实施规范化的管理，以确保项目任务完成。

本项目由职业培训教材工作委员会办公室负责组织，中国劳动社会保障出版社具体实施。项目团队由 5 个小组构成，分别是：领导小组、执行小组、课程及资源开发小组、技术支持小组、专家顾问小组。

（一）项目领导小组

项目领导小组是项目实施的领导机构，负责项目的组织、协调，调集各方面的力量，论证、通过并组织实施项目工作方案。主要成员来自：人力资源和社会保障部职业能力建设司；中国就业培训技术指导中心；全国职业培训教材工作委员会办公室；中国劳动社会保障出版社。

（二）项目实施小组

项目具体实施由中国劳动社会保障出版社负责。

（三）课程及资源开发小组

根据具体的职业（工种）组建课程及资源开发小组。课程及资源开发小组负责课程设计，组织数字资源的开发。在全国范围内，为职业（工种）的数字化资源子库开发选择3家以上的重点职业技术院校，作为课程及资源开发小组的成员。参加课程及资源开发的重点职业技术院校达到150家以上。

（四）技术支持小组

技术支持小组负责项目应用平台和网站的设计和技术提供。技术支持小组由4方面的人员组成。

（五）项目专家顾问组

专家顾问组负责项目对功能及设计进行审定，对项目的应用提出意见和建议，确保项目的正确实施。专家顾问组成员的来源同项目领导小组。

二、项目主要阶段和阶段性任务

根据项目管理的要求，结合本项目的实际情况，将项目划分为以下8个阶段。

（一）项目启动阶段

在这一阶段，主要是完成项目的相关准备，成立项目小组。

相关准备包括：做好项目的预备研究，对同类项目做好分析、比较，明确项目目标。

成立项目小组。分别成立上述5个项目小组，明确各个小组的职责和分工。最重要的是成立本项目的实施小组。项目实施小组由管理人员、课程和教学设计人员、教材和教学资料开发人员、技术开发人员、素材开发人员、费用控制人员、网站设计人员等多方面的人员组成。根据项目需要，还会临时选择其他相关人员参与项目。

（二）需求分析阶段

对本项目的需求做出清晰的分析，并细分出不同的任务模块；根据各任务模块的特点，确定其设计方案、任务完成标准、交付物的要求，并设定交付时间。

根据各专业（工种）中资源子库开发任务大纲的要求，对项目设计方案进行细化。

根据设计方案，编制详细的项目预算。对于每一个子任务，明确质量要求、费用预计，将项目费用控制在总预算范围内。

项目设备材料准备。根据设计方案，对项目实施需要的设备和材料进行准备。

制定项目实施计划和进度表。根据项目预算制定项目实施计划。每项子任务的执行要明确到周，并按周进行进度核查。

（三）示范基地建设阶段

项目首先将在北京大兴兴建数字出版示范基地。其中的重要一环是云平台建设。云平台基础设施根据项目推广要求和规模、数据量大小、应用和服务的访问量等，确定硬件和软件配置。依据可靠性、高性价比、可扩展等要求，构建云平台基础设施。

其次，项目将在全国建立60个应用示范基地，用于提供数字化培训体验和服务中心。全国各地的基地建设，可以联合重点技工院校、鉴定站所、实训基地等共同建设，利用其现有的场地进行建设。可以先选择重点城市试点建设和应用，然后普及到全国各地。

通过基地建设，建立起职业培训数字化产品应用和推广的全国性运营网络。

（四）资源开发阶段

将每个资源子库独立成子项目来开发。资源子库开发任务通过招标的方式，由职业培训机构（职业院校、培训机构等）承接其中的课程设计，并物色有条件的单位提供视频拍摄的场所，并对动画、图片、模拟仿真软件等提出详细而具体的要求；由动画制作公司、视频拍摄和制作公司承接动画、视频制作任务；由该子项目的专家团队负责对培训方案、纸质资源、数字资源进行审定。

由项目组成员根据任务分工，按项目实施计划，执行各项任务。在任务执行过程中，注意时间进度控制和费用预算控制。

每周由项目经理召开一次项目例会，检查进度和任务执行情况。由项目经理提出意见，并在下一步实施中予以执行。

（五）资源存储和数据库建设阶段

数字资源的存储，包括：传统纸质资源的数字化转换，拆分、标引、分类后存入数据库；新开发的数字资源，加工标引、分类后存入数据库。

数字资源的管理，包括：内容管理系统的前台和后台，知识体系、技能体系构建等。

（六）应用软件开发阶段

网络平台及应用软件的设计和开发，包括：在线学习平台、在线培训平台、鉴定考核平台、国家职业技能标准查询系统等。

网站的设计和开发，包括：职业技能培训门户网站，各专题子网站（农民工培训网站、职业技能培训网站、职业教育课程中心网站、职业培训数字化资源中心网站等）。

（七）上线运行阶段

项目初步完成后，将在合作单位内部进行试用，总结试用经验。初步确定在全国选择60家代表性培训机构试用，并反馈意见。

项目内部评审。由项目组成员组织各方面专家，对项目进行初步评审，提出改进意见。

项目应用及效果分析。在合作单位试用时，教师、学员对资源包提出相关意见，并对应用效果进行评价。最后形成实验性应用报告。根据应用报告，对项目进行改进和完善。

（八）项目验收和推广阶段

组织相关专家，对项目成果进行验收。达到要求的项目成果，总结项目经验，并将项目文件归档。在全国范围内的职业技术院校和培训机构进行推广。

三、各职业（工种）数字化资源子库开发方案

各职业（工种）数字化资源子库开发流程如下：

（一）设计数字化资源子库的构成

分析职业（工种）的特点，确定资源子库应包括的课程包，以及每个课程资源包包括的内容，多媒体资源的表现形式等。

（二）明确资源包交付物要求

以中餐烹饪专业的5门课程为例，要交付的资源包有：烹饪原料及初加工课程素材包、中餐烹调工艺课程素材包、中餐通用烹调技术就业培训课程素材包、中式烹调师（初级）职业资格培训课程包、中式烹调师（中级）职业资格培训课程包。

其中，纸质资源表现形式有：培训大纲、多媒体素材列表、素材包说明书、素材属性描述文件、教学指导手册。数字资源产品表

现形式有：文档电子版光盘、多媒体素材自动播放 DVD-ROM、安装型多媒体电子课件 DVD-ROM、多个独立 APP 数字产品（APP 电子书包）、基于数据库的在线多媒体课程、多媒体资源包。

（三）确定课程包多媒体表现形式

每门课程的多媒体表现形式见下表（以中餐烹饪专业中的中式烹调师中级的职业培训课程包为例）：

表 6.5.1　中式烹调师（中级）职业培训课程包多媒体表现形式

任务模块	核心能力	学习的重点、难点、关键点	主要表现形式				
			文字	图片	视频	动画	音频
1. 烹饪原料的识别	1.1　烹饪原料的选择	原料的选择	√	√	√		√
	1.2　烹饪原料的储存方法	原料的储存	√	√	√		√
	1.3　种子植物蔬菜的识别	原料的识别	√	√	√		√
	1.4　孢子植物蔬菜的识别	原料的识别	√	√	√		√
	1.5　禽畜类原料的识别	原料的识别	√	√	√		√
	1.6　水产类原料的识别	原料的识别	√	√	√		√
	1.7　调料的识别	原料的识别	√	√	√		√
2. 烹饪原料的初加工	2.1　鲜活原料的初加工	原料的初加工方法	√	√	√	√	√
	2.2　干货原料的涨发	涨发方法	√	√	√		√
	2.3　动物性原料的部位取料	动物性原料的取料方法	√	√	√		√
3. 刀工美化	3.1　剞花刀法概述及分类	剞花刀法分类	√	√	√		√
	3.2　剞花刀法的原则	剞花刀法的原则	√	√	√		√
	3.3　常见的剞花刀法	剞花刀法	√	√	√	√	√
4. 配菜	4.1　配菜的作用	配菜的作用	√	√	√		√
	4.2　配菜的要求	配菜的要求	√	√	√		√
	4.3　配菜的原则	配菜的原则	√	√	√		√
	4.4　配菜的方法	配菜的方法	√	√	√		√

续表

任务模块	核心能力	学习的重点、难点、关键点	主要表现形式				
			文字	图片	视频	动画	音频
5. 火候	5.1 火候的热传递方式	热传递方式	√	√	√		√
	5.2 火候的掌握	火候的掌握	√	√	√	√	√
6. 制汤	6.1 制汤的基本原理与原则	制汤的基本原理	√	√	√		√
	6.2 普通清汤的制作	清汤的制作方法	√	√	√		√
	6.3 普通白汤的制作	白汤的制作方法	√	√	√		√
7. 施芡增稠	7.1 施芡的作用及原理	施芡的原理	√	√	√		√
	7.2 芡汁的分类	芡汁的分类	√	√	√		√
	7.3 施芡的方法	施芡的方法	√	√	√		√
	7.4 影响施芡的因素	影响施芡的因素	√	√	√		√
8. 调味	8.1 味觉	味觉	√	√	√		√
	8.2 调味的原则	调味的原则	√	√	√		√
	8.3 调味的方法	调味的方法	√	√	√		√
	8.3 常见味碟的调制	常见味碟的调制	√	√	√		√
	8.5 调味品的摆放	调味品的摆放	√	√	√	√	√
9. 冷菜的盛装	9.1 冷菜盛装的基本要求	冷菜盛装的基本要求	√	√	√		√
	9.2 冷菜盛装的步骤和方法	冷菜盛装的方法	√	√	√	√	√
	9.3 冷菜装盘的类型	冷菜装盘的类型	√	√	√		√
10. 烹调方法	10.1 热菜的烹调方法	热菜的烹调方法	√	√	√		√
	10.2 冷菜的烹调方法	冷菜的烹调方法	√	√	√		√

（四）确定数字化资源子库开发标准

为了做好数字化资源子库的开发，保证项目执行时各子库的统一，以及便于管理和存入数据库，将预先制作系列标准，见下图：

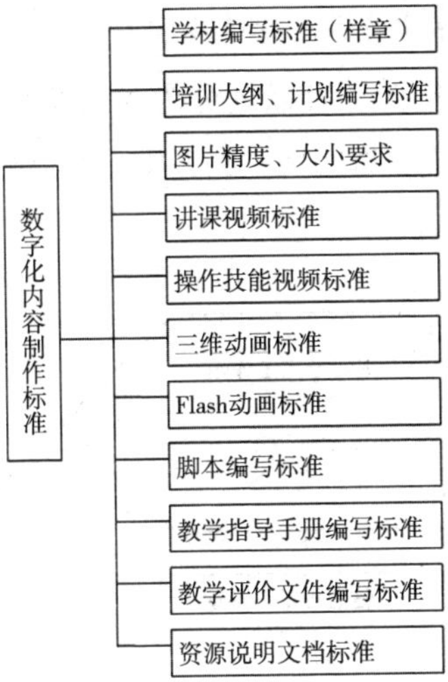

图6.5.1　数字化内容制作标准

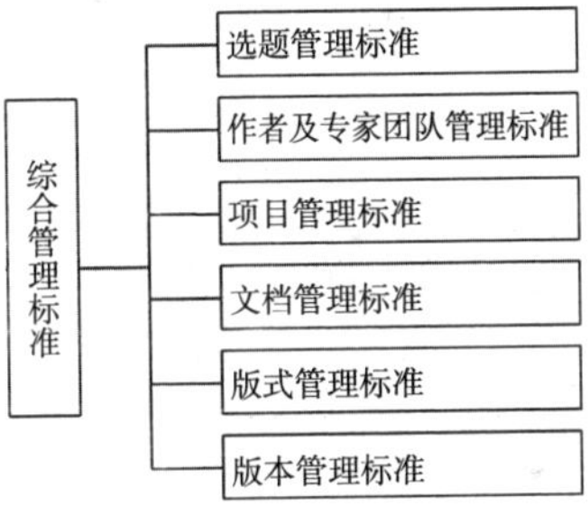

图6.5.2　综合数字化内容制作标准

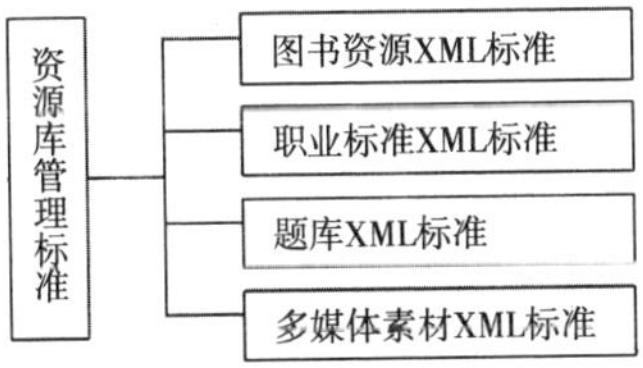

图6.5.3　资源开发和管理标准体系

（五）确定数字化资源子库开发流程

数字化资源子库开发可以划分为四大部分，分别是：课程开发、多媒体资源开发、资源加工和入库、知识关联和数据挖掘。

1. 课程开发流程

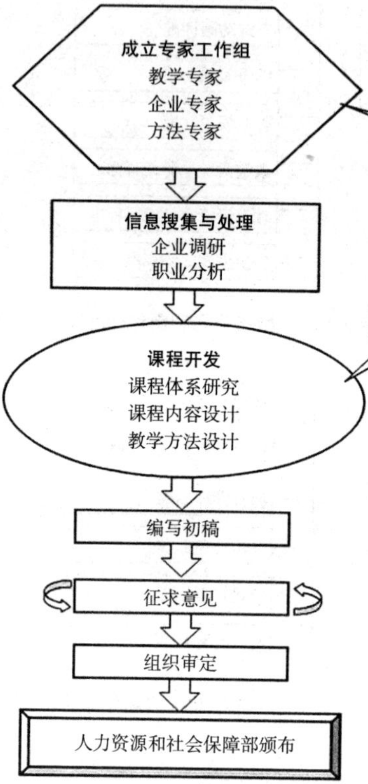

图 6.5.4　一体化课程教学标准开发流程

人力资源和社会保障部已经制定了《一体化课程教学标准开发技术规程》（见图 6.5.4），并开发了部分一体化课程教学标准。已有教学标准的课程，在课程开发时，则遵照既定的标准，完成相关配套材料的开发。对于还没有教学标准的课程，则按照该规程，先开发和制作规范化的一体化课程教学标准。

开发完成的一体化课程教学标准包含的内容见图 6.5.5：

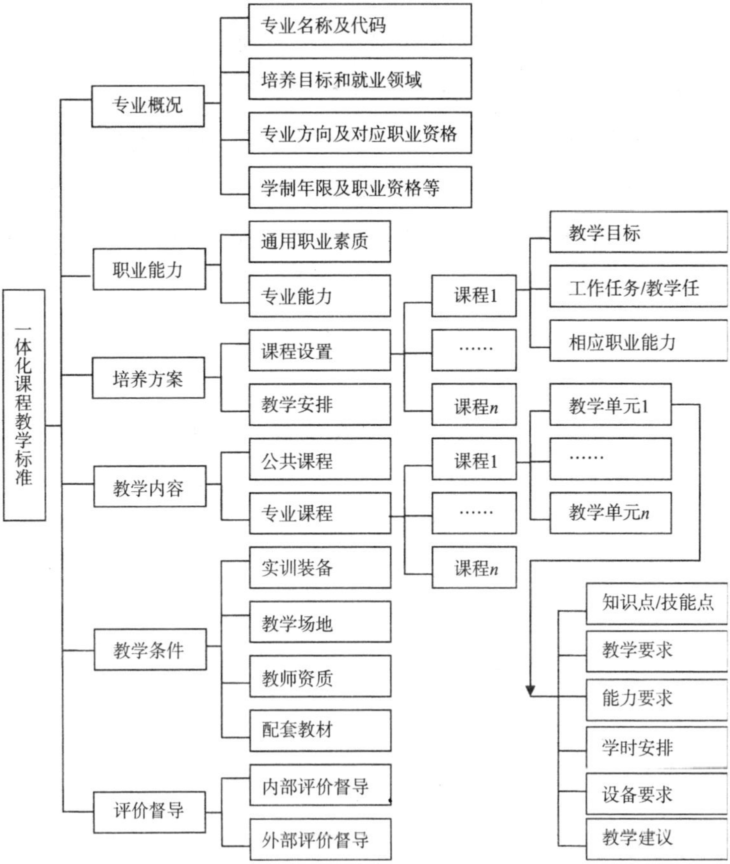

图 6.5.5　一体化课程教学标准内容结构图

依据一体化课程教学标准，在全国范围内组织优秀师资和专家队伍，开发某一职业（或专业）包含的课程的教学材料（包括教材、教学评价文件、相关文档），并将教材中的每个教学单元与职业技能标准中的知识点和技能点建立起直接的联系。

2. 多媒体资源开发流程

多媒体资源包括讲课视频、技能操作视频、3D动画、Flash动画、原理展示图片、技能操作图片等。每门课程的多媒体资源开发，将由一个独立的项目团队来承接。

依据确定的一体化课程标准、开发的教学材料，编制每门课程的多媒体资源开发方案，主要是多媒体包的表现形式。单门课程的方案要与所属职业（专业）定位相符，并与该职业（专业）的其他课程相衔接。

单门课程子项目的团队成员由专家、策划编辑、脚本撰写人员、视频拍摄人员、动画制作人员、讲课教师、实习场地提供方、操作技能人员、解说人员等。多媒体资源开发①的参与机构及任务分工见图6.5.6：

图6.5.6 多媒体资源开发的参与机构及任务分工

① 所开发的多媒体资源，要符合“资源开发和管理标准体系”中确立的各种标准。

3. 资源加工和入库流程

开发完成的多媒体资源，要按照既定的要求撰写资源说明文档，并按照资源应用的需求，开发相应的数据库，对各类资源进行存储。数据库对每条资源记录提供编辑界面，可以对资源增加各种标注和属性设定，以满足资源应用和发布的需要。

4. 知识关联和数据挖掘

资源入库后，接着要完成知识关联和数据挖掘工作，使知识与资源建立起相应的关联。以装配钳工为例，淡色线条显示了知识、技能以及其与教学材料、多媒体资源之间的关联。

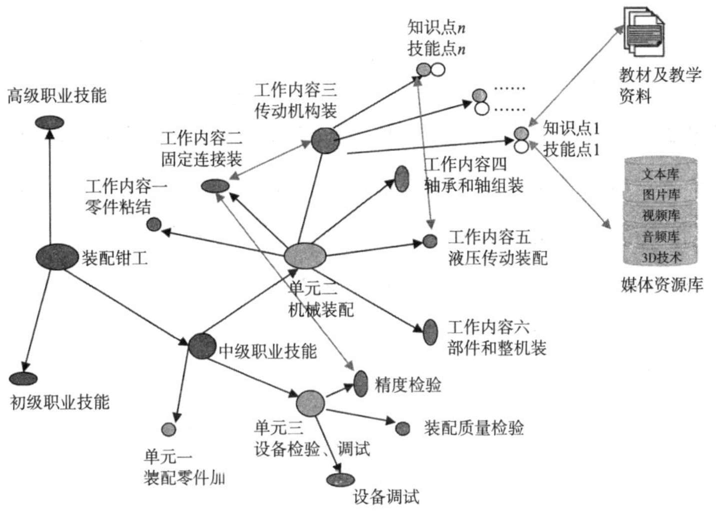

图 6.5.7　装配钳工知识、技能及其关联

四、职业培训应用软件开发方案

根据用户的需求，在资源库建设的基础上，开发各种针对实际

需求的功能应用，从而满足用户在各方面的应用需求。功能应用的开发，是将资源与技术结合起来的过程。

（一）核心功能应用

1. 在线学习平台

在线学习平台主要用于辅助学员的学习。培训组织者或教师利用课程平台，建立起适合学员需要的培训课程后，通过在线培训平台发布。学员在培训平台上可以自主地开展学习；平台提供给学员相关学习工具，帮助学员开展在线学习，通过定期的检查和考核，了解学员的学习进度；并根据学员的学习进度，给予意见和建议。还可以记录下学员的学习行为，为管理部门和培训教师提供管理的参考依据。

在线学习平台结合国外学习平台的先进经验，开发教学和学习的辅助工具，实现真正的在线教学和培训。提供在线测试、学习进度测评、教学效果评估、作业布置和评分、错误记录和分析、解答和提示等。根据培训对象和培训特点的不同，在线学习平台还可以有多个版本，在共性的基础上开发适合不同培训的个性化平台。

2. 鉴定考核平台

参加培训的学员在学习完成后，可以参加相应职业（工种）、相应级别的职业技能鉴定考核，为学员参加考核提供便利。学员可以在鉴定考核平台上进行模拟测验，了解真实的考核环境。最后参加实际考核，从而获得职业资格证书，顺利实现就业。

鉴定考核平台的开发，应围绕职业（工种）的职业技能鉴定考核要求进行，要适应不同形式考核的需要。除了理论性考核外，还注重技能形成性考核的需要。

（二）辅助功能应用

1. 国家职业技能标准查询系统

职业技能标准查询系统能够提供权威、快捷、准确、全方位的国家职业技能标准文献信息服务。国家职业技能标准查询系统的建设，对于职业院校、鉴定管理部门、职业技能鉴定站所的工作有着重要的意义，使其能够准确、及时地了解国家职业技能标准的内容。同时，通过构建与其他知识库的关联，为用户提供教材、试题、专业目录等方面的信息。查询系统的建设，对于促进职业技能鉴定工作、进一步推广职业资格证书制度有着十分重要的意义。

2. 职业测评

包括培训前测评和培训后测评。该应用软件的目的是通过测评，让用户了解自己的特点和长处，可以从事的潜在职业，从而有针对性地选择职业培训课程。

（三）服务功能应用

服务功能应用主要围绕网站配套的综合性服务，属于网站群共同具有的服务模块。它包括：信息服务、论坛交流、会员服务、资源下载、商务系统、支付系统、客户服务、邮件系统等。

五、网站集群的功能定位及开发方案

资源开发后，构成多个不同的功能应用。在资源发布时，多个功能应用组合后，构成服务丁针对不同用户群的网站群，分别服务于职业教育和培训、职业技能鉴定和考核、人才培养和促进就业等。

（一）职业教育课程中心网站

课程中心网站定位服务于职业教育，其用户是职业院校的师生。它将围绕专业、专业所属的课程来构建，其总体框架见图 6. 5. 8。

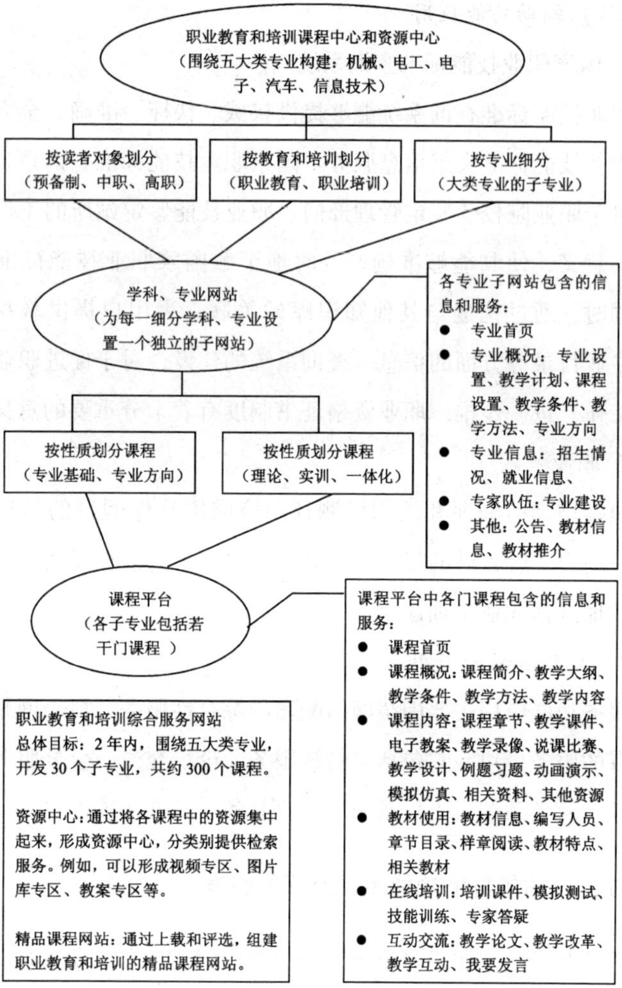

图 6.5.8　课程中心和资源中心建设的总体框架图

课程中心网站以提供课程解决方案为主要目的，同时将课程相关的资源集中在一个统一的平台上，供职业院校的师生参考。图 6.5.9 显示了一门课程的资源构成和组织形式。

图6.5.9 一门课程子站点导航示例（以技校语文为例）

课程中心网建设时，将从资源库中选取职业教育开展时需要的课程资源，从应用软件中选择课程中心需要的课程平台和在线学习平台软件，以及相应辅助功能，从而构成该网站。

（二）资源中心网站

资源中心是职业教育和培训资源的另一种表现形式。它将不同专业、不同课程的资源集中起来，由职业院校的师生、培训机构的学员等用户，根据教育、培训和学习的需要，来检索自己需要的资源。以图片、视频、动画和模拟仿真软件为主的资源，主要为各专业教育和培训服务；以题库为主的资源，主要为职业技能鉴定和考核服务。

资源中心与课程中心是紧密结合在一起的，尽管其组织资源的形式不同，表现形式不同，其使用的资源是相同的。两者的服务对象也大致相同。课程中心主要服务于职业院校的师生，而资源中心则不仅服务于职业院校的师生，还为企业用户、社会学习者提供优质资源。

（三）职业资格培训网站

职业资格培训网站为当前各级各类职业资格考试服务，为考生提供直接辅导考试的培训课程，以及与考试相关的题库和模拟考试等服务。它提供的服务包括：在线学习平台、鉴定考核平台、模拟考试、自我练习等。职业资格培训网的整体架构见图 6. 5. 10：

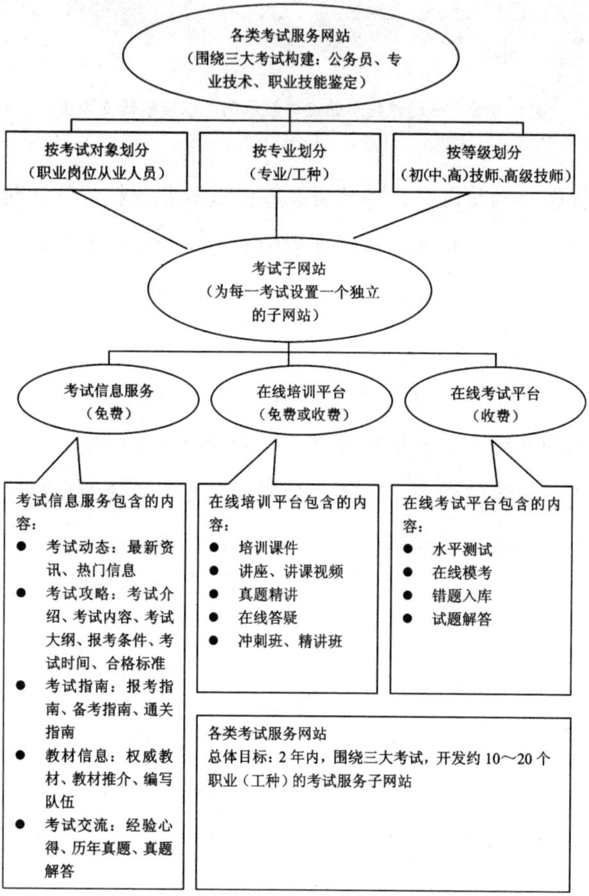

图 6. 5. 10　职业资格培训网站总体框架图

依据开发的数字化资源，以及配合职业资格培训的需要专门设计开发的视频培训课程资源，来建设各类考试服务子站点。2年内，拟建设10~20个考试服务子站点。以物流师为例，图6.5.11是职业培训各职业（工种）子网站内容的组织和栏目的呈现形式：

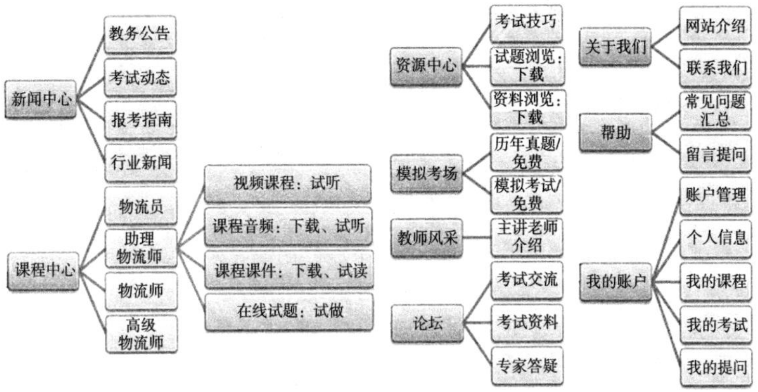

图6.5.11　职业资格培训一个职业子站点结构（以物流师为例）

图中各栏目说明如表6.5.2：

一级栏目名称	二级栏目名称	说　明
新闻中心	教务公告	课程内容、费用、时间情况
	考试动态	报名、考试、成绩查询、证书领取时间
	报考指南	报考资格、考试大纲、考试题型
	行业新闻	与物流相关的行业新闻
课程中心	视频课程	在线学习(注册收费)/免费试听(注册)
	课程音频	在线学习(注册收费)/下载(注册收费)/免费试听(注册)
	课件下载	在线学习(注册收费)/下载(注册收费)/免费试听(注册)
	在线试题	在线学习(注册收费)/免费试做(注册)

续表

一级栏目名称	二级栏目名称	说明
资源中心	考试技巧	答题技巧、考试注意事项等
	试题浏览/下载	各知识点的练习题、历年真题浏览(所有用户)/下载(注册用户)
	资源浏览/下载	重点内容解析、知识点总结等浏览(所有用户)/下载(注册用户)
模拟考场	历年真题	近两年真题收费在线答题(注册收费)/真题免费在线答题(注册)
	模拟考试	指南上的模拟题免费在线答题(注册)/老师单出的模拟题收费在线答题(注册收费)
教师风采	主讲老师介绍	教师基本情况
帮助	常见问题汇总	常见问题及解答
	留言提问	注册用户以留言板的形式提出问题,由网站管理人员定时回复
我的账户	账户管理	订单信息、账户充值等
	个人信息	个人注册信息修改
	我的课程	已开通课程、未付费课程、免费课程
	我的考试	我的考卷、未完成的考卷、收藏的考卷
	我的提问	我的咨询、我的投诉、我的论坛
关于我们	网站介绍	介绍网站主办机构、特点
	联系我们	联系方式
论坛	考试交流	注册用户可发帖交流与考试相关的问题(非注册用户可浏览部分信息)
	考试资料	注册用户可上传、下载与考试相关的文档、图片、压缩包等资料(非注册用户无权)
	专家答疑	注册用户可向主讲专家提出与专业、考试相关的问题,由值班专家定时回复

(四) 农民工培训网站

农民工培训包括引导性培训和技能培训网站，用户为承担农民工培训的机构和广大接受培训的农民工。引导性培训以转移就业、劳动者权益维护为主。技能培训围绕农民工从事的10主要个职业（工种），开发培训课程。相应职业（工种）的数字化资源子库中，可以围绕初级工等，提取相应的资源，以用于农民工培训。

（五）高技能人才培养网站

选择10个职业的高技能人才培养进行，如安全工程师、道路桥梁工程师、造价工程师等。

（六）其他网站

技能鉴定服务网站。技能鉴定服务网站主要为鉴定站所、职业技能鉴定考核和管理部门服务。

职业指导。职业指导网站一方面配合职业院校和培训机构的职业指导课程，一方面直接为学员提供职业指导服务。

就业服务网站。就业服务网站为参加培训的学员提供就业方面的服务，包括与专业的就业服务机构合作，为学员顺利实现就业做好各方面的服务工作。

创业培训网站。为学员创业服务。

其他网站的功能和结构这里不一一列举。

六、项目应用示范基地建设方案

（一）北京数字出版示范基地建设

北京数字出版示范基地选址在大兴，与出版社的物流中心建设同步进行。数字出版示范基地建筑面积4000平方米，建设规划已经完成，目前正在动工兴建。基地包括以下三大功能：

第一，职业培训云平台中心。为了使职业培训数字化资源库的内容能够应用到全国各地，有必要搭建高可靠性的职业培训云平台中心。机房按照高标准兴建，配置高性价比的服务器和大容量的存储设备。初期配备100M带宽，后续根据用户访问需求进行拓展。

第二，数字化培训体验中心。围绕高技能人才培养，建立起2~3个数字化培训实验室。实验室中配备虚拟培训设备，并对照配备真实的培训设备，以便于学员体验实体培训和数字化培训的不同。

第三，视频演播中心。建设高档次的视频演播中心，用于视频类培训课件的拍摄；也可以用于技能竞赛、示范公开课等职业培训活动的开展和网络直播。

（二）全国各职业培训示范基地建设

项目首期计划在全国建设60个职业培训示范基地。示范基地的职能有三方面：

第一，数字化职业培训新模式体验。各职业培训示范基地有示范实验室1~2间，配备10~20台PAD移动学习终端。学员可以参加各种培训课程的学习体验，了解数字化培训的优点和特点。

第二，数字化资源的镜像。为了减少PAD类电子书包访问北京中心所需要的带宽，在各示范基地中，配备镜像服务器和数字化资源存储设备。镜像服务器负责定期与北京中心同步数据，并上传相关统计数据、学习记录、考试成绩等。

第三，应用推广和服务支持。各地的示范基础是职业培训电子书包的应用推广代理机构，负责向职业培训机构推广PAD类产品。同时，也为产品的使用提供服务支持。例如，学员的电子书包课程资源更新，产品的维护和维修等。

示范基地、培训机构、用户之间的关系见图6.5.12。

图中只标示了北京、上海、广州3个示范基地，其他示范基地不一一标示。通过示范基地，将机构用户（职业院校、培训机构、

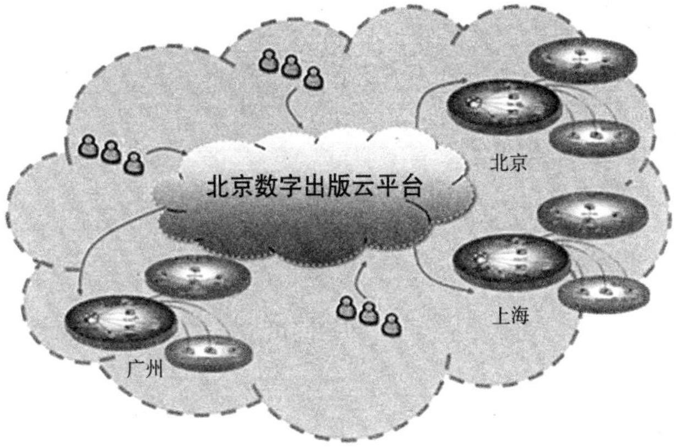

图 6.5.12　数字出版应用示范基地及其关系示意

鉴定站所、管理部门等)、个人用户联系起来，提供职业培训资源和服务；各基地通过因特网与北京示范基地建立联系，实现资源的共享和镜像，以及相关管理、统计数据的及时上传和存储。

第六节　项目进度计划

一、项目当前进展

（一）北京数字出版示范基地建设

北京数字出版示范基地的建设得到了人力资源和社会保障部的大力支持，选址在大兴，与物流中心一同建设。目前，示范基地基础设施建设已经到位，办公用综合楼已经开始动工，将为示范基地建设提供良好的基础。

（二）云平台硬件基础设施建设

出版社正在实施符合虚拟化云计算硬件平台建设，为职业培训数字化资源库的应用全面上线做好基础设施方面的准备。2012 年 8 月，将完成整合现有软硬件资源，重新规划机房配置，部署存储和服务器，构建虚拟化平台。

（三）数字化资源子库开发

维修电工资源子库开发。已经完成初、中、高 3 个级别的课程包开发。

物流师资源子库开发。经过深入论证，物流师资源子库开发已经启动，课程设计已经完成，将于2012年7月至9月完成视频拍摄、动画制作。职业资格考试网的开发工作也在同步进行。初步设计完成一个级别（助理物流师）4门课程的资源开发。

平台开发。配合物流师职业资格培训网站的开发，正在进行网站、在线考试平台、在线培训平台的开发。

家电维修工资源子库开发。正在论证家电维修工资源子库选题，将联系中国家电协会、天津电教馆、国内知名电器生产厂商等，共同开发家电维修类视频和电子课件。

装配钳工资源子库开发。正在撰写视频拍摄及动画制作的脚本。

汽车维修工资源子库开发。正在联系10家左右的职业院校，开发汽车维修资源子库，资源以3D动画、操作视频为主。

（四）资源管理系统建设

已经初步完成了资源管理系统的建设，包括数据库软件、内容管理平台等，已经上线运行。目前正在进一步进行功能细化开发，以及传统资源的加工。

（五）职业技能标准查询系统建设

职业技能标准查询系统已经完成功能设计，正在进行系统开发。

截止目前，人保集团在职业培训数字化资源库建设及数字出版基地建设上已经或预算支出自筹经费2380万元。

二、项目进度计划

项目首期计划在2年内完成30个职业（工种）资源子库和300门核心技能培训课程资源包的开发工作。具体到每一个职业

（工种），则资源开发、应用软件和网站开发同步进。开发完成一个资源子库即上线运营，使资源得到最快和最广泛的应用。项目各项任务的时间进度计划见表6.6.1：

表6.6.1　项目各项任务的时间进度计划

序号	项目任务	进度计划
1	数字化资源库和应用软件开发	2014年06月完成
1.1	维修电工、物流师2个职业（工种）	已经完成
1.2	装配钳工、家电维修工、汽车维修工、安全评价师4个职业（工种）	2012.02～2012.10
1.3	公共营养师、理财规划师、心理咨询师3个职业（工种）	2012.07～2013.03
1.4	车工等12个职业（工种）	2013.01～2013.12
1.5	美容师等9个职业（工种）	2013.07～2014.06
1.6	内容管理平台建设存量资源数字化	2011.06～2012.10
1.7	在线培训平台开发	2012年07月完成
1.8	职业技能标准查询系统	2012年12月完成
1.9	课程平台、资源中心、在线学习平台、鉴定考核平台、电子书阅读平台	2013年06月完成
1.10	APP应用平台、就业服务、创业服务、职业指导、职业测评、信息服务	2013年12月完成
2	数字出版示范基地建设	2014年09月全面运营
2.1	职业培训云平台硬件基础设施	2012.04～2012.8
2.2	大兴数字出版示范基地建设	2012.06～2013.06
2.3	职业培训网站集群开发	2013.09部分运营
2.4	全国职业培训示范基地建设	2013.06部分运营
2.5	职业培训课程电子书包APP开发	2013.09部分课程
2.6	移动学习设备定制	2013.09投入使用

第七节　项目经费预算

一、总预算

项目预算资金为 9960 万元，出版社自筹资金 6180 万元，申请财政支持 3780 万元。预算具体项目及费用见下表：

序号	项目内容	预算金额/万元	资金来源
1	职业培训云平台硬件基础设施建设	840	申请支持
2	数字化资源库开发	3160	自筹
3	应用软件及网站群开发	540	申请支持
4	北京数字化培训示范基地建设	2000	自筹
5	全国各地职业培训示范基地建设	1440	申请支持
6	PAD 职业培训终端设备购置	960	申请支持
7	项目实施及管理	300	自筹
8	项目测试及推广	360	自筹
9	项目运营和维护	360	自筹
	项目经费合计	9960	

二、经费预算明细

各分项预算明细见下列各表：

（一）职业培训云平台基础设施建设

序号	产品或服务	规格	数量	单价(元)	小计(元)
1.1	服务器	台	7	150000	1050000
1.2	负载均衡器	台	2	200000	400000
1.3	视频流输出硬件系统	台	2	200000	400000
1.4	大容量存储设备	TB	1000	2500	2500000
1.5	带宽	100M 年	3	800000	2400000
1.6	软件			350000	350000
1.7	机房及配套			600000	600000
1.8	媒资管理系统软件			700000	700000
1. 基础设施建设费用合计					8400000

（二）数字化资源库开发

序号	产品或服务	规格	数量	单价(元)	小计(元)
2.1	培训大纲	素材/课程	10 种	1000	10000
2.2	教学指导手册	素材/课程	10 种	3000	30000
2.3	学员学材	课程	10 种	16000	160000
2.4	教学评价文件	课程	10 种	2000	20000
2.5	教学脚本和原型	课程	10 种	3000	30000
2.6	电子课件制作	课程	10 种	3000	30000
2.7	图片	张	5000	20	100000
2.8	动画	节(5～8分钟)	50 节	2000	100000
2.9	视频	节(5～10分钟)	400 节	1000	400000

续表

序号	产品或服务	规格	数量	单价(元)	小计(元)
2.10	资源标引和入库	资源子库	1个	20000	20000
1个子库资源开发费用小计					900000
30个子库开发费用合计					27000000
2.11	教材排版文件处理并存入数据库	PDF电子书/题库	2000种	1000	2000000
2.12	职业介绍视频	5~15分钟	400种	2500	1000000
2.13	网站建设需要的相关信息收集整理和加工	条	50000条	10	500000
2.14	数据表定义/数据录入	记录	10000000	0.5	500000
2.15	数据库设计和构建	子数据库	60个	5000	300000
2.16	资源加工、标引等软件		6个	50000	300000
其他资源开发费用合计					4600000
2. 数字化资源开发总计					31600000

(三)应用软件及网站群开发

序号	产品或服务	规格	数量	单价(元)	小计(元)
3.1	课程平台(多学科多专业)	平台	3个	50000	150000
3.2	在线学习平台	平台	1个	250000	250000
3.3	资源中心	平台	1个	90000	90000
3.4	鉴定考核平台(多工种)	平台	3个	300000	900000
3.5	模拟考场	平台	1个	200000	200000
3.6	电子书阅读平台	平台	1个	20000	20000
3.7	APP开发和应用平台	平台	1个	400000	400000
3.8	国家职业技能标准查询系统	平台	1个	450000	450000
3.9	职业测评系统	平台	1个	300000	300000
3.10	就业服务系统	平台	1个	240000	240000
3.11	职业指导系统	平台	1个	220000	220000

续表

序号	产品或服务	规格	数量	单价(元)	小计(元)
3.12	新闻信息采集和发布系统	平台	1个	80000	80000
3.13	服务功能应用(论坛、商务等)	平台	5个	40000	200000
				应用软件开发小计	3500000
3.14	门户网站设计和制作	网站	1个	60000	60000
3.15	职业教育网站群	子网站	16个	40000	640000
3.16	职业培训网站群	子网站	22个	40000	880000
3.17	相关网站群	子网站	8个	40000	320000
				网站群开发小计	1900000
				3. 应用软件及网站群开发合计	5400000

（四）数字化培训示范基地建设

序号	产品或服务	规格	数量	单价(元)	小计(元)
4.1	办公场地建设及配套	平方米	4000	2500	10000000
4.2	视频演播中心	套	1	5000000	5000000
4.3	数字化培训体验中心	套	1	5000000	5000000
				4. 北京数字化培训示范基地建设	20000000
5.1	镜像服务器	台	2	40000	80000
5.2	海量存储设备	TB	100	1200	120000
5.3	数字化培训教室配套设备	套	1	40000	40000
				1个职业培训示范基地	240000
				5. 首期全国各地建立60个职业培训示范基地	14400000
6.1	PAD终端设备	台	6000	1600	9600000
				6. PAD职业培训终端设备购置	9600000

（五）其他

序号	产品或服务	规格	数量	单价(元)	小计(元)
7.1	效果评估	会议	2次	100000	200000
7.2	项目验收	会议	1次	200000	200000
7.3	会议、差旅	会议	1500人次	1000	1500000
7.4	项目资料、文档整理	项目	10000页	10	100000
7.5	技术咨询等	项目	500人次	1000	500000
7.6	项目管理其他费用	项目	1项目	500000	500000
7. 项目实施及管理费用合计					3000000
8.1	测试、应用	项目	60所	10000	600000
8.2	项目推广	学校	300所	10000	3000000
8. 测试及推广费用合计					3600000
9.1	项目运营服务、维护费用	年	3	600000	1800000
9.2	运营维护人员工资	人年	30	60000	1800000
9. 运营和维护费用合计					3600000

第八节　项目预期效益

一、预期社会效益

本项目是一个系统工程，不仅涉及到数字化培训资源的开发，还涉及到资源应用的各个方面。数字化资源开发涵盖了职业技能培训中主要的30个职业（工种），规模较大；资源应用面向当前主要的职业培训领域，包括农民工培训、职业技能培训、职业技术院校教育、高技能人才培养等，应用范围广。为了服务好这些培训领域，需要开发的应用平台多，包括课程平台、在线培训平台、鉴定考核平台、职业技能标准查询系统等近20个功能性的应用软件，以及支撑这些应用的内容管理系统。项目应用的主要形式，一是通过建设近20个服务于不同用户群体的网站群来推广，打造中国职业培训第一品牌网——中国培训网；二是通过在北京建设数字出版中心，以及覆盖全国的职业培训示范基地，从而以职业培训整体解决方案提供的模式应用于职业培训。

项目服务对象明确，功能定位准确，按计划在2年内完成，将是国内职业技能培训的一次重大创新。项目建成后，可以推广应用到全国2000多所技工院校、2万多家鉴定站所，以及职业技能培训和鉴定管理部门等。项目具有明显的社会效益。

当前，由于地区发展的不平衡，部分地区在职业技能培训开展中面临多重困难，包括条件简陋、经费紧张、教材（尤其是多媒体教材）缺乏且共享程度低、师资力量不足、实训场地有限等。本项目构建的职业技能培训数字化资源库以及与之相关的多个应用平台，可以实际运用于培训工作，从而使用培训机构采用设计先进的培训课程，改变培训模式，提高培训质量。项目对于缓解目前职业技能培训领域的公共资源不足、培训服务体系不健全等现状起到了积极的作用。项目推广和应用后，必将取得良好的社会效益。

职业技能培训的成本较高。以数控车床教学为例，实操课程的设置一般需要如下费用支出：数控车床设备购置、厂房租赁、耗材、设备折旧、设备保养维修等，粗略计算每年的平均成本超过200万元。而采用模拟仿真与实操相结合的方式，按照8比2的培训课时分布计算（80%模拟仿真课程，20%实操课程），每年将为培训机构节约成本50%以上。由于设备空闲率的提高，招生人数可以适当扩容。项目推广后，不仅节省了生产实习中对材料的消耗，还提高了培训效果，起到了推动职业技能培训事业发展的积极作用。

二、预期经济效益

本项目建成后，中国培训网中的各网站群拟主要以免费形式推广，供全国职业院校、鉴定站所、培训及鉴定管理部门使用，力求使项目得到最广泛的应用，从而使得开发的数字资源得到最充分的利用。

以数字化资源为支撑的职业培训整体解决方案，通过建设在各地的职业培训示范基地进行推广。项目将建立起全新的培训产业链，通过预装数字化培训内容的PAD形式电子书包，推广到各培训机构，从而收取相应的费用。当前培训市场潜力巨大，整个产业市场规模超过上千亿元。项目首期定位服务于职业技能鉴定培训，每年参加全国职业技能鉴定人员达1200万人。经过2年的推广，项目成功介入职业技能培训产业后，预期年运营收入可以达到近亿元的规模。项目成功推广后，将成为全国职业培训领域数字出版产业化的成功案例。

三、风险分析

本项目的建设基于成熟的信息技术和网络技术；各培训机构、鉴定站所、管理部门对数字化资源和应用的需求迫切；中国劳动社会保障出版社有多年从事教材出版、音像电子和数字化资源开发的经验，建设成功的风险不大。

除此之外，长期的教材工作使得中国劳动社会保障出版社积累了大量的职业院校、师资资源，简化了项目成果的推广方式。人力资源和社会保障部教材办公室有着实体培训项目的推广经验，每年组织近百个师资培训班、各种教学活动等，最大程度地降低项目的实施风险。

目前，项目的主要风险是资金来源，自主筹集资金规模离项目整体资金需求还有较大缺口。如果资金缺口得不到解决，则资源库的建设达不到预期的规模和效果①。

① 本项目入选“2012年新闻出版改革发展项目库”。

第七章
职业培训资源库项目开发

第一节　职业培训资源库项目实施方案

职业培训数字化资源库和应用示范基地建设项目于2012年成功入选新闻出版改革发展项目库。

一、项目实施部门及职责

项目实施主要由两个部门承担，一是职业培训教材开发部门（以下简称“甲方”），一是音像电子和数字出版部门（以下简称“乙方”）。两个部门分别承担各自的职责，协同开发，保证项目的成功实施。

（一）数字课程开发

项目主要数字产品名称为“职业培训数字课程——职业名称+课程名称”，表现形式为运行于平板电脑（PAD）上的应用（APP）。

1. 甲方负责项目中的课程内容策划与选题申报，制定合理的课程开发进度计划。

2. 甲方负责确定课程合作单位，组织专家制订课程资源开发方案，签订开发协议，落实拍摄场地、演示人员等，并负责向合作单位支付开发费用。

3. 乙方负责项目中讲课类视频和技能演示类视频的拍摄、后期制作，动画的设计与制作，并达到出版要求。甲方按照 APP 成品中采用的资源时长向乙方支付制作费。

4. 乙方对需要采购或外包拍摄、制作的技能演示类视频、动画（含3D）、仿真操作软件等提出技术标准，并对承包方提交的资源进行审核。采购或外包费用由甲方支付。

5. 乙方负责组织项目聘用人员进行 APP 制作和测试，并达到出版要求，按每人完成工作量提出每月薪酬支付标准。甲方参考此标准向项目聘用人员支付薪酬。

6. 甲方对制作完成的数字课程按人保集团有关流程进行复审，办理相关发稿手续。

（二）网站平台开发

项目中形成的数字产品赖以运营推广的网站平台（含数字课堂，以下简称“网站平台”），由信息中心负责外包开发。甲乙双方积极与信息中心合作，共同完成网站平台的开发。

1. 乙方负责根据项目数字产品特点和运营计划，提出网站平台开发功能性需求，并与信息中心、技术开发方进行对接。

2. 甲方负责提出网站平台的风格性要求，乙方负责跟进，并对技术开发方的反馈提出意见和建议。

3. 乙方负责制定网站平台开发进度计划，经信息中心认可后，要求技术开发方按进度完成开发。

4. 甲乙双方共同负责网站平台相关页面的栏目、分类体系等的确定，使之符合职业技能鉴定和培训类机构用户和个人用户的需求。

5. 甲方负责按网站平台的栏目设计，及时提供待发布的信息，乙方负责对信息进行加工和处理，并上线发布。

6. 乙方招聘专职技术人员，参与并协助技术开发方进行网站开发，初期负责沟通、细化和落实网站开发需求，后期负责信息整理和网站维护。乙方负责对阶段性成果进行测试、审核，及时向甲方反馈存在的问题。甲方从项目费中单独列支20万元，用于支付相关招聘人员的薪酬、办公设备及差旅费等。

7. 乙方定期组织召开关于网站平台开发进度的协调会，邀请技术开发方、信息中心参与，四方共同商谈，及时解决项目开发过程中存在的问题。

（三）项目运营推广

项目中开发的数字课程、网站平台，其相关运营推广工作由乙方负责，运营推广所依托的基础设施（服务器、带宽）由信息中心负责。

1. 乙方负责项目网站平台交付后的维护与信息发布。

2. 甲方负责提供网站平台运营所需要的最新信息和相关资源。

3. 乙方负责项目中形成的各类产品的运营推广及售后服务。根据项目推广需要，逐步配备运营和推广人员，运营人员负责项目网站平台的更新和维护，推广人员负责进行项目产品的演示、推广和销售。

4. 甲乙双方共同组织和举办相应的市场推广活动，在进行相关活动时，共同宣传和推广项目成果和数字产品。

5. 由甲方推荐相关地区或机构，作为基地建设的备选方。乙方负责与相关地区或机构联系，设立项目推广基地。

6. 甲方负责项目推广所需要的演示设备，基地建设所需授予的项目标牌（是否具有配套软硬件基础设施，作为基地选择时的条件之一）。

7. 乙方根据项目运营推广的需要，招聘营销人员、安排市场调研、产品演示和推广、宣传品印制等。经甲方同意后，相关费用在项目运营推广预算 28 万元中列支。

8. 项目成功运营后，每年结算一次。若扣除运营成本及上交人保集团外有可分配收益，则甲乙双方各享有收益的 50%。若项目运营收入无法支持持续运营，则甲乙双方另行商议后续运营方案。

（四）项目例会制度

甲方每月召开一次进度汇报会，邀请人保集团分管领导、相关部室人员参加，协调解决项目开发和运营推广中存在的问题。

二、项目小组及其分工

（一）课程开发策划小组

课程开发策划小组负责选择合作的职业院校，与相应专业或职业的教师、专家共同策划和开发该职业的数字课程。具体工作内容包括：

确定该专业或职业的课程设计，制定教学大纲和教学计划。

确定每一门课程的教学内容、教学目标、教学条件，并将教学内容划分为最小知识点和技能点。划分的目标是每个知识点或技能点都可以作为独立的微课来开发资源。

设计微课的教学过程、教学环节，以及教学中需要的数字化多媒体资源，包括导语或引入、案例或操作步骤、练习或操作。为了适应数字教材的互动特点，还要为微课设计交互，即学生通过何种方式与教学内容进行互动，从而提升教学效果。

根据微课的表现形式，编写出教学内容的文本，即传统教材需要的内容；然后为视频、动画等资源编写脚本。脚本应能为资源开发提供指导。

在上述工作过程中，充分发挥教师、专家的主观能动性，通过会议、活动，以及网络社交媒体，如邮件、论坛、微信、QQ、微博等，组织专家共同探讨。

（二）多媒体资源开发小组

根据课程策划小组的方案和脚本，组织视频拍摄、动画制作、图片拍摄或制作。

视频拍摄主要包括教师讲课视频、操作演示视频，也有表演视频。视频编导要根据教师的脚本，进一步细化和完善，形成拍摄脚本。在拍摄过程中对视频摄像人员进行指导，以保证视频效果。

动画制作包括流程动画、人物设计动画等。动画师在脚本的基础上，与教师进一步沟通，确定人物形象，明确动画呈现的关键点，以保证制作的动画既生动形象，吸引学生的注意力；又能有效地阐释教学点，辅助学习。

（三）数字教材 APP 开发小组

APP 开发小组首先要掌握 APP 制作软件能够提供的多种交互功能，各种交互功能适合于表现何种教学内容。在 APP 开发过程中，开发人员要与教师进行沟通，一是向教师介绍交互方式，让教师帮助选择更合理的交互方式；二是给予教师建议，互相启发，从而创新教学中的资源表现形式和交互方式，以期起到更好的教学效果。

开发的资源和 APP，均要同传统教材一样，经过三审制审核后，才能上线发布，供平板电脑用户下载后观看和学习。

（四）网站平台开发小组

网站平台开发小组负责设计网络平台的开发方案，细化功能需求，同时，与外部技术开发方沟通和衔接，保证网站和平台的开发顺利进行，实现预想的服务功能。

内部技术人员参与外部技术人员的开发过程，了解开发环节中的难点、功能模块的构成，充分了解网站和平台的技术细节，为后续技术维护做好准备。

对外部技术开发方开发的功能模块逐一进行测试，提供修改方案，要求开发方进一步完善。

（五）项目运营和推广小组

在产品开发的相应阶段，成立项目运营和推广小组。负责到职业院校和培训机构进行数字教材产品的宣传和推广，一是传播数字教育理念，二是演示制作完成的数字教材，三是为用户试用数字教材、数字教育网站和平台提供培训和支持，从而在用户群中建立起良好的形象。

为数字产品销售团队提供支持，保证数字产品的正常使用。

三、数字产品及其表现形式

（一）职业培训类数字产品的主要表现形式

1. 在线培训课程

围绕职业（工种），满足鉴定考核的要求，拍摄讲课视频，作为在线培训课程向个人用户或机构用户销售。

2. 数字教材（PAD版+手机版）

数字教材样章，通过人保集团移动阅读书架，免费阅读、观看；部分数字教材可以在线销售。阅读和观看可以在 PAD 上进行，也可以在手机上进行。

数字教材用于数字课堂的教学活动。此时，数字教材以 PAD 装载的形式销售，分销渠道类似于当前的传统渠道。数字教育的开展，需要学校装备相应的软硬件环境和设备。

3. 试题试卷

以在线测试的形式，辅助学员练习备考。按职业（工种）或按学科（课程）组织试题试卷。

4. 专题资源数据库

按职业（工种）或学科将各类资源整合起来，形成资源数据库。资源可以单独销售，也可以以数据库打包的形式整体销售。

（二）网站和平台类产品的表现形式

1. 面向个人用户的在线培训网站。如物流师、心理分析师这类的职业（工种），其培训主要以讲课视频形式提供，直接面向个人用户。用户在线支付费用后，即可进行学习。网站支持移动学习。

2. 面向机构用户的在线培训网站。如社区服务、护理、电工这类的职业（工种），其培训以讲解和操作为主，通常由机构向特定的群体（如农民工）提供培训服务。培训机构使用在线培训课程，招生后向学员提供培训。

3. 面向机构用户和教师的课程中心。向机构用户和教师介绍课程，提供课程的相关内容，并与教材建立起关联。

课程中心是双向的，一是将人保集团开发的优质课程推荐给机构和教师；二是教师可以利用此平台，上载校本或个人的课程设计、资源等，供不同机构或教师交流。

4. 面向教师的资源中心。将人保集团现有的或开发的资源集中管理起来，部分免费，部分收费，向教师提供。

资源中心也是双向的，用户可以上载资源。上载的资源经审核后，如果有分享价值，则给予上传用户一定的积分奖励。积分可以用来下载其他资源。这样，不仅可以向教师提供资源，也可以收集教师创作的优质资源。

5. 面向机构用户的专题资源数据库。按职业（工种）或按专题来组织人保集团既有资源，或新开发的资源，打包后以镜像数据库的形式，销售给图书馆、学校等机构用户。

6. 面向机构用户的在线测试平台。按职业（工种）或学科（课程）构建试题数据库，提供给机构用户开展在线测试服务。

7. 面向个人用户的微课视频移动学习平台。按知识点或技能点组织微课的视频资源，供个人用户通过手机或平板电脑访问。

8. 面向机构用户的数字教育平台。支持在线教育学习和移动教育学习。院校和培训机构根据软硬件配置要求，配置相应的环境，从人保集团购买相应的数字教材，开展数字教育活动。

数字教育平台要求能够与院校的系统同步数据，控制教材版权和授权使用数。

教师可以根据自己的教学计划，适当调整标准数字教材中的内容，从而形成个性化的数字教材。教师可以布置作业，批改作业，实施测验，了解学员学习状态。

9. 移动阅读书架。人保集团书架，要求在苹果商店上线。数字教材以及其他制作好的电子书，可以在此书架上展示、预览。用户通过网站购买后，可以下载到自己的书架，进行全文阅读。

四、网络平台建设任务

网络平台总体由 4 大模块组成：

在线培训网站	资源服务网站	数字教育平台	项目推广网站

（一）在线培训

服务于个人用户的在线培训，提供围绕在线培训课程的视频教学服务，目的是协助个人用户通过鉴定考核，获得职业资格证书。支持与机构用户的合作，以合作形式招收学员，推广在线培训。

（二）资源服务

以多种形式主要面向机构用户提供资源，围绕教材产品提供服务，提高教材产品竞争力。

（三）数字教育

支持互动数字教材的发行和应用，为教材应用提供支撑环境，同时与在线培训、数字课堂教育形式相衔接。

（四）项目推广

介绍项目背景、动态，展示项目成果，吸引机构用户加盟，为项目推广做好宣传。另一方面，对于应用项目成果的示范基地进行介绍，为项目验收做好准备。

网络平台建设的目的，是为数字产品的开发、销售提供支撑。对上述模块进行细化，可以构建以下多个子站点：

1 职业工种 课程中心 （课程包）	2 职业资格 在线培训 （个人）	3 农民工 在线培训 （机构）	4 资源中心 专题库（在线或镜像）
5 试题库 在线测试	6 数字课程 在线学习 （自学）	7 数字课程 移动学习 （自学）	8 数字课程 数字课堂 （教学）
9 移动阅读 数字教材 （电子书）	10 电子商务 在线支付	11 职业标准 查询服务	12 项目推广

五、项目网站平台进度计划

序号	任　务	时间要求	备　注
1.1	网站、数字课堂需求确认、签字，外部技术开发方启动开发	2014-1-20	确定风格及一二三级页面效果图、功能需求确认
1.2	培训网站前台功能开发	2014-3-31	以助理物流师在线培训课程、进城务工人员课程、维修电工至少3个职业相关数据进行测试
1.3	培训网站个人中心完善和优化	2014-3-31	管理个人数据、交易信息、收藏、资源、考试、错题
1.4	培训网站后台管理完善和优化	2014-3-31	方便地管理职业、课程、资源、栏目、产品、定价
1.5	培训网站机构用户管理	2014-3-31	用户管理
1.6	数字教材商城前台	2014-3-20	风格、特色符合职业培训，包括纸书在线展示，提供样章在线浏览；可下载样书，用户可对产品进行评价；所有数字产品必须有编辑推荐信息
1.7	商城资源分类体系、商城管理后台	2014-4-10	数字教材上线，在线支付

续表

序号	任　务	时间要求	备　注
1.8	数字教材开发软件(套装)最新版本交付	2014－1－31	包括相应的试题编辑器、词汇编辑器、支持工具、Html 等新功能模板,高级使用方法培训
1.9	数字教材阅读器定制	2014－2－28	定制书架,包括苹果客户端、安卓客户端
1	第一阶段整体上线联调	2014－4－12 至 2014－5－9	整体测试,使用说明文档交付
2.1	阅读器客户端支持 Epub 电子书	2014－5－31	符合主流电子书阅读习惯
2.2	试题库加工和网站接口	2014－4－30	试题库客户端软件、辅助工具整体交付
2.3	在线考试、光盘产品	2014－5－31	支持在线考试、打包成为光盘产品或优盘产品
2.4	资源中心网站前台	2014－4－30	各类资源发布
2.5	资源中心网站后台	2014－5－31	各类资源管理和上载
2.6	课程中心前后台	2014－5－31	建立课程中心,支持后台资源管理、打包成为课程资源包
2.7	视频课程	2014－5－31	以视频课程形式,支持在线播放
2.8	资源分享前后台、个人资源管理	2014－4－30	用户上传资源,建立分享机制
2.9	主题数据库生产、加工、发布	2014－4－30	与资源管理系统衔接,对资源进行管理,根据需要打包在为独立销售数据库产品
2.10	主题数据库后台知识体系管理、资源管理	2014－5－31	支持建立集团特有的知识体系
2.11	镜像数据库	2014－5－31	数据库产品异地安装、使用
2	第二阶段上线联调	2014－6－15 至 2014－7－11	整体测试,包括测试及 BUG 修复
3.1	数字课堂(PAD 应用)	2014－6－30	根据职教特点进行调整
3.2	数字课堂(PC 应用)	2014－7－31	能够基于 PC 运行
3.3	数字教案制作、打包	2014－6－30	教案作为独立产品在商城销售

续表

序号	任　务	时间要求	备　注
3.4	数字课堂学习记录的导出	2014-7-31	详细的学习过程记录
3.5	数字教材软件支持APP打包	2014-6-30	独立APP上应用商店
3.6	网站平台的论坛功能	2014-7-31	为需要的频道或内容加载统一的论坛
3.7	基地建设新闻频道	2014-6-30	新闻管理和发布
3	第三阶段上线联调	2014-8-1 至 2014-8-31	整体测试
4.1	数字课堂基地试用	2014-8-20 至 10-31	结合基地建设进行，选择3家院校进行
4.2	修改完善优化	2014-9-1 至 11-30	根据使用过程中存在的问题，进行修改
4	项目整体运行和维护	2014-9-1 至 11-30	试用、培训、完善或补充开发

第二节　职业教育和培训资源服务网站建设

一、资源服务网站的构成

资源服务网站由以下功能模块构成，见图 7.2.1。其中部分模块，如课程中心、微课网等有自己独立的主页面，可以单独发布。

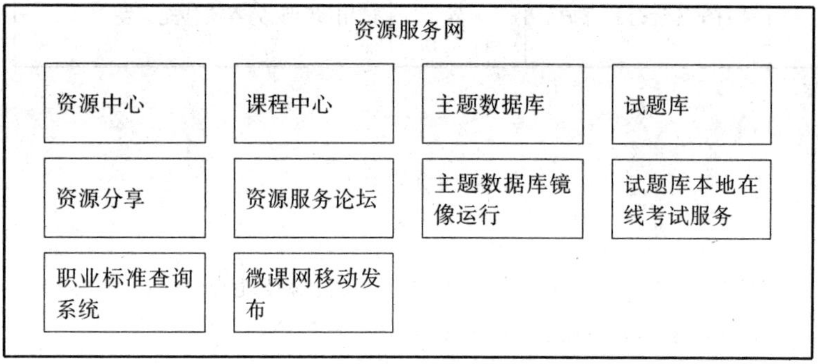

图 7.2.1　资源服务网站功能模块构成

二、资源服务与数字资源管理系统的对接

人保集团数字资源管理系统建设是资源服务开发的基础。资源服务网站中的资源均来自于人保集团数字资源管理系统。资源的采

集、整理、拆分、标引、更新等，在数字资源管理系统中完成。资源服务网站是资源发布和运营的平台。

为了满足职业教育和职业培训数字化资源服务的需要，有必要在数字资源管理系统中建立起职业教育和培训的知识体系和技能体系。

（一）体系层级结构

职业、专业—职业等级/专业方向—课程设置：每职业/专业对应多个课程设置体系，如规划课程设置、标准课程设置、个性化课程设置、一体化课程设置等。

职业—鉴定考核细目表—增补细目表：通过该职业鉴定考核的全部知识点、技能点。

课程设置—课程：每一课程设置对应多门课程。

课程—教材：每一课程对应多本教材，或对应一本教材的部分内容，即一本教材也可对应多门课程。同一课程也可以有不同模式的教材，例如，传统理论体系教材、模块化教材、一体化教材、教改教材等。

课程—章—课—微课：每个微课由一个或多个知识点或技能点构成。

教材—章—节：教材中对应的知识点或技能点。

（二）各层级需要开发的资源

职业层级对应的资源：职业技能标准、计划大纲、鉴定考核细目表、鉴定考核要求、课程设置等。

专业层级对应的资源：培养目标、专业方向、培养对象、课程设置等。

课程层级对应的资源：课程教学计划、大纲、学时分配表、教学条件、师资要求等。

章层级对应的资源：教学目标、重点难点、学习内容等。

课层级对应的资源：教案 PPT、练习等。

知识点或技能点层级对应的资源：文字、图片、声音、视频、动画、挂图（含演示图线路图复杂大图）。

三、资源中心

资源中心建设的目标，是将职业教育和职业培训教材开发过程中的数字化资源，以及为教材服务而开发的立体化配套资源，以单个或打包的形式，通过网站销售，为职业院校和培训机构的教学提供支持服务。

（一）资源频道

为了更好地服务于某一类教育或培训，可以开设相应的频道，将相关资源集中起来，为某一类目标群体服务。

频道可以划分为：职业教育、职业培训、技能鉴定、专业技术、安全生产、创业培训、农民工培训等。

有些频道还可以细分，以提供更有针对性的资源服务。例如，职业教育可以按专业/学科分类；职业培训、技能鉴定和农民工培训，则可以按照职业/工种以及相应的等级进行分类。

（二）资源类型

根据不同的分类体系，数字化资源可以划分为不同的类型。

从教学指导的角度来看，资源可以划分为：职业技能标准、计划大纲、课程设置方案、鉴定考核细目表、教案学案、试题试卷、教材等。

从资源的表现形式来看，与教学知识点或技能点相关的数字资源，可以划分为：图片、挂图、讲课视频、操作演示视频、动画等。

从资源的定价来看，可以划分为：免费资源、收费资源。

（三）资源检索

为了便于用户使用资源，提供多种检索或导航途径。

导航是指按照资源的不同分类体系，一层一层地深入，从而找到用户需要的资源。

检索则是提供智能化的检索工具，用户输入关键词后，即可以检索到与之相关的资源。检索工具支持高级检索，可以设定相关参数，从而更准备地定位到相关资源。

（四）资源快捷访问

提供推荐资源、下载排行、免费资源等栏目，让用户能够快捷地访问特定资源。

各类资源栏目下，最新更新的资源显示在列表的最前面。

（五）资源定价

系统支持单个资源定价，从而单独销售。也支持根据某一标准将一类资源打包成为资源包，以资源包定价销售。

四、主题数据库

主题数据库与数字资源管理系统密切衔接，通过主题数据库生产、打包工具软件提供的功能中，设定相应的原则，从数字资源管理系统中提取相应的资源，并形成一定的栏目和结织架构，以特定的方式，将一批资源集中提供给机构用户。

（一）主题数据库的构建

资源可以按课程来组织和集中，也可以按专业或职业来组织集中，还可以按某一专业的某一类资源来组织集中。

例如，机械制图资源库（按一门课程），可以包括教学计划大纲、课程设置、教学内容、教学难点和重点、章节目录、教材、知识点和技能点、图片、视频、动画等。

装配钳工资源库（按一个职业工种），它包括与装配钳工有关的教材、职业技能标准、鉴定考核细目表、课程设置、教学大纲、图片、视频、动画、教学方案、PPT 等。

机械类专业视频资源库（按大类、按资源类型），可以将机械大类中涉及的专业、职业所有视频资源集中组织在一起，按知识点、技能点为主线，提供给用户。

（二）主题数据库的产品形式

1. 在线浏览

主题数据库主要以在线数据包的形式销售。通过资源中心，将主题数据库作为一个资源产品，进行产品介绍，定价后供用户购买。用户购买后，就可以在线浏览主题数据库中的内容。

2. 本地镜像运行

用户购买主题库后，可以下载数据包，安装到本地，这样就在本地建立了数据库的镜像。用户不用访问资源中心，也可以使用主题数据库中的资源。

主题数据库的另一种使用方式，是用户不仅可以浏览，还可以使用主题数据库加工工具，上载自己的资源并统一管理，实现查询和利用。

3. U 盘或光盘产品

主题数据库产品可以打包后，写入 U 盘或光盘等存储介质。在本地计算机上运行，即可以浏览数据库中的资源。

五、试题库和在线测试服务

（一）试题库构建

根据数字资源管理系统中建立的知识体系和技能体系，将各职业（工种）或课程的试题与知识点、技能点建立起关联，形成该职业的题库或该课程的题库。

系统支持试题的批量导入。将一批试题加工后，形成统一的格式，即可以导入题库。

网站后台提供对试题的编辑、进一步标引等工具。

（二）自动组卷

试题通过与知识体系、技能体系关联，就可以根据设定的标准进行自动组卷。根据不同的组卷策略，可以满足不同的测试要求，如随堂测验、单元小测验、课程考试、鉴定考试模拟等。

（三）支持在线测试

组好的试卷，可以在线开展测试。用户在线答题后，客观题即时给出成绩和答案；主观题会给出正确答案和解释。

支持用户在线测试结果的保存，支持错题入库，便于用户重复练习，以掌握相应考点。

（4）试题库独立产品

试题库可以作为独立产品使用，由机构用户购买后，在本地安装并运行，提供加工工具。用户可以上载自己的试题，并统一管理。

针对个人客户，可以将某一课程的题库打包，形成基于 U 盘或光盘运行的独立产品。用户在本地安装后，即可以开展自我测试。通过多次练习，帮助学员掌握知识和技能。

六、资源分享

除了在资源服务网站上发布出版企业开发的标准资源，还可以在网站上建立资源分享平台，供用户之间分享资源。

建立起服务于用户的资源分享机制。用户可以在网站上提出资源需求，其他用户可以上传自己的资源，供其他用户分享。

建立积分机制，上传有效资源，可以获得一定的积分。使用积分来下载网站上的资源。如果用户没有积分，也可以使用在线支付充值来获取积分。

用户上载的资源，一经审核，也会列入数字资源管理系统中进行集中管理。

第三节　职业教育和培训课程中心建设

传统的教材服务，是通过出版配套教学参考资料、教材的立体化开发来实现的。随着网络技术的发展和应用的普及，这些服务越来越适合于通过网络来开展。同时，网络也已经成为一个重要的宣传阵地，教材也需要通过网络来宣传和推广。

为了适应这种发展趋势，提高教材的竞争力，教材编辑室提出了建立教材推广网站、通过网络为教师和学生提供服务等要求。

为了更好地推广教材，有针对性地引导用户使用我们开发的教材，我们研究了国内外在课程中心建设的实际情况，分析了人保集团教材服务和推广方面的需要，在此基础上，提出人保集团课程中心建设方案。

一、国外为教材服务的课程平台建设情况

（一）国外高等教育和职业教育的专业设计、课程设置和教材开发

在国外（主要指英国和美国）的大学和职业学院，其专业开设往往由学校自主决定，专业设计往往结合当前的人才需求和知识

要求进行。学校对于专业设计有着很强的自主性，每一专业的课程设置由学校的各系、院自主决定。

课程设置与教材开发在国外往往是独立的。很多课程并没有唯一指定的教材，教师往往指定一本或几本主要参考书作为教材。其教学的开展，并不是完全围绕教材进行的。教学内容由主讲教师自己决定，一般主讲教师通过学校的在线学习平台，根据课程进度，随时发布学习内容。这些内容可以来源于教材，也可以是教师编写的学习材料。

教材开发是作者的事。每一个作者编写自己的教材，作者往往是知名的教师，结合自己的教学实践来进行教材编写。为了使教材的适应性更广，往往多个区域（也可以跨国，当然是同样使用英语的地区）的教师合作，编写一本教材。

在教材开发的同时，作者会进行课程设计和教学设计，开发课程教学时需要的辅助教学资源。教学资源越完善，越方便使用，则教材越受欢迎。

教材的推广由出版社进行。出版社通过向大学、学院派遣编辑、销售代表的方式，介绍教材特点，由教师决定选用何种教材作为自己主讲课程的推荐教材。教材的购买是非强制性的。学生只需要学习和掌握了学校的课程平台中教师发布的内容，就可以通过考试。推荐的教材也只是作为课外辅助阅读使用。

（二）国外教学资源的提供方式

在英国、美国，网站已经成为教材服务提供的主要形式。它的提供者，既有出版社，也有作者。一般来说，出版社为每一教材建立一个子网站，供教师使用。资源不能随意浏览或下载，用户需要注册，并提供学校开设课程的相关信息或购买教材的信息，才能浏览或下载。出版社通过网络提供的资源主要有：教师手册、各章的图片、教学 PPT、小测验、考试试题、答案和提示等。这些资源是为教师服务的。学生的服务通过课程平台开展。学校或教师购买出版社的教学资源后，放在学校的课程平台上，供学生学习。

如果是作者建立的资源网站，则同时面向教师和学生。部分资源免费下载，部分资源需要购买教材才能够下载。除了资源，作者也提供部分服务，如问题解答等。

二、国内课程中心建设的情况

（一）南京师范大学课程中心

南京师范大学根据重要程度，将课程分为国家精品课程、校级精品课程、一般课程等。每一课程中，将与课程相关的信息和资源集中起来，供教师和学生浏览。栏目包括：课程简介、教学队伍、教学大纲、教案、多媒体课件、实验教学、教材、教学成果、科学研究、网上交流、习题与作业、参考文献等。这些栏目可以供教师自主选择，可以添加栏目，也可以只选择其中的一部分栏目。

它的特点是实现了教材、教学资源与课程的匹配和集中，从而方便学生使用。

（二）国家精品课程资源网

国家精品课程资源网包括本科课程、高职高专课程。课程根据学科、专业大类划分。同一名称的课程，又有不同的主讲教师主持的多个课程。

该网络的组成如下：

一级链接：首页、资讯中心、课程中心、资源中心、教材中心、资源联盟、课程申报等。

二级链接：

课程中心——本科课程、高职高专课程、视频专区、课程培训、课程专区、开放课程、新世纪网络课程、排行榜；

资讯中心——政策公告、信息快报、高教纵览、热点专题、课程建设、中心动态、焦点关注、欢迎投稿、信息搜索、热门点评、名师名课、百家讲堂；

资源中心——本科资源库、高职高专资源库、共建共享资源库、高职示范校成果展示、高级搜索、排行榜、分类资源（视频动画、音频、文本、图片）；

教材中心——分类导航、读者对象、学科分类、热门教材、热门教辅、考试用书、社会用书；

资源联盟——联盟学校。

三级链接：

在每一课程中，列出了课程概况（课程简介、教师团队、教学条件、教学方法、教学内容、教学效果）、课程内容（教学大纲、课程章节、教学课件、电子教案、所有资源、参考教材）、互动交流（互动交流、我要发言）、相关课程、视频专区。

精品课程资源网以课程为重要的节点，将资源及相关信息组织在一起，为教师、学生提供服务。课程内容的浏览和下载都需要注册，提供购买教材的信息等。可以用于收集和了解用户信息。

三、通过网络提供教材服务的现状和需求

（一）现状

当前人保集团门户网站首页中，有一个数字资源的链接。在数字资源网页中，有一个资源下载专区，其中有多个链接，包括的栏

目有：网络课程、资源下载、在线样书等。当前的数字资源服务存在以下不足：

1. 资源量少。不仅少，对于资源的说明信息也不够，只能从名称上来判断资源的用途。与教材、课程没有建立起关联。

2. 没有用户管理。虽然网站后台有下载和访问数量记录，但并不准确，不知道用户来源。内部人员的测试性点击，也会被统计在下载数量中。

3. 教材开发过程中的大量信息没有得到利用。由于功能相对简单，策划编辑在开发教材过程中的大量有用信息和资源，并不能上载到相应的资源中，为教材推广和使用提供支持。导致用户在选择教材时，信息不充分，无法做出购买的决策。

（二）需求

通过网络来提供教材服务，这已经是当前的趋势。编辑部门也已经提出了这方面的需求。另外，在教材推广和宣传方面，编辑部门也提出要建立专门的网站，来对出版的教材进行宣传和推广。教材的宣传和推广，必然要提供更多的信息，如使用信息、特点介绍、教学和培训条件等。这些教材信息也是课程开设中需要的信息。

为此，可以将这两方面的需求结合起来，借鉴和参考国家精品课程资源网的模式，即将课程与教材，以及与教材相关的信息整合到一起，组成课程平台，为教师和学生提供信息服务和资源服务。在课程平台的基础上，由多门课程组成一个专业或学科的子网站；由多个专业或学科的子网站，组成一个专门服务于教学和培训的专题网站。

四、课程中心建设方案设计

（一）目标

将教材和课程联系起来，为学校的课程建设提供支撑，包括指导性的计划、大纲、教学资源等。通过相关联的课程，与专业、学科建设联系起来，为学校的专业设计提供参考。通过与课程和专业、学科的联系，让使用者准确了解人保集团出版的教材定位、使用特点和教学条件等，从而选择人保集团的教材开展教学。

将教材和资源联系起来，方便教学的开展，便于教师进行教学设计和使用。

将教材开发和作者联系起来，发布教材开发和修订信息。

形成课程中心，凝聚一批学校和忠实用户。

通过长期的课程开发形成专业、学科子网站，最终形成面向职业教育和培训的专门网站，推广和宣传人保集团的教材。

（二）网站功能的规划

参考国家精品课程资源网的设计，我们要开发的网站同样应具有全面的资源服务、教材服务、专业信息、交流和互动、精品课程等功能。

课程设计中心——提供与课程相关的材料，供教师在开展教学时参考，选择相关资源，组成自己的课程，并组织教学。

精品课程中心——通过与部能力建设司、教材办合作，开展相关活动，组织全国范围内的精品课程评比，鼓励职业院校申报精品课程。对于精品课程给予政策或资金扶持。最终形成精品课程专业网站，为教材开发提供支持。

资源中心——将课程按专业组织起来，为每一专业提供相关信息，供学校在开设专业时参考，提供专业相关的资源。通过专业资源平台，与课程设计中心、精品课程中心建立联系，从而形成提供教材服务的专业网站。

教材中心——全面展示教材目录和内容简介，支持图书内容的在线预览等，进行教材推广，方便用户选用和购买。

视频中心——将视频类、动画类资源集中起来，供查询和下载。

图片中心——提供图片资源的检索和下载。

信息中心——提供与学科、专业、课程相关的信息，如教学改革、政策、研究成果、教材出版等方面的信息。

（三）课程导航方式

职业大类导航：将现有职业划分为职业大类，按职业大类快速定位到职业，再定位到课程首页。

专业大类导航：将现有专业划分为专业大类，按专业大类快速定位到专业，再定位到课程首页。

课程列表导航：可分为一般课程、精品课程两大类，以及根据需要设立服务于沟通和交流的院校教师自主上载的交流课程。

（四）职业（工种）/专业首页内容

每个职业（工种）/专业有自己的首页，其中包括：

该职业工种的新闻动态、职业技能标准、培训计划、各级别培训大纲、培训教材；

该职业有关的公告（教材开发信息、试用反馈、意见调查、职业技能标准修订等）；

该职业有关的免费资源（视频、动画、PPT 课件、图片等）；

该职业的课程设置；

围绕该职业的论坛、论文（教学培训论文、研究论文、职业发展论文）；

该职业的其他信息（招聘、求职、培训机构、广告等）。

（五）课程首页内容

课程（总体性）栏目：课程对象、课程简介、教学大纲、教学条件、教学方法、教学内容、课时分配设置、理论教学或实习训练设备仪器配备；

课程（按章节）栏目：课程章节、教学课件、电子教案、教学录像、说课比赛、教学设计、例题习题、动画演示、相关资料、其他资源；

教材使用：教材信息、编写人员、章节目录、样章阅读、教材特点、相关教材；

互动交流：教学论文、教学改革、教学互动、我要发言、课程论坛；

其他：培训课件、模拟测试、技能训练、专家答疑。

第四节　职业教育数字化解决方案

计算机信息网络技术、移动计算技术的发展、应用和普及，极大地改变了人们的生活方式和工作方式，尤其是这些技术正在广泛地应用于教育领域，对教育产生全面、深刻的影响，引发教育领域的革命。教育数字化已成为未来教育发展的必然趋势。职业教育（Vocational Education）是让受教育者获得某种职业或生产劳动所需要的职业知识、技能和职业道德的教育。职业教育的目的是培养应用人才和具有一定文化水平和专业知识技能的劳动者，与普通教育相比较，职业教育侧重于实践技能和实际工作能力的培养。职业教育的数字化可以将知识传授和技能培养结合起来，更好地服务于一体化教学，从而提高技术技能型人才的职业素养，使我国从制造业大国向制造业强国转变。

一、职业教育数字化的内涵

职业教育数字化包括两方面的内容：一是数字化的平台建设，实现教学环境的数字化。通过开发一系列的基于网络技术和移动计算机技术的平台，服务于职业教育的知识和技能一体化教学、技能训练、产学研结合、教务管理等，从而建立起适合职业教育需要的数字化教学环境；二是数字化的教学资源开发，实现教学内容的全面数字化。除了教材的数字化，还围绕职业教育的特点和要求，开发数字化课程资源包，服务于职业教育课程教学的方方面面，如针对特定技能培养的虚拟现实、模拟仿真、流程模拟等训练软件，以及教学和培训中需要的实训项目库、教学案例库、考核试题库、技能竞赛库等。

二、职业教育数字化平台的构成

职业教育与普通高等教育、中小学教育存在着较大的不同。职业教育兼具知识传授、技能培养两方面的要求，因此，其数字化平台建设应适合职业教育的特点。数字化平台的架构包括网络学习平台、在线考试平台、数字课堂平台、移动学习平台，以及服务于学校教学管理的平台等。职业教育院校还要与资源提供商（主要是教材等数字化教学内容的出版商、专业实训系统或模拟仿真平台的开发商）对接，进行教材等数字化资源的采购，同时，教师在教学过程中也会开发相应的数字化资源，这些资源中如果有优质的资源，也希望为其他教师所使用。这就有必要建立起资源服务平台，将资源提供商、职业院校联系起来，为职业院校提供方便、有效的资源服务。

（一）网络学习平台

网络学习平台是基于网络的在线学习系统。它将教师备课（教学资源上载、学习任务和作业布置）、教师上课（利用教学资源进行课堂讲授、课堂讲授实时录像并上载到学习平台）、学生预习（阅读学习材料）、学生上课（既可以参与面授，也可以远程听课，甚至可以自己选择合适的时间来观看讲课视频）、学生完成课后任务（完成作业并提供、参加实训实习并提交实训实习报告或结果）、教师反馈（批改作业、在线答疑）、在线考试（教师定时发布考题，学生作答并提交结果）等教学过程全部搬到网络上予以实现，并对过程和结果进行记录。

（二）在线考试平台

在线考试平台是在线学习平台的辅助系统，用于实现在线考试。教师可以编制好考试试题，并设定试题组织形式（固定顺序、自由顺序或随机顺序，抽题或所有题）、考试的形式（随堂练习、课后小测练、单元自测、模拟考试）、计分形式（是否计入课程学习成绩、所占比例）等。

（三）移动学习平台

移动学习平台是网络学习平台的补充。考虑到用户越来越多地使用移动设备（如 PAD 或智能手机）来访问网络，网络学习平台可以提供移动客户端，供用户下载后，在移动设备上访问网络，这样就可以利用碎片时间来进行学习。

（四）数字课堂平台

数字课堂平台是网络学习平台在课堂上的具体运用。它与传统的计算机接投影仪形式有所不同，是利用移动平板设备、无线网络等，建立起数字化的教学环境。在数字化教学环境中，教师在平板设备上所做的操作，实时投送到教室的高清大屏幕上。学生的平板设备同步显示教师的教学内容。教师和学生之间可以通过平板设备进行互动。例如，教师提出问题，学生就可以在平板电脑上进行回答；教师可以实时查看、统计学生的答案，并可以选择某个学生的答案投送到大屏幕上，供全体学生观摩。教师可以根据学生的回答，来了解学生是否掌握了所教学的内容，从而决定是否要深入讲解某一内容。

（五）教学管理平台

教学管理平台一是要记录学生的学习行为，对学生访问网络学习平台的情况（如时间、设备、IP等）、学习行为（如访问某一学习内容的次数、学习或观看时长、提问、发帖沟通等）、学习结果（作业、测试成绩等）；二是提供各种报表，例如，学习进度、平均水平、内容的兴趣度等，为教师开展教学提供参考；三是与学生的学籍档案对接，将网络学习平台中的相关数据导出，使之形成学生的档案，以特定形式发布。

（六）资源服务平台

资源服务平台是建设在职业院校内部的数字化教学资源管理系统。它管理职业院校从教学资源提供商采购的全部资源、院校自主开发的资源，并按职业（专业）、课程管理。教师在开设课程、备课时，可以从该系统中获取资源，用于建设网络学习课程。

在使用从资源提供商那里采购的资源时，有些资源是买断的，使用时不限次或不限时；有的资源可能需要按次或按学生数授权，则由院校采购使用授权。也就是说，院校的资源服务平台需要与各资源提供商的平台对接，采用统一的标准，以保证资源的可用性、资源的版权保护等。

（七）资源开发和课件制作工具

为了便于教师在使用资源的过程中，创新性地开发资源，要向教师提供资源开发工具、课件制作工具。

职业教育数字化平台构成如图7.4.1：

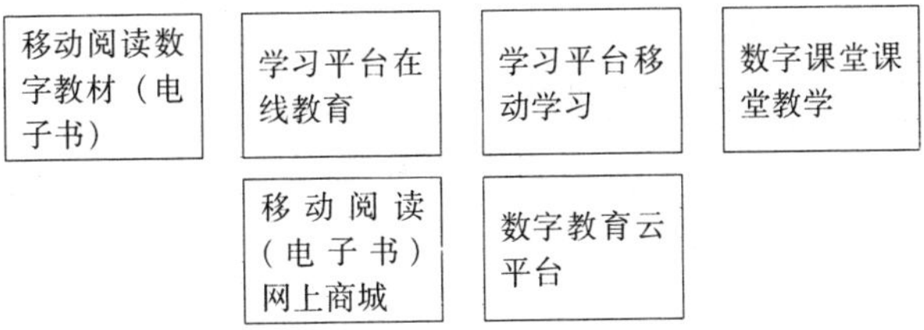

图7.4.1　职业教育数字化平台构成

三、在线学习平台功能需求

在线学习平台是职业教育数字化的核心，是基于 Web 运行的网站平台，用户通过 PC 访问网站，开展学习。

学习平台安装到学校本地，供学校开展教学时使用。可以与数字课堂配合使用。

（一）在线学习平台中的人员角色

使用该系统的人员包括：教务管理人员、教师、学生、系统管理员。

（二）用户管理

教务管理人员负责从出版社采购课程资源包，交由系统管理员建立相应课程和班级后，上载资源。

与学校教务系统对接，学校招生的每一个学员，均可收到一张注册卡，使用其上的信息和个人信息进行注册后，登录平台，进入学习界面。

每一个教师也会得到一张注册卡，登录平台，进入教师界面，管埋课程和资源。

（三）设置专业和课程

由教务管理人员授权系统管理人员在系统中设置专业，并为每个专业设置课程。

课程可以开设不同的班级，由不同的任课教师分管。

任课教师根据学校教学计划和教育平台流程，设置课程的课时数。

（四）定制课程，开展教学

教师添加每个课时的学习内容，设置学习流程后，构成网络课程。

教师可以直接选择人保集团提供的标准课程，进行授课，也可以对标准课程进行个性化改造，增加自己的内容，删除一部分不要的内容。

教师还可以布置作业，设置作业提交的时间（可以随时定制）。

教师还可以设置考试，考试开始时间和结束时间。

教师可以在系统中设置下一课时学习内容开放的时间，到时准时在系统中显示。

也提供练习课程，供教师练习教学活动的开展。

（五）课程学习

根据招生时的信息，为学员按学期或培训周期分配课程。

提供示例学习课程，让学员进行练习，学会发帖，学会考试，学会根据课程学习流程进行学习。

学员在教师发布某个课时的学习内容后，开始该课时内容的学习。学习内容包括：教材中相应的章节、参考资料或辅导资料、课件、练习题等。

（六）学习记录、成绩的对接

与院校或机构的内部管理系统，进行数据迁移和对接；或单独开发发布系统，供学校教务查看和发布学习记录。

（七）与出版企业课程资源对接

出版企业提供教材和数字化的课程资源包。课程资源包经学校教务人员购买后，可整体导入在线教育平台，供教师在教学设计时直接使用或参考。

（八）基于网络开展课堂教学

教师使用 PC，访问在线教育平台，展示课件，开展教学。

教师使用带摄像头的计算机或 PAD 平板电脑开展教学，并投影演示在大屏幕上。

教师教学视频实时采集，上传服务器，供未参加实体课的学员学习。

（九）支持移动学习

在线学习平台上提供支持平板设备或手机设备访问的客户端。用户下载并安装到移动设备后，即可以通过移动设备开展学习。

四、数字课堂功能需求

数字课堂是基于互动数字教材，在职业院校和培训机构的教室里搭建数字化的教学环境。

数字课堂的软硬件环境包括：教室无线局域网、学员人手一台平板电脑、大屏幕或投影仪，数字课堂支持软件等。

在数字课堂上，教师使用 PAD 平板电脑开展教学，并将 PAD 上的内容投影演示在大屏幕上。

通过无线局域网控制学员手中的 PAD 显示内容。

学员可以通过 PAD 即时参与答题，结果实时在教师教学终端上显示，以了解学员掌握情况。

教师教学视频通过PAD实时采集，上传服务器，供未参加实体课的学员学习。

数字课堂的表现形式为APP应用，可基于PC、安卓和苹果系统的平板电脑运行。

（一）数字课堂使用人员需要的支持功能

为实现上述应用，要求系统为各方面人员的应用提供支持，满足以下（按使用逻辑顺序排列）功能：

1. 系统管理（教务管理人员）

（1）创建学院（系所）（一级）。

（2）创建专业（方向、职业）（二级）。

2. 老师

创建班级。

3. 学生

（1）安装数字课堂。

（2）注册登录。

（3）完善个人信息，对应班级。

4. 老师

（1）创建课程，对应专业（教学完成的课程，列入历史课程）。

（2）课程可复制，可编辑。

（3）为课程添加学生（可加整个班级或班级中的部分学生，也可以添加多个班级）。

5. 老师

（1）创建课时，对应课程。

（2）为课时添加教案（资源）。

（3）为课时添加知识点、技能点（一级、二级知识体系结构）。

6. 资源提供（出版商）

（1）建立专业、职业的知识、技能体系（一级、二级知识体系结构），全部资源（包括学案）与知识体系一一对应。

（2）学案的全部内容，包括教材等集中管理。

（3）远程设定资源使用期限。

（4）远程设定班级学生总数（20～40～60）。

（5）远程设定数字课堂学生总数（100～200）。

7. 老师

（1）根据专业、职业的知识体系，建立课程的课时。

（2）从知识体系结构中选取知识点，加入课时，则相应的资源即加入到该课时中，形成学案。

（3）老师可以编辑课时的学案，增加或删除资源。

（4）老师发布后，课时的学案即可以被学生访问。

（5）老师设定学生成绩构成，例如，平时学习、作业、随堂测验所占比例，大作业所占比例，期终考试成绩所占比例，最后得出学生的课程成绩。

8. 学生

（1）登录数字课堂，访问我的课程，即可以看到在学的课程列表，也可以查看以前的历史课程记录。

（2）进入课程，即可以看到最新发布的课时，或按一定顺序排列。

（3）进入课时，选择相应的资源，开展自我学习。

（4）我的学习记录。

（5）我的成绩记录。

（6）课程的公告、通知、提醒。

（7）我的笔记。

（8）我的交流。

（9）我的提问/答疑。

9. 系统管理（教务管理人员）

课程学习记录和成绩的导出，并能够以一定的方式显示，保存下来。

（二）学习记录

在线学习系统、数字课堂（简化版，在线学习系统的平板客户端，增加课堂授课和演示控制功能），要求能够记录学生的学习行为。希望对以下学习行为进行记录，并进行统计、分析，以满足学生、教师、教学管理人员的各方面管理需要。

1. 学生学习记录

学生登录 IP，登录时间，下线时间，登录时长计算，登录次数统计。

学生访问的资源，学习资源时长。资源类型（dpub，视频，Word 文档，图片，PPT，或其他类型）。

按课时，统计学生在某一课时的学习时长。根据在某一课时的学习时长，计算学生在某一课时的学习进度。

默认某一课时的学习时长，由所有资源的默认学习时长累加构成，包括自我检测和考试。某一资源的默认学习时长，由教师在上载每一资源时进行设定。

某一资源的学习时长，如已经达到默认学习时长，则计为本资源学习进度为 100%。虽然总学习时长仍然累加，但在学习进度中并不继续累加。即尽管某学生的学习时长可能超出默认学习时长 50%，但学习进度最高为 100%。

按课程，统计学生在某一课程的学习时长，计算某一课程的学习进度。某一课程的默认学习时长，由所有课时的默认学习时长累加构成，包括期中作业、期中测验或考试、期末大作业、期末测验或考试等。

学生的自我检测或考试。记录起始时间、结束时间，尝试次数，每次得分，错题记录，每道题的做题时间。

学生的学习反馈。学生的学习笔记、标记。学生的论坛发帖、发帖时间、回复数；分课时统计发帖次数。学生的提问、提问时间、教师回答时间；分课时统计提问次数。

2. 教师使用记录

教师登录 IP，登录时间，下线时间，登录时长计算，登录次数统计。

教师制作教案时间统计，按课时统计。

使用标准资源的数量，使用标准资源的比例（按资源学习时长比例计算，例如，出版商提供的某一课时的全部资源学习时间累计为 40 分钟，教师选择的资源学习时间累计为 30 分钟，则使用标准资源的比例为 75%）。

自主制作资源的比例（按资源学习时长比例计算，例如教师选择的资源学习时间累计为 30 分钟，而教师自主制作并上载的资源学习时长（由教师自主设定）为 15 分钟，则自主制作资源的比例为 1/3 即 33.3%）。

教师批改作业时间统计。按每课时的每一项作业统计，具体到每一个学生。

例如，A 学生课时 1 的作业 1，教师批改时间为 3 分钟。

统计维度：某作业，每学生批改时间，累计批改时间。

某课时，累计批改时间。

某课程，累计批改时间。

考试中的主观题，按作业同样记录批改时间，并加入课程累计。

教师答疑时间统计。教师针对学生的提问，进行答疑，时间、时长。

3. 结果显示、统计报表和记录导出

学生进入课程或某一课时，显示学习进度记录、显示已经学习时长。

学生可以查看（通过链接，不直接显示）同班同学的平均学习进度、平均学习时长，以便于对比；查看最快学习进度、最长学习时长，最慢学习进度、最短学习时长。以对比的方式提供上述数据。

学生可以查看自己的学习记录统计报表。报表中显示学生各项学习记录，首页显示分类统计，可以点击了解细项和详情。

教师可以查看学生的学习记录和对照分析报表。教师可以了解全班平均情况，也可以了解某个学生的具体情况。

记录导出。学生可以导出自己的学习记录，以 Excel 表的形式存储；

教师可以导出全班的学习记录和汇总报表，以 Excel 表的形式存储；

管理员可以按班、按专业、按院系、按全校，导出学生学习记录，教师工作记录，以 Excel 形式存储；以网页形式在数字课堂、在线学习系统外部发布，供相关人员查看。

学生、教师、管理员可以打印学习记录的部分或汇总统计部分。

（三）成绩管理

教师在创设课程时，可以设置课程的学习起始时间、结束时间，课程学习人数上限（以 20 为单位累加）。

教师在创设课程时，填写课程的详细描述信息，例如，学习目标、课程定位、课程在专业中的作用、知识模块构成等。其中的重要一项，是确定课程的成绩管理策略。

所谓成绩管理策略，是指系统用来确定参与课程学习的所有学生的最终成绩的原则，即计算公式。

系统提供多套成绩管理策略，以方便教师选择。教师选择或制定策略后，学生的课程成绩即按此计算。

1. 成绩管理策略一：课时学习型

以知识了解类的课程为主，学生学习了全部课时，并完成作业，即可以获得成绩。

每课时在总成绩中所占的比例均相等，平均分配；

根据学习记录中统计的学习进度，计算为课时的成绩；

总成绩为各课时的成绩累加，然后除以课时数，即课程总体学习进度。

若每课所占的比例不等，则允许教师手动自主调整分配比例。

2. 成绩管理策略二：作业型

以每课时的作业成绩为准计算课程成绩。

每课时的作业所占比例，可以是平均；也可以教师自主调整分配比例。

3. 成绩管理策略三：考试型

以每课时的考试成绩，以及期中、期末的考试成绩，综合来评定学生的课程成绩。

由教师确定各次考试成绩所占比例。

4. 成绩管理策略四：综合型

由教师选择课程成绩的构成、各要求项目所占的比例，选择项包括：

学习过程（每课时学习进度）：教师可以按课时设置，也可以平均分配。

各课时作业：平均分配，或按课设置。

特殊作业（包括期末大作业、期中作业或技能报告等）：具体设定比例。

各课时自我测验：自我测验成绩，可按课时设置比例。

各课时考试：各课时考试成绩，可按课时设置比例。

期中考试、期末考试：可具体设定比例。

5. 成绩报告

学生可以查看自己的成绩，全班平均成绩，在全班中的排名；以及查看自己的成绩构成（即成绩策略、各部分得分及总分）。

教师可以查看全班成绩、平均成绩，全部学生成绩排名，打印成绩册、成绩报告，查看某一名学生的成绩构成。

系统管理员可以查看某课程的全部学生成绩，并导出成绩，查看每一学生成绩构成。

（四）销售策略

在线学习系统、简化版数字课堂的成功，与销售策略的制定，资源的打包、导入、更新，系统及资源授权使用期限密切相关。制定符合用户要求、容易理解和接受的销售策略非常重要。

1. 销售策略

以资源销售为主。

以资源的打包销售，与系统集成一并销售，原则上只销售资源，系统为服务。根据资源质量进行定价销售。

按课程学习人数、学习期限授权使用。

每课程学习人数，按20进阶累加。即学校每购买1份授权，可以开设一门课程，添加1名教师，注册最多20个学生。

每增设一门课程，必须消费1份授权；每增加20个学生，同样消费1份授权，可以增加1名辅导教师。每门课程的辅导教师上限为1名。

学习期限，默认设置为半年。课程创建后，半年内可以开展教学；半年后，自动列为历史课程，只能查看学习记录，不能开展学习。Dpub包不能打开，视频不能播放，测验不能重做。文本性文档可以查看。历史记录可以查看，可以查看测验记录和结果。

登录和平板硬件控制：

每一个学生账号可以使用个人电脑登录，但同时只能1人在线；同一账号，若已经登录，再次登录，则原登录用户自动登出。

退出在线学习系统后，session结束，必须重新登录。

每一学生账号可以使用一台平板电脑登录，进行学习。若设备更换，必须申报管理员，由管理员解除原设备，才可以在新设备上登录。新设备一经登录，则绑定该账号与该设备。

退出数字课堂APP后，重新进入，必须重新登录。登录后，返回上一学习点，继续学习。

账号长期有效，提供根据电子邮件找回密码、找回账户的服务。

2. 资源更新

提供管理手段，供出版商的编辑，管理知识体系、技能体系。

为课程添加知识体系树、技能体系树。

将数字化多媒体资源与体系树一一对应。

设计课程的课时样例，为课时撰写教案，添加资源到教案。

为课时编辑作业、练习题、考试题。

布置主观题型的作业，主观题型的期中大作业、期末大作业。

布置组织期中考试、期末考试。

资源与出版商的内容管理系统对接：

一是由内容管理系统导出资源，打包，导入到在线学习系统或数字课堂。

二是在数字课堂中制作，打包导出，然后对接到内容管理系统。

在线学习系统或数字课堂的资源更新

分学期或学年，对系统中的资源进行更新：

资源更新不影响系统的教学和使用，不影响系统中既有的教师定制的个性化课程，不影响学习记录。

提供方便的资源导入和对接手段，可远程 FTP。或提供专业的资源管理后台，供出版商远程访问。

学习记录、教师教学记录的采集：

出版商可以访问在线学习系统、数字课堂，了解学生的学习记录、教学记录，了解教师和学生对资源的使用情况。从而分析数字化资源，为后续资源更新和开发做好基础研究。

系统中资源的版权控制：

采取有效的手段，控制核心资源的版权不流失。一是 dpub 包，二是视频、动画类资源，不能下载、传播。

其他资源，如图片、PPT、文档等，可以供教师下载、编辑。

第五节　职业培训资源库项目运营和推广

一、项目数字产品形态和销售方式

职业培训项目正在形成的数字产品主要有以下几种形态：

（一）互动数字教材

也称为互动数字课程，与传统教材配合使用。一是提升教材产品的竞争力；二是为数字化教学和培训服务。

互动数字教材当前的表现形式为 APP 应用，必须基于方正慧云阅读器。由于目前应用在 iPad 上表现较为稳定，体验感较好，建议初期基于 iPad 宣传和推广。如果后续能够有合适的 Pad（性价比较高，运行较为稳定），再行考虑。

1. 产品定价策略

尽管每一职业整体数字化课程开发的投入较大，但面对市场，如果依据成本进行定价，预期难以在市场上获得认识和接受。建议基于市场需求定价。互动数字教材定价策略是：每微课 2 元～3 元，每课时 10 元～15 元。每门课程 200 元～400 元。

建议最低销售折扣 50 折（仅对重点地区的发行站点）。

2. 产品销售模式

预期 2014 年底 7 个职业约 60 门互动数字教材上线销售。销售方式如下：

基于项目推广网站，服务于个人用户。在人保集团网站上提供自主书架 APP 应用（内置阅读器，相当于有人保集团标识的阅读器）。用户下载并安装 APP 应用后，即可以访问数字教材书店。在线购买后，即可以下载互动教材，开展学习。

为了促进用户的购买兴趣，人保集团自主书架 APP 应用内置 3 种互动数字教材的免费章节（各 2 课时），供用户下载后浏览。此 6 课时的互动数字教材统一用作对外宣传、推广和培训，用户可以免费下载、复制、传播。

基于传统教材销售渠道，服务于机构用户。为人保集团发行站点免费配置数字教材演示和推广用 iPad（每站点至少 1 台），内置最新互动数字教材。供发行站点到各机构进行展示、介绍、营销。对发行站点的要求是，设立互动数字教材销售代表，专门负责数字教材演示、介绍，并与人保集团进行相关业务的对接。

发行站点向机构用户销售互动教材使用授权码。授权码印刷在名片式的卡片，每一张卡片上有一个唯一代码（明码）和一个授权码（暗码，刮开涂层才可见）。授权码的使用方法是：机构用户的学员使用 iPad 通过 Web 方式访问项目网站，即可以下载人保集团自主书架 APP 应用。在应用中，在连接网络的情况下使用授权码，通过认证后，即可以获得互动数字教材，下载后使用。

授权码一经认证通过，发行站点的销售订单即成立，通过授权码对应的明码即可确认是哪个发行站点销售的。由人保集团发行部门与该发行站点统一结算。

（二）数字化资源

互动教材开发过程中，以微课的方式对应于知识点、技能点开发多媒体资源。这些资源可以独立销售。数字化资源的销售基于项目网站中的资源中心子站点进行。用户在线付费后，即可以在线浏览、下载资源。

数字化资源的打包（基于课程或整个职业）销售，则仅面对机构用户。采取高定价策略。建议定价每课程资源包不低于2万元，每职业资源包不低于10万元。

（三）微课网站

将数字课程中的视频、动画资源全部整理出来，建立职业技能微课网站。网站以微课为最小单元，发布技能培训和教学的微视频。

每一课程10%左右的微课免费观看，余下部分收费。每门视频课程的定价为互动数字教材定价的50%，即100～200元。

（四）数字课堂教学系统

数字课堂教学系统为简便易用教学辅助软件。它的主要功能是在教室内搭建起数字化教学环境，包括无线网络、iPad与高清大屏（或投影设备）的连接（无线或有线）、教师设备与学生设备的关联、教师设备的主控功能、设备之间的互动功能等。主要目的是应用人保集团的互动数字教材，在数字课堂环境中，实现数字化教学，以及教学过程的全程录制（基于教师设备的简易方式）。

此系统在数字化教育和培训示范基础免费推广。在其他机构用户收费销售，定价范围在2万～10万元（视机构用户所需要的技术支持服务量）。

二、数字化教育和培训示范基础建设

（一）应用示范基地选择

河北、江苏、广东、四川等地（就近、东部、西部）各选择1～2所有代表性的职业院校，作为一期应用示范基地。

免费帮助基地搭建数字课程教学环境，配发10台左右的iPad，预装全部互动数字教材。

（二）对基地的要求

7个数字课程职业中，基地必须开设并长期招生1～2个职业。

每学期组织数字课堂形式的教学不少于30课时。

每学期组织地区性数字化教学观摩不少于10次。

根据人保集团的安排，接待其他机构的参观，有专人负责演示和讲解。

与地区发行站点有建立良好的合作关系。

数字课堂教学系统的本地区推广代理。

三、宣传推广活动

（一）组织宣传和推广活动

每月组织一次宣传和推广活动，选择河北、江苏、广东、四川等地进行。每地选择2～5所职业院校，深入学校，与教师、学生密切联系。鼓励试用，了解数字教材使用反馈，了解职业院校需求。

试用要求达到300人次（教师100人，学生200人）。

（二）参加教材办公室组织的活动

教材办公室组织暑期培训班2次，参加会议并宣传介绍微课、数字课程、数字教材等。结合现有数字教材进行宣传和推广。

（三）宣传推广的内容

利用假期组织互动数字教材研讨和培训班，至少举办 1 期。内容如下：

互动数字教材的特点介绍和使用演示；

微课的特点及开发；

互动数字教材的开发和制作；

数字课堂和互动数字教材的使用演示；

项目网站介绍；

互动数字教材销售方式和销售渠道；

互动数字教材的免费试用和问卷调查；

互动数字教材试用教师 QQ 群和微信群的建立和维护；

互动数字课程联合开发方案。

四、营销团队的建立

2014 年 6 月 ~8 月，按项目用人方式，招聘 2 人，要求计算机软件开发专业背景。参与项目开发过程，了解数字产品和技术实质，为宣传推广和技术支持做好准备。

2014 年 9 月 ~10 月，互动数字教材陆续上线，继续招聘 2 人，要求营销专业背景。与技术人员搭配，组织 2 个宣传推广小组（每组 2 人），在重点地区从事宣传和推广工作。为发行站点的数字教材销售代表提供培训和技术支持。

后续根据项目进展确定招聘人员数量，明确职责和分工。

第八章
全流程数字出版项目策划

第一节　项目基本情况

一、项目名称

全流程数字出版支持下的数字印刷创新项目。

二、项目目标

本项目旨在实现出版流程的数字化，最终实现全流程的数字化出版。在提供数字化信息服务供用户进行电子阅读和消费的同时，结合近年来日益成熟、成本日渐降低的数字印刷技术来实现在线按需印刷，从而将传统出版和数字出版全面结合和无缝衔接起来，创新传统出版的业务模式，与数字化相结合拓展出版业的服务范畴。在以数字化方式开展传统出版的同时，实现数字化信息服务、个性化出版、按需定制印刷，最终实现传统出版向数字出版的全面转变。

本项目核心为数字出版云平台等信息化基础设施建设、数字化按需印刷 1 个基地和 3 个服务中心的建设。

三、项目简介

在网络技术和数字技术日益普及的今天，传统出版企业在信息化和数字出版上已经做了多方面的探索、研究。中国人力资源和社会保障出版集团紧跟技术发展的趋势，加大在信息化和数字化方面的投入。在硬件环境方面，人保集团已经构建了内部局域网，搭建了符合数字出版要求的云计算平台；在应用软件方面，实现了办公、编辑、出版、发行、财务等完善的信息管理系统；在数字化方面，建立了基于大型数据库的数字化资源管理系统，实现了内容的数字化管理和存储。信息化和数字化的办公环境、生产流程逐渐成形。但是，人保集团的数字出版仍未形成成熟的业务模式，信息化和数字化仍旧是在为传统纸书的生产服务。

与此同时，读者获取新闻信息、知识消费方式已经在悄悄地发生着重大的改变。人们的阅读方式和阅读习惯正在由纸书阅读慢慢向电子阅读让渡，电子阅读正在逐渐普及。虽然电子阅读不可能取代纸书阅读，但随着无线网络的基础设施化（城市提供无处不在的免费无线网络）、移动阅读设备（笔记本电脑、平板阅读器、智能手机等）的普及，电子阅读将取得越来越大的份额。出版企业实现全流程数字出版，提供数字化的信息服务已经成为必然的趋势。

本项目的主要内容包括：

（一）出版流程数字化

利用网络技术和协同编纂平台，实现出版内容的采集、加工、存储环节的数字化，使得内容开发和图书出版的全流程实现数字化，积累和形成可供开展数字出版业务和按需印刷服务的数字化内容资源库。

（二）传统纸质资源的数字化

对传统出版物中的优质资源进行数字化转换，尤其是绝版、断版、印量小的图书，充实数字化内容资源库的容量。

（三）版权代理服务

与其他出版商合作，代理各种版权的图书在线按需印刷和发行业务，不断扩大数字化内容资源库的可供图书目录。为用户提供海量的图书目录，供用户选择进行购买和按需印刷。

（四）按需印刷和定制印刷

有了数字化内容资源库，用户可以从资源库提供的书目表中选择自己需要的图书，确定购买数量后，即可以按需进行印刷。用户还可以根据自己的需求，从不同的图书中选取自己需要的内容，从而构成自己需要的个性化定制读物，印刷后获得与众不同的定制图书。

（五）个性化出版服务

依托全流程数字化出版，针对有需求的用户开展个性化出版服务，使得出版服务于普通大众，而不仅是专家和学者。普通大众可以将自己的文章、亲友的日记、家人的照片等各种生活题材的内容，提交给内容加工编辑，从而制作成为个性化图书。

（六）数字化信息服务

数字化内容资源库除了服务于用户按需印刷外，还通过网络提供给用户进行在线阅读和移动阅读。

本项目实施的总体目标是构建服务于数字化内容生产和发布、按需印刷的基础设施和软硬件环境，从而建立起数字出版和按需印刷业务流程，使得项目正式运营。具体包括：

1. 数字化内容生产协同编纂系统。

2. 数字化内容存储资源库和管理云平台。

3. 数字化按需印刷基地和服务中心。

4. 数字化内容发布平台。

5. 个性化出版服务网站。

6. 数字化内容资源版权交易网站。

四、项目背景

（一）实施文化强国战略的要求

党的十七届六中全会鲜明地把文化强国作为国家战略的重要内容突出强调。党的十八大报告进一步要求，扎实推进社会主义文化强国建设。报告指出，文化是民族的血脉，是人民的精神家园。对当代中国发展来说，文化强国战略是在改革发展关键时期进行的又一次宏大战略筹划，是我们党对中国特色社会主义建设规律和科学发展规律认识的提炼升华，是对全面建设小康社会、实现中华民族伟大复兴具有重要意义的深远安排，标志着我们的国家战略上升到了一个崭新的境界。出版产业是实施文化强国战略的关键一环。

1. 从传统出版走向数字出版是增强文化整体实力和竞争力的重要途径。党的十八大报告指出，文化实力和竞争力是国家富强、民族振兴的重要标志。在网络和电子媒体日益普及的今天，数字出版已经成为出版业实现产业转移、价值提升的必然选择。国外的出版机构已经纷纷投入数字出版，建立了成功的运营模式和盈利模式。

数字出版不是对传统出版的否定，它是运用数字技术对传统出版的内容生产、产品发布进行整合、变革和改进，从而以更丰富的产品形式提供给用户。数字出版的产品形式，不仅包括了传统出版的纸质印刷物，还包括以多种形式展示、通过多种渠道发布的电子媒体，如网络、电子书、移动阅读。

数字技术与传统出版结合而走向数字出版，会给传统出版带来全新的活力，为传统出版提供了新的增长点。它还将增强传统出版企业的整体实力和竞争力。

2. 从传统出版走向数字出版是丰富人民精神文化生活的要求。党的十八大报告指出，让人民享有健康丰富的精神文化生活，是全面建成小康社会的重要内容。报告要求，坚持以人民为中心的创作导向，提高文化产品质量，为人民提供更多更好的精神食粮。

数字出版通过技术，能够为人们提供多种形式的文化产品，而不仅局限于图书。同时，人们文化水平的提升，也激发了其自主创作的意识，使得发表和出版作品的需求大大上升。基于数字出版的按需印刷适应了人民追求更高层次精神文化生活的要求。

（二）用户消费行为决定的个性化出版

在阅读不断电子化的今天，用户对图书产品的消费行为日益受到电子媒体的冲击。与此同时，图书产品的竞争日趋激烈。用户阅读习惯的改变，以及用户整体文化素质的提高，都对基于按需出版的定制印刷提出了全新的要求，个性化出版日益受到用户的欢迎。

1. 阅读习惯的改变。随着网络技术的发展和普及，人们的阅读习惯正在发生着深刻的变化。网络、电视、纸质出版物三分天下的局势，正在悄悄地向网络倾斜。更快速的更新、满足个性化的需求、掌上阅读设备的普及，使得通过网络进行数字化阅读成为日益普遍的现象。数字化阅读的直接结果，就是纸质出版物销量的下降。例如，3 年前国内畅销书的销售册数要求是 10 万册，而现在已经降至3万册。

2. 图书品种的丰富。出版企业竞争日益加剧，出版领域日益重合，一个领域内的图书品种急剧增多，读者在面对纸质出版物时选择面更宽，进一步降低了单品种图书的销售数量。

随着图书出版业的繁荣、图书出版的不断个性化和分众化，单品图书的印刷册数会呈逐步降低的趋势。数字出版和按需印刷能够较好地适应这一趋势的要求。

3. 公众文化素质的提高。高等教育的普及，进一步提升了公众的文化素质，一方面使得全社会整体对文化产品的消费有了较大的增长，但另一方面也使得读者在选择文化产品时，有了更多的个性化需求，而不仅仅满足于单一的读物。

综合上述各方面可以看到，图书的单品销售数量逐年下降。出版企业的可供书目越来越多，单品销售的册数又不断降低，使得出版企业可供书目中，年销售量不足1000册的图书占据了相当大的比例。这些年销量较小的图书如果使用传统印刷方式大量印刷，会造成出版企业的库存积压。解决这一矛盾的重要途径，就是实现按需印刷、即时印刷。而按需印刷、即时印刷的前提是出版流程的数字化，使得图书内容能够以数字化的形式传输、发布和付印。

五、项目意义

（一）实现全流程数字化出版

作为传统出版企业，人保集团近年来虽然在信息化和数字化方面做出了探索，取得了一些成绩，但总体而言仍是以传统出版为核心的出版企业。出版流程的管理实现了信息化和数字化，但与数字出版相衔接、使生产的内容实现数字化发布，还存在相当大的距离。本项目实施后，将实现全流程的数字化出版，使得人保集团的组稿、编辑加工、生产管理、内容存储、内容发布全面走向数字化。

（二）实现数字出版与按需印刷的完美结合

本项目立项的重要依据，是为了满足图书市场的个性化需求。随着出版企业提供给市场的可供书目越来越多，其中大多数图书的年销售数量较小，并呈逐年下降的趋势。将数字出版与按需印刷结合起来，可以较好地解决当前的产销矛盾，保持较为庞大的可供书目，减少库存，提高盈利水平。数字出版支持下的按需印刷，转变传统出版企业的印一本、卖一本的销售模式，做到卖一本、印一本，从而降低库存、避免退货，大大降低了出版企业的生产成本。

（三）实现数字出版业务创新

建立起全流程数字出版后，出版社的组稿、加工和多人协作都将通过网络进行，这将极大地改变出版企业的生产模式，提高效率，降低费用。尤其是传统的组稿模式需要召开多次组稿会议、审稿会议，通过协同编纂系统，作者、专家、编辑可以协同工作，在线交流，从而创新性地开展工作。

个性化出版也将日益成为出版中的主流。公众素质的提高，使得普通人群有了发表和出版作品的可能。全流程数字出版和按需印刷适应了这一形势发展的需要。

第二节　项目研究

本项目研究的重点是国内外有关该项目的发展现状和发展趋势。

传统印刷技术以批量印刷为主要特征，批量越大，成本越低，这为大众内容产业的兴起提供了最重要的技术前提。由于传统印刷的成本刚性，小批量印刷一直面临着不可逾越的经济成本。

目前，由于人工成本增高、纸张成本上涨等因素，传统印刷与数字印刷相比，在成本上的优势进一步降低。加上个性化、小批量的短版印刷市场飞速发展，使得数字印刷、定制印刷成为未来印刷企业的首选。

资料表明，在美国，2010 年有 47% 的数字印刷工作实现多样化和个性化，定制印刷在印刷市场的增长率已经达到 30%，直接从网络印刷的活件增长率已经超过 100%。从印刷份数来看，有 78% 的四色印刷活件的份数已经减少到 5000 份以下。印刷企业向数字印刷发展已经是大势所趋。

同时，数字印刷技术的快速发展，给传统出版和印刷行业带来了巨大的商机，数字印刷已经成为最具发展潜力的一种印刷方式。

第三节　项目可行性分析

一、项目已有基础

（一）积累了海量的基础资源

中国人力资源和社会保障出版集团长期致力于开发职业教育、职业培训、人事人才、劳动保障、科技安全等五大板块的教材和图书，年出版新品1000多种，在销产品8500余种。

人保集团从1997年起开始重视出版业务的信息化建设，构建了包含编辑业务各个流程的信息系统。其中，尤其重视图书电子排版文件的转存和利用。目前，人保集团已经将多年来积累的电子排版文件逐步纳入数字化资源管理系统。积累的海量基础资源，经过适当处理即可用于数字印刷。

（二）持续的信息化基础设施建设

人保集团在信息化和数字化方面具有良好的基础。在硬件环境方面，建立了较为实用的服务于出版业务的硬件平台和局域网络；在软件环境方面，建立了全面的管理信息系统，将传统出版业务纳入信息化管理的范畴；还建立了面向数字出版的内容管理系统，对传统资源进行数字化并加以利用和管理；构建了服务于各项出版业务的网站群，数字化信息发布和数字出版初具规模。

数字化资源管理系统是数字化资源管理和应用的基础平台，它是数字化产品开发需要的数字内容的来源。媒资系统的建设将为数字化产品开发提供重要支撑。2011 年，人保集团构建了媒资管理系统。该系统采用 Oracle 公司的 UCM 内容管理平台，以国际先进的内容管理理念，对人保集团数字化资源进行存储和利用。

数字化资源管理系统建立后，大大提升了人保集团的信息化水平，尤其是在内容数字化管理和存储、利用和新型数字产品开发方面。不仅为信息管理和数字产品开发提供了支撑，也为策划编辑和图书编辑利用现有资源提供了方便。进一步，还可以将图书开发过程中的相关资源存储在资源管理系统中，使得图书和教材开发的知识和经验可以借鉴、查验和传承。尤其是策划编辑的知识和内容管理，将变得更加轻松和清晰。

基于现有的内容管理系统，进一步整合建设后，可以建立成完整的内容资源库，形成一大批可供数字化信息发布和服务于按需印刷的图书目录。

二、项目可行性分析

（一）按需印刷技术的成熟

经过 20 多年的发展，数字印刷技术已日趋成熟。目前，国外的富士施乐、HP、柯达、Xeikon、佳能等都有成熟的按需印刷设备和系统的解决方案。除了国外按需印刷设备外，我国自主研发的方正印捷 POD 系统也为业界广泛采用，完成一本书的印刷装订仅仅需要几分钟的时间。按需印刷的关键技术难题已经解决。

服务于按需印刷的数字印刷技术日益成熟，数字印刷机的价格不断下降，应用越来越广泛，业务模式也日益成熟。印刷成本不断下降，按需印刷的图书价格逐渐进入可接受的范围。据美国德克萨斯大学报告，The Espresso Book Machine（EBM图书印刷机）的价格已经降至15万美元（约90万元人民币）。200页图书单册印刷的价格为20美元（约120元，即每页0.6元）；而600页图书单册印刷的价格为40美元（约240元，即每页0.4元）。如果印刷数量增加，价格还会有较大幅度的降低。

在国内，采用数字印刷设备印刷图书，以印量1000册计算，每页的印刷成本已经降至0.061元。这一价格与传统印刷基本持平。如果印刷册数低于1000册，则数字化按需印刷的成本将低于传统印刷。由于数字印刷不涉及到胶片洗印和晒版等，印刷册数依据实际订购数量，不会浪费纸张，从而更环保和节省资源。

（二）服务于企业内部真实的需求

根据人保集团发行信息系统统计，2011年人保集团全年动销品种有8500余种。在8500余种动销品种书目中，绝大多数属于长销品种，可以销售3年以上。其中，年销售册数不超过500册的有5200余种，年销售册数在501册~1000册的有900余种，年销售册数超过1000册的有2400余种。

总体来说，年销售册数不超过500册的图书，均可以纳入按需印刷的范畴。一是节省了大量库存空间。初步估计，若5200余种图书均使用按需印刷，可以减少50%的库存容量，人保集团当前的库房数量可以由8个降低为4个。二是可以根据读者的真实需求决定印数，对这些图书不必使用主动发货的方式进行推销，减少50%的退书数量。

（三）个性化出版的需求

随着公民整体文化素质的提高，群众在创作上的积极性和出版意愿大幅度提升。相当大规模的知识分子群体都有着强烈的出版意愿。但由于受传统出版高收费、高基本印数的制约，一本书的出版费用动辄得3万~5万，甚至更高，很多有出版需求的用户不得不望而却步。选择按需印刷，使得出版物的基本印数可以大大降低，甚至一本书也可以印刷。如果配套的出版支持服务到位，则未来每一个公民都可以出版自己的著作、私人作品、影集，甚至家庭档案、旅游活动等。

（四）数字化阅读的普及

随着无线网络的基础设施化、个人移动阅读设备的普及化，数字化阅读必然成为未来阅读的首选，传统出版必将走向数字出版。因此，将传统出版过程逐步数字化，在当前阶段与按需印刷结合，一方面可以为未来的数字化阅读做好准备，另一方面也可以充分利用传统的阅读市场，探索出一条合理可行的数字化出版之路。

三、盈利模式分析

（一）服务于人保集团内部的按需印刷

按需印刷可以节省库存，减少退货。结合前面的可行性分析可以看到，对于印刷册数在500册~1000册的图书来说，采用数字印刷已经可以做到成本与传统印刷基本持平，或略有降低。而印刷册数在500册以下时，采用数字印刷则会使得印刷成本有较大的下降。

根据人保集团2011年销售统计数据，在8500个动销品种中，有5200种的销售册数在500册以下。如果这些图书全部以数字印刷方式进行按需印刷，以平均每种节省1000元费用计算，则5200种图书每年会节省约500万元。

采用数字出版和按需印刷，可以轻松地做到根据读者真实订单付印和发货，从而避免了库存费用和主动发货造成的退货费用。初步估计，人保集团每年4个库房的租用和管理费用为260万元。2011年退货总量300万册，其中40%会报废。采用按需印刷后若减少50%的退货，可节省物流成本100万元。报废图书也会减少60万册，估计可节省费用240万元。

综上，采用数字出版和按需印刷后，在印刷费用、库存和退货方面，每年可以为人保集团节省成本约1100万元。

（二）按需印刷版权代理

与其他出版企业合作，不断扩大按需印刷的可供书目。为各出版企业的断版、绝版图书提供按需印刷服务，保证各出版企业的图书版本不断版。在单品种全年发行数量不高于10册的情况下，按每个品种向出版企业收取100元的服务费用；发行数量高于10册低于20册的情况下，免费为出版企业服务；高于20册的情况下，销售利润按固定比例（例如5:5）与出版企业分成。

计划通过2年的努力，将版权代理可供书目拓展至1万种，预期每品种每年平均可实现销售码洋2000元，则每年可实现销售码洋2000万元。按利润率20%计算，可实现利润400万元。

（三）服务于个性化出版和自助出版

在北京基地和全国3个中心（南京、广州、西安）各成立一个专业的编辑部门，每个编辑部门由5个编辑组成，对社会提供个性化出版服务。对图书内容的审核和加工等采用与传统出版完全相同的流程，选题管理也相同，但印刷数量可以大幅度降低。读者可以选择以数字形式发布，也可以选择按需印刷出版。每年承接300个图书选题的出版，以平均2万元收费计算，可实现600万元的年销售收入。按利润率30%计算，可实现利润180万元。

（四）数字化信息发布和订购

建立人保集团的数字化信息发布平台，通过网站向读者提供电子书等服务。读者可以浏览免费章节，选购图书后下载到移动阅读设备上进行阅读。必要的情况下，可以下单进行按需印刷。预计数字化阅读短期内难以实现较好的收益，但可以较好地宣传人保集团的品牌。

第四节　项目设计

一、项目整体架构

本项目通过建立全流程数字化出版系统，支持出版社的数字内容加工、数字化内容生产、数字化内容发布、数字印刷业务。全流程数字出版基于 XML 结构化标准，以多媒体资源库为中心，面向作者和编辑使用，实现结构化内容的编纂、审校、管理和动态出版。

本项目整体架构由三部分构成：数字化内容生产、数字化内容发布，以及服务于数字化内容生产和发布的信息化基础设施，即数字出版云平台。项目整体架构实现的目标是构建服务于数字化内容生产和发布、按需印刷的基础设施和软硬件环境，最终实现人保集团由传统出版向全流程数字出版转型。

（一）数字化内容生产

数字化内容生产包括两部分内容，一是传统纸质图书资源的数字化，使之成为可以通过数字化方式发布、服务于按需印刷的数字化内容。二是传统出版模式的数字化，即传统出版流程实现数字化，使出版物不仅是纸质的图书，而且是可以数字化的内容资源，服务于多种发布手段，包括传统的纸质图书、当前的各种数字媒体，甚至未来的各种新设备、新媒体表现形式。

1. 传统资源数字化的资源加工平台。传统出版企业积累了大量的纸书资源，这些纸书资源大多以排版文件的形式保存，还有一些图书没有排版文件，仅以纸书形式存在。这些排版文件和纸书无法适应数字化发布、按需印刷的需要。因此，需要对其进行数字化加工和处理。

对于没有排版文件的纸质文档，其加工流程如下：

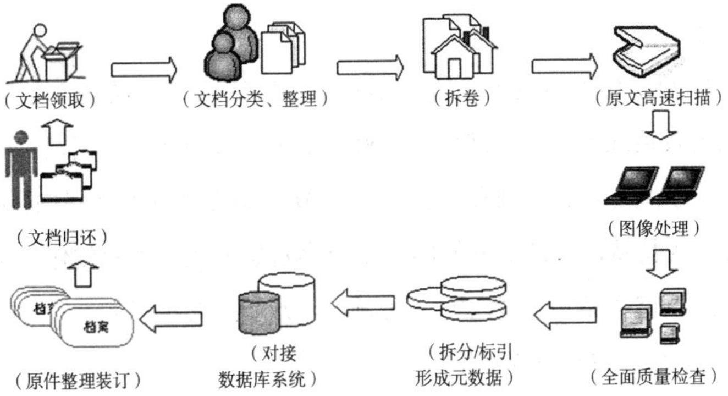

图8.4.1　纸质文档数字化的加工流程图

对于有排版文件的资源，则避免了扫描的过程。主要加工工序包括：定义标准元数据、拆分和标引标准、补字和校对，最终形成多种数字化文件，包括按章节的HTML、TXT、图片、PDF（达到印刷要求的高精度、一般浏览要求的低精度）等，并最终组织成为标准的XML文件，保存在出版企业建立的内容管理平台中。

资源加工平台服务于传统资源的数字化，它包括以下功能：

定义元数据：定义新建资源库的元数据格式。

建立资源库：建立新的专题资源库。

资源标引：对具体资源内容进行自动标引，并由资源加工人员校验。

手工添加资源：为资源加工人员提供向资源库手工添加资源的工具。

资源校对：对资源进行校对，具有编辑资源、删除资源和修改该资源所属分类的功能，当一篇资料被校对后将锁定该资料，并记录校对人。

资源库维护：对资源库有修改、删除功能，对资源库属性有编辑功能。

2. 数字化内容生产协同编纂系统。协同编纂系统是全流程数字化出版系统的一个关键环节。整个系统平台在文稿的创建、协同创作、系统配置、控制和发布5个环节全面支持XML结构化数据标准，支持从内容源头开始的基于内容对象的数字内容创作，生成多形态数字产品，实现内容一次制作多元产品发布服务。

（二）数字出版云平台

数字出版云平台整体上由三大层次构成：基础设施云、平台云、软件云，见图8.4.2。

数字出版的软件云是指服务于全流程数字出版的功能性软件，根据用户需求按需提供服务。它包括：

1. 出版企业现有ERP系统。人保集团已经建立了完善的ERP系统，实现了编务、办公、发行、决策、客户服务、财务等出版相关业务的信息化。数字出版云平台搭建后，逐渐将这些信息化应用迁移到云平台，使之成为基于云平台的应用。

图 8.4.2　数字出版云平台架构图

2. 数字化内容生产管理平台。生产管理平台是基于 Web 浏览器的新型数字出版任务管理平台，旨在创建图书编纂、数字成品制作、内容加工任务，指定统一的结构化标引体系，监控任务状态和进度，实现数字出版生产全流程的协同作业、多任务管理。

3. 协同编纂平台。基于 Microsoft Office Word 开发的内容编纂工具集，通过简单易用的操作界面和基于 XML 技术的隐式结构化标引，使作者和编辑在协同环境下高效完成内容创作，同时完成对内容的结构化标引加工（自动和手动），加工后的内容形成可重组和复用的资源，存入资源库并交由内容管理系统统一管理，为后期的资源积累、动态发布、按需印刷等工作做准备。

4. 内容资源管理系统。包括结构化内容资源管理子系统和检索引擎，用于管理协同编纂生产过程中的结构化内容资源，支持对素材、内容对象和成品的唯一标识和多版本管理，支持与全文检索引擎集成。

5. 发布模板设计。所见即所得的交互式版式、发布模板设计工具。支持样式表的导入和导出。系统提供针对 PPT、HTML、PDF、Word 的样式设计能力，支持复杂内容的样式设计。

6. 动态发布引擎。满足单一数据源的多渠道、多格式的内容发布。数据来源包括经过重组后的内容、交付件配置信息、发布类型对应的样式表。发布形式包括 PDF、HTML、EPUB、MOBI、TXT、RTF、XML、PPT、CEBX，并能直接输出打印和按需印刷。

7. 自助出版服务系统。以网络的形式为自助出版、个性化出版提供服务。从选题策划、内容组织，到加工出版，给予有出版需求的个人客户以专业的咨询和服务。通过网络提供的互动交流平台，招揽客户，扩大自助出版、个性化出版业务量。

数字印刷业务管理系统。服务于数字印刷系统，对数字印刷业务的整个流程进行管理。它由若干子系统构成，如订单管理、客户管理、工单管理、仓库管理、材料管理等。

（三）数字化内容发布

数字化内容发布在当前包括两种形式。一种是数字化内容以传统形式发布，即印刷成为纸质出版物，通过出版企业固有的渠道销售发行；另一种是以数字内容的形式提供给不同的用户群。

1. 以数字化内容形式发布。以数字内容的形式提供给用户，又有多种不同的形式。

网站发布。根据不同用户群的需求，将各种应用功能组织起来，构成服务于不同对象的网站，并进行发布。发布后的网站群由专门成立的运营管理部门负责日常更新和维护，对用户提供高效优质的信息服务。

移动终端发布。随着无线网络和移动设备的普及，通过手机、平板电脑以在线应用的形式发布也越来越普遍。

2. 以传统的纸质形式发布。通过互联网，将需要印刷的数字化内容（PDF 格式）从内容管理系统中提取出来，传送到数字印刷系统的印前接口。由数字印刷系统的管理流程进行按需印刷。其流程图如图 8. 4. 3：

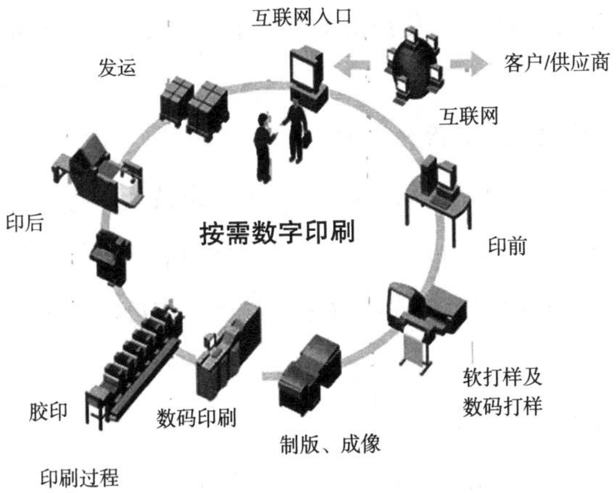

图 8. 4. 3　数字印刷流程图

二、项目标准设定

（一）出版流程数字化

在人保集团现有局域网络和 ERP 系统的基础上，引入和使用协同编纂系统。实现出版内容的采集、加工、存储环节的数字化，使得内容开发和图书出版的全流程实现数字化，积累和形成可供开展数字出版业务和按需印刷服务的数字化内容资源库。

项目标准设定如下：

2013 年实现协同编纂系统的试用、定制，并要求全人保集团约 30% 的生产人员（策划编辑、加工编辑、设计人员）使用协同编纂系统进行图书开发。2014 年，在系统功能完善后，要求 60% 以上的生产人员将内容开发、策划和组稿工作全部转移到协同编纂系统中进行。

协同编纂系统与人保集团已经建立的媒资系统进行对接。使得通过图书开发和资源开发获得的数字化资源，直接存储进入媒资系统。

（二）传统纸质资源的数字化

为了扩充可供按需数字印刷的图书目录数量，将对传统出版物中的优质资源进行数字化转换，尤其是绝版、断版、印量小的图书，充实数字化内容资源库的容量。具体工作可以外包专业数据拆分公司。

项目标准设定如下：

2013 年，转换存量资源中的 2000 本图书，使之成为可与数字印刷系统对接的高精度 PDF 格式。同时，在经过拆分、标引后，将电子排版文件转换为各类数字化资源，存储在数字资源管理系统中。

2014 年，继续转换存量资源中的 4000 本图书。

（三）版权代理服务

与其他出版商合作，代理各种版权的图书按需印刷和发行业务，不断扩大数字化内容资源库的可供图书目录。为用户提供海量的图书目录，供用户选择进行购买和按需印刷。

项目标准设定如下：

2014 年，获取版权授权 2000 种，予以数字化处理后，形成可供书目并存放在数字资源管理系统中。

（四）按需印刷和定制印刷

有了数字化内容资源库，用户可以从资源库提供的书目表中选择自己需要的图书，确定购买数量后，即可以按需进行印刷。用户还可以根据自己的需求，从不同的图书中选取自己需要的内容，从而构成自己需要的个性化定制读物，印刷后获得与众不同的定制图书。

项目标准设定如下：

2013 年 6 月，完成 4500 平方米数字印刷厂房建设。

2013 年 12 月，完成数字印刷设备的采购、安装、调试；完成辅助设备的安装、调试。

2014 年 6 月，正式形成数字印刷能力，对外承接数字印刷业务，开展按需订购和印刷服务。

2014 年 12 月，人保集团年销售数量在 500 册以下的图书，均通过数字印刷形式，实现按需印刷。

（五）个性化出版服务

依托全流程数字化出版，针对有需求的用户开展个性化出版服务，使得出版服务于普通大众，而不仅是专家和学者。普通民众可以将自己的文章、亲友的日记、家人的照片等各种生活题材的内容，提交给内容加工编辑，从而制作成为私人图书。

项目标准设定如下：

2013 年，开发自助出版或个性化出版服务图书品种 200 种；

2014 年，开发此类图书品种达到 400 种。

三、系统平台

（一）协同编纂系统

拟采用北大方正公司开发的协同编纂系统。其架构图如图8.4.4：

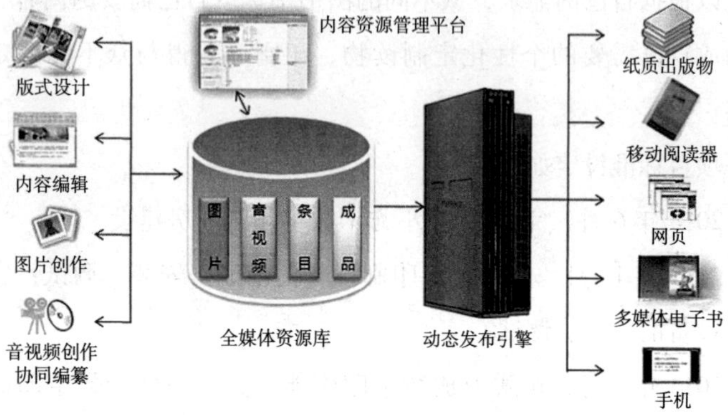

图8.4.4　协同编纂系统架构图

协同编纂系统提供内容创作的智能化客户端。基于Microsoft Office Word 2007开发的内容编纂工具集，通过简单易用的操作界面和基于XML技术的隐式结构化标引，使作者和编辑在协同环境下高效完成内容创作。

对接内容资源管理系统。完成对内容的结构化标引加工（自动和手动），加工后的内容形成可重组和复用的资源，存入资源库并交由内容管理系统统一管理，为后期的资源积累、动态发布、按需印刷等工作做准备。

（二）内容管理系统

人保集团已经构建了基于Oracle UCM的内容管理系统。其内容管理体系结构（图 8.4.5）和文档内容管理流程（图 8.4.6）：

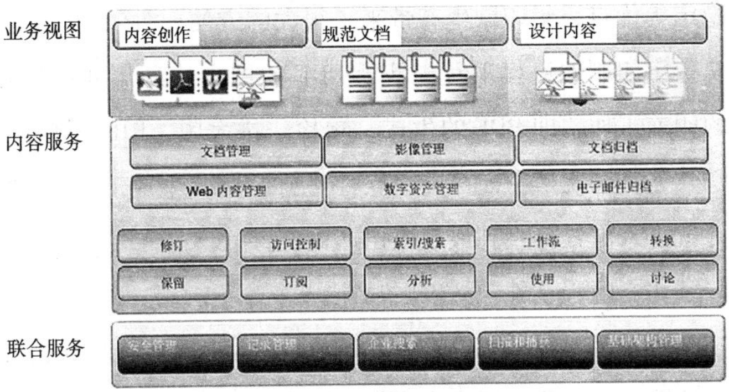

图 8.4.5　内容管理体系结构图

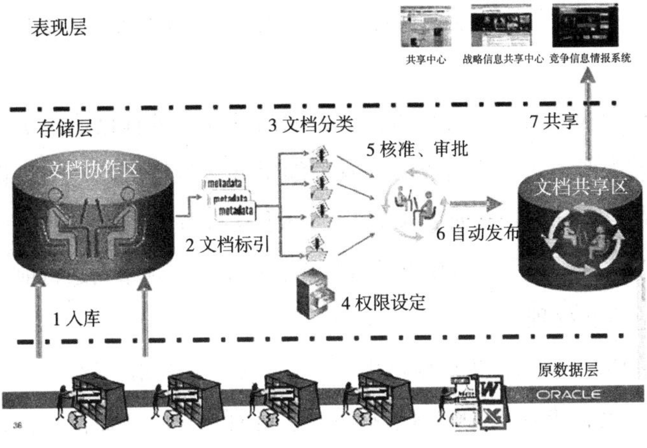

图 8.4.6　文档内容管理流程图

Oracle UCM 内容管理系统可以实现对内容的版权控制、安全管理、权限管理、搜索管理。

（三）数字印刷系统

数字印刷系统将以 PDF 文件作为输入文件，进行按需印刷。

PDF 文件是目前数字化流程的通用格式，它具有文件小、可预览、版面稳定等优点，给印刷生产带来了很大的方便。

从数字印刷的流程来看，基于 PDF 的图文信息流处理的是一系列的印前工作，即 PDF 的生成、预检、拼大版、RIP、打样、输出、CTP 等。也就是说，在排版软件中排完版，生成 PDF 文件后，该文件就进入流程，直到最终输出印刷文件。

数字印刷流程软件包括以下功能：

1. PDF 处理。能解决 PDF 的生成、文件规范化以及其他如 PDF 文件拆分、合并、版式修改等。

2. 拼大版。在其他兼容的拼版软件中建立大版模式以后，将其导入流程软件中，能实现普通书籍的折手、自由拼、连晒拼版等功能。

3. 补漏白处理。一般来说，自动的补漏白处理已能满足普通用户的需要，而一些高级的补漏白编辑器只是针对特殊用户设计的。在自动补漏白处理完成以后，再手动进行一些高级补漏白编辑，全部补漏白完成后便可进行打样、输出，无须重新进行前面的 PDF 规范化处理。

4. RIP。对页面进行栅格化处理，生成记录输出数据。

5. 色彩转换/色彩管理。提供专色处理方式，或保留专色，或将它转换成印刷四色。包含有色彩管理的模块，只要嵌入两种设备的 ICC Profile 色彩特性文件，流程就能自动对颜色进行转换，实现色彩管理功能。

6. 数字打样。提供屏幕打样功能，由网点组成的屏幕样张能使用户在数字打样以前就清楚地知道样张上的网点及四色分色信息，提高准确性。

7. 印刷输出。确认数字样张无误后，输出印刷用的 1 - bit tiff 文件。最终的输出设备可以是激光照排机、CTP、数字印刷机等。在印刷输出的同时，还应生成 PPF 或 JDF 文件，用此信息控制生产中设备的运行情况。

第五节　项目实施方案

构建和完善全流程数字出版，并将其与按需数字印刷相结合，创新性地开展数字出版业务和按需印刷服务，使得传统出版企业实现向数字出版的转变。项目具体实施方案如下：

一、数字印刷系统构建方案

（一）印刷厂房建设

人保集团数字印刷厂房安排在集团教育科研图书基地。集团教育科研图书基地2号楼专门用于数字印刷厂房。2号楼三层用于彩色印刷，二层用于黑白印刷，一层用于装订。印刷成品将转存入3号库房，或直接发往订购客户。

（二）印刷系统建设

1. 彩色印刷。彩色印刷系统拟采用柯达NP2500彩色数字印刷机，如图8.5.1，其具体技术参数见表8.5.1。

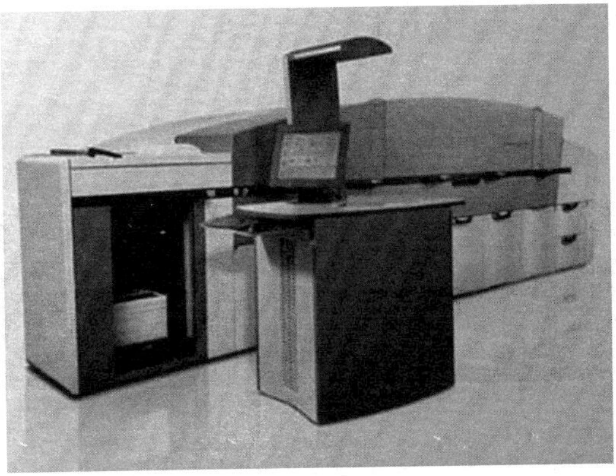

图 8.5.1　柯达 NP2500 彩色数字印刷机

表 8.5.1　主要技术参数

名　称	柯达 NP2500
系统支持	Creo 前端数字工作流程兼容，系统支持 VPS、PDF、Postscript、CT/LWPPML/GA，及其它格式
最大打印尺寸	340 mm × 510 mm
进纸类型	单张纸
承印材料	纸张
设备重量	3873kg
专用墨水	系统选用适当的第五色，红、绿或蓝专色，加上标准油墨就能匹配 82% 的潘通（PANTONE）专色色域
打印精度	600dpi
打印物体最大厚度	350mm
打印速度	双面最大印刷速度：2500（pic/h）；单面最大印刷速度：5000（pic/h）
打印色彩	黑、黄、品红、青，加第五专色
价格	约 330 万元

2. 黑白印刷。单张纸黑白印刷系统拟采用奥西 6320 数字印刷

机，如图8.5.2，其具体技术参数见表8.5.2。

图8.5.2　奥西6320数字印刷机

表8.5.2　主要技术参数

名　称	奥西6320
打印机技术	Océ Gemini Instant Duplex 奥西双子星即时双面印技术
生产环境	适合月印量在750000印至8000000印的文件生产环境
工作流程支持	自动语言是被PostScript，PDF 和 PCL 6 即刻从IPDS或PCL5e /PJL 转换至PostScript 3/PDF/PCL 6 Streaming behaviour for all PDLs
进纸模块	标准模块为4个纸盒,总容量4600张纸 第二和第三进纸模块卷筒纸进纸,大约60000张(80 g普通纸)
海量接纸器	总容量6000张 最高可支持多大3组接纸器,总容量为18000张
用户使用界面	直观的15″触摸屏用户界面 多重的并且可自定义的浏览,确保工作流程的高生产力和全面控制 队列管理、作业计划、系统状态浏览、多队列、作业定义和选择、捆绑打印

3. 辅助设备

除上述核心印刷设备外，印刷系统还包括相关辅助设备，如纸张裁切机、胶装机、骑马订机、覆膜机、打孔机、高精度扫描仪、电脑、碎纸机等。

4. 印刷相关软件

印刷相关软件涉及色彩管理软件、多种排版软件、文件处理流程软件等。

二、项目管理和绩效考核方案

（一）项目管理

本项目将建立监督管理机制，严格按照人保集团《重大出版项目管理办法》《中国人力资源和社会保障出版集团招标管理办法》《中国人力资源和社会保障出版集团固定资产管理办法》等规定进行管理。

1. 项目责任制。项目由人保集团领导直接负责，指导项目小组按照计划组织项目的实施。项目小组由人保集团内相关部门抽调人员组成，项目经理由人保集团领导任命。除集团内成员外，还聘请集团外专家组成专家团队，指导项目的具体执行，对实施方案和细节给予具体意见和建议。项目小组还与外部技术公司合作，由外部技术公司协助完成技术性较强的工作内容。项目小组成员根据自身角色，完成相应的工作。项目经理负责项目组内部人员分工，确保项目按计划实施。

2. 费用管理。本项目费用实行预算管理，专项列支。项目组要按照预算列支费用，并按照人保集团相关规定履行审批程序。项目所支出的直接成本由人保集团承担。获得政策性资金等资助的，资助基金用于抵补人保集团承担的直接成本。

3. 招标采购管理。项目涉及的硬件采购、开发外包均采用公开招标的形式，严格工作程序，建立健全监督机制，应当符合采购价格低于市场平均价格、采购效率更高、采购质量优良和服务良好的要求。根据标的物的特点组建评标委员会，其成员由人保集团生产经营管理委员会成员组成，必要时，可邀请集团外3～5名专家参加。总经理办公室为集团招标工作综合管理部门，负责招标文件的拟定和招标工作的组织实施。

4. 固定资产管理。为项目固定资产建立专项档案。在人保集团固定资产管理办法的要求下，健全各项管理制度，科学、合理配备固定资产，提高固定资产的使用效益，保障固定资产的安全和完整。

（二）项目绩效考核

项目小组每月月初向人保集团里提交《项目月度计划安排》，明确各项任务的费用、时间、重点、难点、指标等；每月月底向人保集团里提交《项目月底进度报告》，总结当月项目任务、资金投入完成情况，并与月初计划进行对比，接受人保集团的考核、监督和审查。

人保集团相关管理部门按月对项目小组进行考核，并根据计划的完成情况实施绩效考核。

三、进度计划

2013年1月～6月，数字化出版流程及协同编纂系统建设和应用。

2013年3月～2014年12月，纸质图书排版文件的数字化转换，数字化内容资源库建设。

2013年7月～2013年9月，信息化基础设施建设；数字印刷设备采购。

2013年10月～2013年12月，按需印刷设备安装到位，启动数字印刷。

2014 年 1 月 ~6 月，南京、广州、西安 3 个中心办公用房租赁到位，设备到位，编辑和业务人员到位，开展出版服务。

2014 年 9 月，数字化出版和按需印刷项目在全国范围内启动试运营。

2014 年 12 月，项目全面运营。

四、项目组成员分工

（一）项目责任的落实

人保集团是国家一级出版社，集团有实力也有能力完成本项目的实施、推广和运营。

信息中心将承担数字出版云平台等硬件基础设施建设，数字化出版流程相关的协同编纂系统、内容资源库建设等。数字出版部将承担数字化的资源转换和加工任务，将传统纸质图书转换为可供数字印刷机使用的高精度文档，并存储在内容资源库中以备调用。出版部将负责数字按需印刷机的采购、安装、调试和生产管理。

人保集团还将为本项目成立专门的数字化内容开发和运营部门，负责个性化出版业务的开展和拓展、订单和处理、配送和客户服务等，进行数字出版和按需印刷业务创新，从而形成全新的业务模式和盈利模式。

（二）项目团队的组建

本项目将按照项目管理（PMP）的要求，按照项目范围管理、项目时间管理、项目成本管理、项目质量管理、人力资源管理、项目沟通管理、项目风险管理、项目采购管理、项目集成管理的各项要求，实施规范化的管理，以确保项目的任务完成。

本项目由人保集团领导负责。项目团队多方面成员构成，包括：领导小组、执行小组、技术支持小组和专家顾问小组。

1. 项目领导小组。项目领导小组是项目实施的领导机构，负责项目的组织、协调，调集各方面的力量，论证、通过并组织实施项目工作方案。主要成员由集团领导、管理部门人员组成。

2. 项目实施团队。项目具体实施由人保集团统筹调配人员，组成实施团队。其中包括信息中心、数字出版中心、出版印制部门、策划编辑等组成。

3. 技术支持小组。技术支持小组负责项目应用平台和网站的设计和技术提供。技术支持小组由内部技术人员和外部技术人员共同组成。

4. 项目专家顾问组。专家顾问组负责对项目功能及设计进行审定，对项目的应用提出意见和建议，确保项目的正确实施。

第六节　项目资金预算

一、资金测算说明

资金投入包括以下几方面：

（一）信息化基础设施建设

按照全流程数字出版和数字化信息服务的需求，搭建服务数字化出版的云平台，包括机房基本配置、高性能服务器、大容量存储设备等。预计信息化基础设施投入约600万元。

（二）数字出版软件和网络环境建设

软件环境：包括采购和定制协同编纂系统、开发个性化出版在线服务网站、数字化信息发布网站等多个网络应用，预计投入100万元。

网络环境：信息服务需要接入宽带，初期100Mbps可满足需求，每年的租用费用为60万元。项目运营前两年投入为120万元。

（三）北京数字印刷基地建设

厂房建设：利用人保集团教育科研图书基地2号楼（其中一半），构建北京数字印刷基地。厂房面积约4500平方米，建设费用约 1800 万元。

印刷系统：首期（2013 年～2014 年）拟购置、安装的数字印刷设备如下：

柯达 NP2500 彩色数字印刷机 1 台，增配第五色单，费用约 450 万元。

奥西 6320 数字印刷机 2 台，费用约 700 万元。

其他辅助印刷设备、装订设备、配套设备等若干台，费用约 450 万元。

印刷系统软件及其他软件，费用约 50 万元。

首期印刷系统费用总计约 1650 万元。

（四）3 个服务中心建设

在南京、广州、西安建立 3 个数字出版和按需印刷中心。办公场地 200 平方米（租金 20 万元每年），配备内容资源镜像服务器和本地加工资源存储服务器（4 台，5 万元每台），带宽 20M（约 10 万元每年），1 台数字印刷机（佳能 imagePress C7010，约 150 万元），计算机、打印机以及装订、裁切等辅助设备约 30 万元。

项目运营前两年，每个中心的投入为 260 万元，3 个中心总计 780 万元。

（五）人员成本

预计北京基地配备编辑 10 人，资源加工人员 5 人，信息技术服务和支持人员 5 人，按需印刷人员 5 人，业务接洽和销售人员 5 人。每个中心招聘编辑 5 名，运营和服务人员 5 名。项目总体人员约 60 人。

按平均每人每年 6 万元核算人工成本，项目运营前两年，人工成本总计 720 万元。

（六）按需印刷资源库建设

当前，人保集团已经根据数字化的需要建立内容资源数据库，但并未考虑到数字化按需印刷的需求。传统纸质资源的转换，最初仅是加工成可供数字化信息发布的 XML 文件和 PDF 文件。其中的 PDF 文件精度并不能达到数字化印刷的需要。为此，需要对当前在销品种图书的排版文件进行数字化转换和加工，存储在内容资源数据库中，供按需印刷时调用。

计划 2 年内转换 6000 本图书，形成符合数字印刷需要的高精度文档，预计每本图书的转换和加工费为 2000 元，总计预算投入 1200 万元。

综上，整个项目总计预算为 6970 万元。

二、资金筹措方案

项目整体预算 6970 万元。人保集团自筹资金 4320 万元，申请财政资金支持 2650 万元。

序号	项　　目	金额/万元	资金来源
1	信息化基础设施建设	600	集团自筹
2	数字出版软件和网络环境	220	申请支持
3	北京数字印刷基地建设厂房 数字印刷系统	1800 1650	集团自筹 申请支持
4	数字印刷中心建设	780	申请支持
5	项目人工成本	720	集团自筹
6	按需印刷资源库建设	1200	集团自筹
	总计	6970	

第七节　项目效益分析

一、预期社会效益

项目实施后，将直接提升集团的数字化出版水平，促使人保集团由原来的传统出版进入数字出版。内容的组稿、编辑加工、生产、发布和按需印刷，各个流程都将实现数字化，从而实现全流程数字化出版。

项目直接服务于公众的个性化出版，从而为繁荣文化产业做出重要贡献。个性化出版使出版服务贴近大众，满足人民群众不断增长的精神文明需求，对于提高公民素质有着十分重要的意义。项目将产生良好的社会效益。

二、预期经济效益

项目运营第 2 年即能使整个项目达到收支平均并略有盈利，如表 8.7.1：

表 8.7.1　经济效益测算表

单位：万元

序号	年支出		收入名称	年度收入/万元		
				2014	2015	2016
1	项目人工成本	360	节省库存费	260	260	260
2	信息化建设(按 3 年折旧)	200	减少退书报废	240	240	240
3	按需印刷设备(按 10 年折旧)	200	减少退书物流费	100	100	100
4	服务中心建设(年租金 + 按 3 年折旧信息化设备 + 按 10 年折旧印刷设备)	60	降低印刷成本	500	500	500
5	数字出版软件环境(带宽年租金 + 按 2 年折旧软件更新)	110	按需印刷版权代理(1 年积累资源,项目运行第 2 年)	0	400	400
6	数字化资源转换(按 3 年摊分)	400	个性化出版(1 年积累资源,项目运行第 2 年)	0	180	180
	支出合计	1330	收入合计	1100	1680	1680
			当年利润	-230	350	350

随着 3 年内主要折旧的完成，第 4 年后将产生明显的经济效益。项目第 4 年，除节省约 1100 万元的生产直接成本，项目本身的运营将会产生约 500 万元的收入，从而实现项目的持续运营和发展。①

① 本项目入选“2013 年新闻出版改革发展项目库”。

第九章

数字出版项目总结和论文撰写

第一节　国家职业技能标准信息服务系统的功能与应用

国家职业技能标准查询系统于2014年4月建设完成，两种数字产品均已成功出版。网络版地址 zybz. class. com. cn 已经对外发布，供用户上网浏览；优盘版已经进入销售渠道。

一、系统建设的背景

国家职业资格证书制度是劳动就业制度的一项重要内容，也是一种特殊形式的国家考试制度。它按照国家制定的职业技能标准，通过政府认定的考核鉴定机构，对从业者的技能水平或职业资格进行客观、公正、科学规范的评价和鉴定，并对合格者授予相应的国家职业资格证书。推行职业资格证书制度，是实施“科教兴国”战略的一项举措，也是我国人力资源开发的重要手段。

国家职业资格证书制度推行的基础是国家职业技能标准。国家职业技能标准由政府行政职能部门制定和颁布，它是职业技能鉴定实施的重要依据。职业教育和技能培训的开展、培训教材的开发、技能鉴定的组织和实施，都离不开国家职业技能标准的指导。因

新教材。

三、系统的推广和应用

系统设计了两种推广方式：一是通过在网站注册成为普通用户。普通用户可以浏览网站的新闻类信息、免费资源，参与论坛交流和资源分享。收费资源为国家职业技能标准、正式出版的国家职业技能鉴定推荐教材。国家职业技能标准的职业概况、基本要求是开放的，工作要求、比重表需要购买后才能查看。教材提供了基本信息、样章供用户查看。如果要查看教材的全部内容，则需要购买该教材；二是通过购买单机运行的优盘系统成为机构用户。国家职业技能标准查询系统优盘版可以在本地机上运行，通过导航和检索来浏览用户需要的国家职业技能标准信息。机构用户还可以登录网站，免费查看系统的更新内容。首先注册成为普通会员，然后在个人中心提交优盘上的序列号，从而升级成为机构用户，这样就可以访问网站上实时更新的全部资源了。

四、系统的特点和意义

职业技能标准信息服务系统建立后，能够提供权威、快捷、准确、全方位的国家职业技能标准文献信息。系统具有以下特点：

一是最新国家职业技能标准颁布后，可以快速在该系统中进行发布。用户不必等待单行本的出版和发行，就可以准确地了解标准内容，从而指导相应的工作。

二是系统方便易用。只要有网络就可以访问该系统，通过检索快速定位需要的职业技能标准。

三是系统集中提供了所有的职业技能标准，不仅包括现行版本，也包括废止的版本，方便用户进行比较，了解不同版本之间的差异。

四是系统还提供与国家职业技能标准相关的资源，包括教材、试题、计划大纲等。在系统中找到职业技能标准，就可以通过“相关资源”链接，找到与职业技能标准相关的全部资源。

该系统的建设，对于职业院校、鉴定管理部门、职业技能鉴定站所的工作有着重要的意义，使其能够准确、及时地了解国家职业技能标准的内容。个人用户通过使用该系统，可以查找相应的职业，了解与该职业对应的国家职业技能标准，从而确定目标，选择和参加相应的职业培训，并制定职业生涯规划。

总之，该系统的建设对于促进职业技能鉴定工作、进一步推广职业资格证书制度有着十分重要的意义。

五、系统升级完善的下一步打算

职业标准查询系统将逐步丰富其功能，在资源服务方面，新增视频服务功能。对中国劳动保障出版社的视频资源进行整理、分析、加工，形成适合网络发布的流媒体格式。预计此项工作在2015年完成。

第二节　数字出版形势下传统出版思路的转变

数字出版的运营模式和盈利模式尚在形成过程中。出版企业已经意识到数字出版是未来，因此都在加大数字出版投入，积极研究、探索和实践数字出版。但是数字出版项目投入较大，出版企业在人才储备和技术应用等方面均不占优势，需要依赖外部技术公司协助来进行项目开发。因此，短期来看，数字出版还难以为出版企业带来可供持续发展的盈利模式。出版企业在数字出版方面的投入，仍然有赖于传统出版产品的销售收入。传统出版企业绝大部分甚至全部的利润，仍然来自于传统出版的图书销售，因此，在当前情况下，出版企业仍然要以传统出版业务为核心。

以传统出版业务为核心，并不意味着出版企业仍然要沿袭传统的出版思路。在数字出版的全新形势下，传统出版也要转变思路和策略，积极在传统出版中应用数字出版技术，以服务于传统出版业务。这是因为数字出版技术在出版企业中的应用，首先可以提高企业的数字技术应用水平，提升生产效率；其次，可以积累数字化资源，为实施数字出版项目做好准备；还可以在数字出版技术应用的过程中，通过项目锻炼人才队伍，积累数字出版经验，从而为未来全面向数字出版转型做好准备。

一、传统出版流程的数字化

传统出版流程数字化是数字出版的基础和前提。目前，大多出版企业的信息化已经完成，实现办公自动化，选题、编务、发行、物流、财务等方面管理的系统化，图书销售已经部分地转移到网上销售。但是，出版企业还要在以下三个方面实现数字化。

（一）构建内容管理系统，实现内容存储的数字化

内容管理系统是基于大型数据库的多媒体资源管理系统，它可以对文档、声音、视频、动画等多种类型的文件进行管理。它支持全文检索，存放在其中的资源可以方便地查找和利用。

传统出版企业通过多年的出版经营，已经积累了海量的内容资源，并且还在持续开发过程中。这些资源是数字出版的宝贵财富，但要使用它，需要对其进行数字化，分门别类地存放在内容管理系统中，构建出版企业的资源库。

纸质资源的数字化，是对图书排版文件进行拆分、标引等加工，形成多种类型的数字文档，如 PDF、HTML、TXT、XML、Word 等文档。不同类型的文档有不同的要求，例如，PDF 有高精度和低精度两种表现形成，低精度版本用于网络阅读，高精度版本（包含字体信息）用于数字印刷。除了拆分为不同类型的文档外，还可以根据纸书特点，加工成条目式数据库、题库等，形成分类数据库。这些文档和数据进入内容管理系统后，为其后续利用提供了方便。

（二）运用协同编纂系统，实现内容生产的数字化

协同编纂系统是基于 Word 开发的内容编纂工具集，通过简单

易用的操作界面和基于XML技术的隐式结构化标引，使作者和编辑在协同环境下高效地完成内容创作。协同编纂系统的核心功能，是利用网络技术和协同编纂平台，实现出版内容的采集、加工、存储环节的数字化。

协同编纂系统实现了内容生产的同步数字化。在传统出版中，积累的纸质资源需要集中加工和处理，以形成数字化内容。而在运用协同编纂系统后，由于内容的编辑加工已经符合既定的结构化范式，因此经过系统处理后，可以自动进行相关的标引，从而存储进入内容管理系统。它实现了图书生产流程中资源的实时数字化和集中存储。

（三）对接数字印刷，实现内容发布的数字化

有了内容管理系统和协同编纂系统，开发的图书将以数字化版本存储在可供书目库中。用户可以从资源库提供的书目表中选择自己需要的图书，确定购买数量后，数字化的图书内容将会发送到数字印刷车间进行印刷。用户还可以根据自己的需求，从不同的图书中选取自己需要的内容，从而构成个性化的定制读物，印刷后获得与众不同的定制图书。

数字印刷是数字化内容发布的一种形式，它服务于传统出版业务。数字出版中，内容管理系统中的数字化资源将主要以数字产品的形式发布。建立数字化内容发布平台可实现内容的实时更新和发布。

二、传统出版思路的转变

有了数字技术的支撑，传统出版可以在多个方面转变思路，从而提高传统出版生产效率，同时为数字出版的到来做好准备。

（一）从抛弃型开发转变为积累型开发

传统图书出版后，进入销售环节，产品的销售周期往往是3～5年。之后，由于图书需求量逐渐减少，将不再重印，从而该品种逐步消亡。品种消亡后，传统的纸书资源也会被抛弃。在新的图书选题开发时，策划编辑往往也会参考同类的书籍，但最终还是会另起炉灶，重新编辑一本新书，尽管其中的内容会有相近或类似。这种情况在教材类产品开发时表现更为突出。由于品种、字数考核的需要，策划编辑往往倾向于开发全新的教材，而不是基于已有的教材开发升级版本，从而造成了资源的浪费。

在内容管理系统建立以后，传统纸书资源都会进入内容管理系统，逐渐积累起来构成资源库。策划编辑在策划新选题时，可以在内容资源库中查找类似的选题开发情况，从而有选择地继承原有的优质内容，而只开发更新的内容。每一次新的开发都是在原有工作基础上进行的，并不断积累，这样，可以做到资源的充分利用，缩短产品的开发周期。

（二）从图书开发转变为知识库开发

传统的图书选题开发往往是离散的，尽管也会有系列图书开发，但从总体上来看，策划编辑在图书选题开发时，往往关注的是选题所涉及领域的一个方面。在网络时代和数字出版时代，人们的阅读习惯是发散的和开放性的。人们在阅读某个知识点时，往往有着个性化的需求，例如，延伸阅读相关的内容、有深度的内容。自成体系的一本图书，往往满足不了人们深层次阅读的需要。

数字技术的应用，为策划编辑按专业领域、学科知识体系开发选题提供了方便。在策划编辑的组织下，可以建立起专业领域、学科的知识体系数据库，从知识体系分析选题开发的定位。选题开发完成后，其内容直接对接内容管理系统，从而构成知识体系的一部分。策划编辑在后来的开发中，可以完善和补充新的选题，从而构成完整的知识体系内容数据库。

例如，安全生产方面的选题开发，可以从政策法规、生产管理、工程技术、公共安全、行业安全、信息管理、监督管理、教育管理、职业安全和健康管理、事故分析和案例、标准等方面，建立起多个知识子库。每一个子库分别通过选题开发来构建和完善，从而构成安全生产方面的知识库。这种完整的知识库，其应用价值大大超出单个选题。它为未来基于这一专业领域、学科的数字出版打下坚实的基础。

（三）从线性开发转变为并行开发

传统图书开发时，策划编辑往往需要依赖于一个小范围的专家或作者团队来编写图书内容，往往是三五个作者承担一本图书的编写，每个作者的写作任务在5万字以上。图书编写的周期往往在半年以上。

协同编纂系统的应用，图书编写时知识体系的构建，使得策划编辑在组织图书内容编写时，可以将编写任务按照知识点进行分配。由于知识点是某一图书所在知识体系库中的最小单元，其内容的编写往往不超过数千字。知识体系库的构建，使得策划编辑可以将每一个知识点的内容编写分配给一个作者，作者可以快速地完成该知识点的内容写作。这样，通过协同编纂系统的支撑，可以将传统的线性开发转变为并行开发。更多的作者通过合作的方式，完成内容开发，最终由策划编辑和小范围的专家团队审定，完成书稿内容的开发。

在网络时代和数字出版时代，未来内容资源的开发将更多以并行方式进行。

（四）从内容开发转变为深度开发

由于图书内容开发已经从抛弃型开发转变为积累型开发，知识体系数据库不断积累和完善，未来围绕知识点的内容开发将不断减少。这是因为大多数知识点所涉及的内容已经开发完成。这时，内容开发将围绕知识点走向深度开发和立体化开发。例如，围绕知识点开发延伸阅读的内容、关联的内容；开发不同的媒体表现形式，如图片、视频、动画、交互、模拟仿真等。

深度开发在教材选题开发中体现得更为突出。由于构成教材的知识体系已经进入内容资源库，每次修订只需要增补新的内容，修改不完善的内容，因此大大降低了教材开发的工作量。策划编辑可以将更多的精力用于开发为教材服务的相关资源，也就是立体化开发，如教学指导文件、教学评价文件、教学课件、音像教学片、模拟仿真软件等。同时，出版企业不再满足于仅仅提供教材和资源，将会进一步介入教学流程的设计，提高教材使用时的学习效果，这就使得教材开发走向课程开发。一方面，围绕教材服务的课程进行深层次开发，增强了教材的竞争力；另一方面，课程开发提供的数字化产品，其价值远超过教材本身，因此会给出版企业带来更高的利润。

第三节　教材相关的数字产品形态及其盈利模式分析

教材是一种特殊的出版物，它不同于一般图书。由于使用对象的特点，无论是教师还是学生，在使用教材的过程，都需要与教材配套的相关资料，如传统的教学参考书、习题册等。随着数字出版的发展，出版企业日益在传统出版中应用数字技术，提供新型的数字产品，以期实现数字出版的运营模式和盈利模式。教材一直是出版利润的主要来源，因此，传统出版企业都重视教材相关的数字产品开发，努力尝试各种数字产品形态，探索构建全新的教材数字出版盈利模式。

一、资源类数字产品

传统出版中，一本教材开发后，要相应地开发与教材配套、为教材服务的立体化产品，例如，教学参考书、习题册、挂图（包括幻灯胶片）、教学用具（表格、案例、活页等）。在数字化时代，这些传统产品的表现形式、存储介质、发布渠道都发生了改变，即利用数字化技术后形成数字化产品。也就是说，资源类数字产品是传统教学资料的数字化表现。它以资源提供为主要目的，与教材立体化开发相关性强。

（一）表现形式

资源类数字产品的表现形式有：电子书、电子挂图、电子课件（PPT、图片、视频、动画的集成）、多媒体教学资源包、试题库、音像教学片等。它们的共同特点是表现为离散的产品形态，提供的资源由教师决定如何使用。它们不涉及教学流程，教师是产品使用主导者。在教学环节中，这些产品起辅助作用，产品不介入教材服务对象所处的教学产业链。

（二）发布形式

资源类数字产品的发布形式，主要有光盘和网络两种。光盘主要通过传统渠道销售，例如，配书光盘、独立视频音像片 VCD、光盘电子课件、光盘资源包、光盘题库等。网络发布形式是指将数字产品上载到出版企业的门户网站上，供用户下载或在线使用，主要以网络课件、网络资源下载专区的形式提供。

（三）产品开发

资源类数字产品开发难度不大，传统教材出版企业都有开发；开发成本不高，在数千至上万元；开发周期不长，一般在数月以内。一般教材都会有配套的数字产品提供，一是与教材搭载销售，以增强纸质教材的竞争力；或者单独作为新选题开发，独立销售。

（四）盈利模式分析

资源类数字产品的优势是可以利用传统渠道，没有附加的营销成本。其劣势在于，资源易于复制，版权难以保护。很多情况下，用户只买一个拷贝，即可大规模使用。目前，这类数字产品已经越来越难以形成盈利模式。

资源类数字产品可以称之为第一代数字产品。当前教材的立体化开发需求客观存在，因此，资源类数字产品仍会继续存在。与教材配套的立体化开发，由于配书而不独立销售，成本分摊在教材中，因此还可以维持。而为教材服务的独立产品，由于开发成本高、销售不乐观，发展已经基本停滞。例如，曾经红火的音像教学片的出版发行，目前已经难以为继。在数字化时代，第一代数字产品正逐步退出市场，必须探索新的服务形式和发布形式。

二、网络服务类数字产品

资源类数字资源虽然也会以网络形式提供，但它与网络服务类数字产品的最大不同，是其没有形成并提供一系列相对完整的教学或培训服务。网络服务类数字产品的特点是，以资源开发和提供为基础，主要依托网络开展教学或培训方面的服务，称之为第二代数字产品。它利用传统出版企业的资源优势，适当延伸教材服务的功能，介入了教学和培训产业链，与传统产业形成了竞争关系。

（一）表现形式

网络服务类数字产品的表现形式，主要是各类专题服务网站。

有各级各类的培训网站，如服务于公务员考试培训、职称考试培训、职业资格培训、外语考试培训等。用户在网站报名后参与收费培训。

有教育类网站，如大中专院校、中小学等开办的网络学校、远程教育等，采用学分制，使网络教育与传统教育相衔接；机构组织、大型企业开展的内部学习和培训系统等，采用学时制或积分制，开展继续教育和培训。

也有资源类网站，提供各种教材、教学、培训类资源，往往针对注册会员建立起积分制的会员资源分享制度，以广告收入为主，下载收费为辅；对于优质资源，往往收费运营。

网络服务类的成功案例较多。例如，面向机构用户的国家开放大学网络教育、国家人事人才培训网、中国电力培训网、首钢职工在线学习网等。面向个人用户的，建筑类的有建筑工程教育网、环球建筑网校；会计类的有中华会计网校、东奥会计在线；外语类的有新东方在线；中小学类的有北京四中网校、学而思网校；职业资格类的有考试大网校、环球职业教育在线、中大职业资格网校；公务员考试类的有华图网校；等等。

（二）产品功能

网络服务类数字产品在网站功能上，主要包括：专题站点首页、子站点（可复制、可定制、可个性化）、功能性页面（课程介绍和学习）、后台管理（课程管理、内容管理、账户管理、会员管理、统计和报表、订单和商务管理等）、支付平台、会员服务等，有些还提供学习平台（记录学习行为、学习成绩和效果等）、论坛交流等服务，从而形成一套相对完整的网络服务体系。

（三）产品开发

由于网站提供服务的要求不同，这类数字产品的开发成本差异性较大。如果服务用户数量大，同时在线访问人员多，网络服务功能要求完善，则开发成本会在十万元以上，甚至数十万元。如果服务要求不高，用户数量较少，网络服务功能不多，则成本也可以低至数万元，甚至万元以下。

这类产品开发的时间一般在半年左右，难度大的要更长时间。更重要的是，随着网络服务的开发，网站运营过程中，会对系统功能进行持续优化，因此细节上的完善和技术开发会持续进行。

网络服务类数字产品的开发难度不太高，技术较为成熟，可以根据网络服务的业务模式进行定制开发。要求不高的则可以采购成熟的系统。

（四）盈利模式

网络服务类数字产品的盈利模式已经基本成熟，收费途径较为清晰。大致可分为两类。一类针对机构用户，网站通过服务于机构内部，或与其他机构建立起合作关系，由机构负责收费并支付网站服务费用。一类针对个人用户，网站靠内容和服务吸引个人用户购买网络课程或服务。一般以传统业务带动网络业务，线下与线上形成互动。例如，一家培训机构在开展实体培训的同时，举办网络培训，以实体培训的内容构成网络课程，供网络培训使用。

对于传统出版企业而言，虽然在内容资源积累上存在一定的优势，但在开展网络服务上存在较大的劣势。一是网络培训已经普遍，竞争激烈，出版企业没有竞争优势；二是大多出版企业都没有开展实体培训的经验和团队，少了实体培训的依托，其数字化课程的开发成本较高，仅依赖于线上培训也难以在短期内收回成本。因此，第二代数字产品必须有着准确的定位、明确的目标群体、线上和线下实体服务的互相促进，才能打造成功的盈利模式。

三、产业延伸类数字产品

资源类和网络服务类数字产品都是基于教材的服务，传统出版的立足点仍然是教材出版。信息技术、网络技术和数字化技术正在重塑传统的教育培训产业，教材以数字化的形态，介入全新的产业链已经是必然的趋势。这是因为教育培训产业的革命，使得教材的重要性已经大大下降。教学活动需要比教材更多、更丰富的数字化产品和服务，为了便于描述，这里称之为产业延伸类数字产品，即第三代数字产品。第三代数字产品是出版产业的延伸，定位于传统出版服务对象，延伸产业链。它以数字产品的形式，为传统出版服务对象提供全新的服务，改变并升级其产业状态，与传统教材服务对象共同建立起合作共赢的运营模式和盈利模式。

传统教材服务对象包括：内容开发者（出版社、学校和教师）、教学管理人员、教师或培训教员、学生或学员。所有角色在新的产业模式下，建立起全新的合作，以数字技术为支撑改变教和学的形式、内容开发的形式、教学管理的模式。出版者作为角色之一，参与产业变革，从而打造全新的数字出版和数字教育产业模式。

（一）表现形式

除了提供教材、资源和服务，教材出版要成功地延伸进入教育培训产业，还要将教学平台、网络服务整合起来建设，为教育院校和培训机构提供数字化教育培训的整体解决方案。它表现为教学培训服务综合平台，包括多功能网站群，例如，专题培训网、专业课程网、教学管理网、资源网；还包括学习平台、网络课程、APP 电子书包等功能应用；还包括围绕教学培训服务的工具类应用，如课件制作、视频录制、APP 开发、拆分标引工具、内容资源管理等。

产业延伸类数字产品是基础设施建设和渠道建设，相当于"信息高速公路"建设。服务类数字产品仅是其中的一部分。而资源类数字产品是以多媒体开发为主的内容开发，也包括传统的纸质教材开发，其开发的资源用于构建数字化课程，这些多媒体数字化课程相当于奔驰在"信息高速公路"上的"小汽车"。

（二）产品功能

数字化课程：以课程中心形式发布，包括免费课程和收费课程。从课程来看，有出版社开发的标准化课程，也有院校和培训机构自主开发的个性化课程。部分制作良好的课程可以作为精品课程在平台上推广。

数字化网络教学环境：学校和教师可以在平台上开设专业（包含系列课程）和课程；定制课程内容，教师可以从资源平台中选定教学内容，也可以上载自主开发的课程内容，构成个性化的课程；在课程中设定课程参数，如学习流程是顺序学习还是平行学习，教学各部分在学生成绩中所占的比例，教学内容和考试发放的时间等。

数字课堂：利用校内无线局域网，在教室里通过高清大屏幕配平板电脑开展教学和实训，教师控制学生上课内容；讲课视频同步上传网络，供无法参加实体课程的学员学习。

数字化学习：学员可以登录网络学习平台开展学习，也可以使用平板电脑开展学习，还可以使用手机学习。一个学员的账号可以绑定 3 或 4 个硬件地址。学员可以按章节学习，也可以按片断、按知识点或按技能点学习。系统会自动记录学员的学习行为，对学习结果进行分析，并对所有数据进行挖掘，以分析出有价值的信息，用于系统改进、教学内容评价、数字课程的更新升级等。

在线测试：学员可以在线开展自测，在完成特定内容后开展小测验，进行单元综合测试。学员做错的试题可以自动存入错题库，以便于重新练习，强化学习效果。

数字化管理：提供学习和学籍管理系统，供院校和培训机构设定班级。学校或培训机构的班级学员信息对接学习系统，使得学员的学习行为和成绩结果记录可以方便地导出，从而与教务管理系统实现对接。

APP服务：方便用户以移动方式开展学习，支持平板电脑和手机，用户可以方便地下载、预装、更新数字课程，同时支持账户检查、数据上传和同步、学习记录上载等。

强大的后台内容管理系统：对综合平台、专题网站的新闻、公告等进行方便和完善的管理，还可以对职业专业大类、课程、教材章节、教学课件、教学活动等进行管理，提高整个系统的可用性。

（三）支撑技术

教材出版要实现产业延伸，还需要相关支撑技术。这些支撑技术与出版社内部系统衔接，实现教材开发、数字产品开发、产品发布的同步。

为了实现上述目标，网站群需要与内容管理系统对接，对内容资源进行管理。

另外，所有的资源，需要与知识库建立起对应关系。建立起专业或职业知识技能体系库，将培训计划、大纲、教材、教学指导、教学评价、测试、技能考核等，全部衔接起来。使得一个知识点的学习，能够将多种资源应用起来，形成综合的教学平台和学习环境。

对于出版企业而言，要实现内容资源管理和资源库，还需要引入协同编纂系统。协同编纂系统可以让策划编辑在线组稿，编辑完成的书稿自动存入资源库。还需要构建合理的内容加工、标引平台，对数字出版过程中生产的多媒体资源和其他资源进行加工、标引后，存入资源库，方便资源的后续使用。

（四）产品开发

由于数字化教育培训的整体解决方案涉及的层面多，其开发成本很高，一般在百万元级。

开发难度很大。一是因为综合性的教学平台需要利用众多的数字技术，平台要达到可行、有效、服务于培训和教学、形成竞争优势，需要在需求分析上做详尽的调研，还需要外部的技术支持。二是出版企业还需要从自身做身，引进和利用数字技术，提高出版企业内部的信息化水平，为教材的数字化开发做好准备工作。

从开发时间上来看，由于系统开发难度大，项目管理要求高，其开发和完善需要数年，并需要长期运营并持续优化，围绕新需求继续开发功能应用。

（五）构建合作和共赢的运营模式和盈利模式

出版企业开发自主产权的数字化教育培训的整体解决方案（包括综合平台和多功能的应用），根据院校和机构的需求，为它们量身定制个性化的数字教育解决方案。

通过与重点院校和机构密切合作，使之形成产业延伸的基地。由基地辐射并影响周边小型学校和机构。基地作为服务器基站和数据镜像服务中心，承担相关的区域性硬件和带宽投入，承担一定的基础技术支持服务。

吸引更多的院校、培训机构使用该套系统（定制后的教学系统，包括教学平台、数字课堂、在线学习、在线测试、教务管理等模块），全面提升学校的数字化教学水平。鼓励更多的教师在平台上开设数字课程，上载自己制作的数字化资源。利用外部力量，扩大和丰富数字化资源库的内容。以精品数字课程评选的形式，对获评的课程给予荣誉和资金支持。

与院校和机构合作时，除免费提供简化的教学平台外，还对教师提供免费培训，让其了解教学系统的使用、数字化资源开发标准，了解资源上载、教学活动的开展等。

出版企业可以承接课件制作服务，协助教师开发和制作课件。

出版企业可以向院校和机构提供和销售电子书包，提供每一课程的全部数字化资源，包括教材、教学指导文件、多媒体资源等。教师可以用计算机、平板电脑开展教学。

出版企业可以在教学平台上销售资源类和服务类数字产品。学校和机构可以选购资源类和服务类数字产品，开展教学和培训业务。

平台也可以为院校和机构服务，例如，搭载院校和机构开发的优秀数字化课程，销售给所有使用该平台的学校。所获收益由双方分成。

通过合作，整合传统教材所服务的对象，如院校、教师、学员，以及策划编辑，传统出版产业实现了产业的延伸，形成竞争优势，为数字出版抢占了先机、市场。在该系统中，数字产品的版权维护得以实现，能够建立起出版企业、教育培训机构合作共赢的盈利模式。

同时，也应该看到，由于系统功能模块多，合作院校和机构的硬件基础设施和技术应用水平参差不齐，需要提供的维护和技术支持较多。出版企业要实现产业延伸，除了加强数字化平台研发，加快数字化课程开发，还有必要围绕数字化教育培训的整体要求，构建专业的运营服务团队。

第三代数字产品目前还在开发和形成过程中，如何整合教育和培训产业链上的多个利益相关方，形成合作共赢的盈利模式，是出版企业要积极探索的课题。

第四节　专业出版集团传统媒体和新兴媒体融合发展的探索

中国人力资源和社会保障出版集团作为一家专业出版集团，专注于人力资源和社会保障专业领域图书的出版，专注于职业教育和培训教材的出版和服务。集团重视新技术在出版领域中的应用，信息技术、网络技术、数字化技术的深入应用，不仅提高了出版的生产和管理效率，改变了传统的出版流程，更是为传统出版业引入了新的服务模式，带来了全新的发展空间。

近年来，人保集团实施了 ERP 流程再造，全面改造传统出版的生产管理流程，提升了集团的办公自动化和管理水平；引入了内容管理系统和协同编纂系统，引导策划编辑向数字化转型，实现了传统图书生产模式向数字化生产模式的转变；构建了数字出版云平台，实现了出版资源的一次加工，多渠道、多形态发布；开发和实施了多个数字化出版项目，锻炼了人才和队伍，初步探索了传统媒体和新兴媒体融合发展的道路。

一、传统媒体和新兴媒体的融合发展：从犹疑到坚定信念

作为一家典型的传统出版集团，我们积极应用技术，提升传统出版的效率。但是，传统出版业是集团的利润主要来源，是集团的核心利益。对于新兴的网络媒体和数字媒体，我们最初是持怀疑态度的。新媒体对传统出版业产生冲击怎么办？会不会影响纸书的销量？

在犹疑中，职业标准查询系统项目上马了。该项目将集团的核心资源——八百余种职业标准以及相关的配套资源，开发成为职业标准知识库，以网站和优盘两种产品形式推广。

职业标准传统上以汇编本、单行本两种形式发行，每年发行码洋近千万元。我们在审批该项目时，一直担心数字产品会影响传统纸书的销售。

从网站上线、优盘上市发行半年以来的销售数据看，纸书销售没有受到影响；数字产品销售三百余套，取得了良好的经济效益和社会效益。数字产品充分发挥了方便易用、随时随地可查的优势，为用户的使用带来了全新的体验和便捷。

职业标准项目的成功开发和运营，坚定了我们对数字媒体的信心，更坚定了传统媒体和新兴媒体融合发展的道路。

二、传统媒体和新兴媒体的融合发展：专注于专业出版领域

人保集团专注于两大专业出版领域，一是人力资源和社会保障专业领域出版；二是职业教育和培训教材开发和出版。

在人力资源和社会保障专业出版领域，我们已经体会到，传统

的纸质图书出版已经不能满足人们不断增长的数字化阅读需要。为此，我们已经将知识体系开发、数字化知识库开发与传统的纸书开发结合起来。例如，法律法规知识库、公务员知识库、安全生产知识库等。围绕知识库的建设，构建起知识体系树，在选题开发时，将该选题与知识库的知识体系对应起来，使选题开发与知识库开发同步。做到一次开发，多途径使用和发布。

在职业教育和培训教材出版领域，人保集团作为职业技术教育和培训教材开发和出版基地，集团重视保持劳动版教材的核心部分力，不断运用新技术，提升教材的核心竞争力。面对教育的信息化和数字化，教材必须适应教育数字化这一新形势发展的需要。尤其是职业教育和培训，重视技能培养和生产实践，使得数字化技术在教材中的应用尤为必要。

通过研究和探索，集团开发了符合职业教育和培训需要的数字化课程和教材，通过教学设计和资源开发，将教学活动中的创新性内容，以多媒体、互动的形式，加入到数字化互动教材中。首期开发了100多种数字教材，已经取得了良好的效果，受到了职业院校的普遍欢迎。

与此同时，还与技术公司一起，为职业院校提供简单易用的数字化课堂教学软件，与数字教材相配套，增强数字化教材的教学和培训效果。

人保集团在传统媒体和新媒体的融合上的探索和实践，必然会增强集团在两大专业出版领域的核心竞争力，从而为集团带来更好的经济效益和社会效益。

三、传统媒体和新兴媒体的融合发展：生产模式转型和管理模式的同步转变

要实现传统媒体和新兴媒体的融合发展，人保集团必须在生产模式实现转型，管理模式上实现转变。

在生产模式上，通过引入协同编纂系统，实施 ERP 流程再造，人保集团已经建立起了适合数字出版的生产流程、业务管理流程。策划编辑从选题策划开始，到联系作者、组稿、编辑加工、校对，一直到书稿定稿进入知识库、同步发往印刷厂付印，这些环节都实现了信息、资源、过程的实时存储和管理。积累的多媒体资源，同步进入内容管理系统，进行集中管理，以便于数字化出版和再利用；选题相关信息同步在集团网站发布。

在人力资源和社会保障图书出版部门、职业教育和培训教材出版部门，已经做到了数字出版与传统出版同步规划、同步开发，产品同步发布。

人保集团已经实施了多个重大数字出版项目，如专业技术人员在线培训项目、职业院校一体化教育项目、职业培训数字化资源库项目、人力资源和社会保障法律法规数据库项目、世界技能大赛培训系统项目。这些项目都是由编辑部门具体承担，策划编辑负责策划和实施。在项目开发的过程中，将传统出版和数字出版相结合，项目开发成果既包括传统的纸书出版，也包括新兴媒体的出版，以网络和数字媒体的形式，进行推广和销售。

在项目开发的过程中，人保集团注重研究新兴媒体的特点，例如网络媒体的受众参与性、数字媒体的移动性和互动性。为了提升新兴媒体的传播效果和服务水平，一是在项目开发中创新性地开发

多媒体内容资源，而不是重复引用低水平的内容资源。例如，为保健按摩职业引入案例，开发生动活泼的动画，绘制形象有趣的漫画。二是利用数字媒体的交互性，设计多种形式的交互，将学习、训练和游戏结合起来，寓教于乐，丰富学习途径。三是提供沟通、交流、答疑、反馈途径。项目在开发中，将微博、微信、论坛、QQ等多种形式与数字产品的服务结合起来，充分利用新媒体的特性，提升数字产品的服务效果。

重大项目的实施，为人保集团探索传统媒体和新兴媒体的融合发展提供了机遇，锻炼了人才和队伍，也正在形成集团未来的经济增长点。

四、传统媒体和新兴媒体的融合发展：存在的问题和对策

通过近年来的探索，人保集团体会到了传统媒体和新兴媒体融合发展带来的驱动力，是集团未来发展的方向，是增长点。习近平总书记关于媒体融合发展重要讲话，以及中央关于加快推动传统媒体和新兴媒体的融合发展的战略部署，进一步为集团未来发展指明了方向。

在探索的过程中，集团也面临着一些问题。主要有以下几点：

一是大数据和云计算时代对于信息化基础设施的要求。为了提高新媒体的服务水平，保证服务质量，出版集团需要不断升级数字出版云平台的硬件性能、带宽和容量，同时需要配套提升网络管理和服务水平。信息化基础设施的投入，对于出版集团来说是较大的负担。尤其在新媒体服务业务还不饱满、未形成成熟的模式的情况下，集团投入难以持续。

我们的对策是，下一步，人保集团要转变思路，改变传统的所

有资源都控制在自己手上的做法，适当利用成熟的公共服务资源，利用社会化的云计算服务，以减少人保集团在基础硬件设施方面的投入。

二是建立起服务于新兴媒体的渠道和追踪服务。目前，人保集团在新兴媒体的营销、推广、服务上，还是借鉴传统的纸书营销和服务模式。如果建立起有效的新媒体营销渠道和服务模式，对于传统出版集团还是有待进一步研究和探索的课题。

我们的对策是，围绕项目构建数字化营销团队，以提供专业化的新媒体体验和服务。在适当时机，整合形成专业化新媒体服务团队，或组建公司以提供专业化数字服务。

三是新兴媒体应用的技术不断更新，人才培养跟不上技术更新的步伐。技术公司在技术上存在一定优势，但是随着技术的不断变化和发展，一些当前可能具有优势的技术，可能并不符合未来技术发展的需要，由此导致了基础投入的浪费。

我们的对策是，在资源数字化方面，一定要做好基础工作，使得资源一次加工，能够符合未来多种应用的可能需要。在技术上，坚持两条腿走路，即外部技术支持与内部技术人员相结合的形式。一是要培养和锻炼自己的技术人员，使得他们既懂一定技术，又懂专业领域的出版。二是与外部技术公司合作，借助外脑开发项目，在开发中安排内部技术人员学习新技术，做到会应用、会管理、会服务。

传统媒体和新兴媒体融合发展，对于人保集团来说，是出版业发展到当前这一阶段的必然趋势。我们将保持传统的专注、专业的特点，围绕专业出版领域，实现转型、转变，推动传统媒体和新兴媒体融合发展，探索出一条专业出版集团的融合发展之路。